GLOBAL DIALOGISM

(Second Edition)

全球对话主义

（第二版）

金惠敏 / 著

北京大学出版社
PEKING UNIVERSITY PRESS

图书在版编目（CIP）数据

全球对话主义/金惠敏著.——2版.——北京：北京大学出版社，2025.6
ISBN 978-7-301-35983-9

Ⅰ.G05-53

中国国家版本馆 CIP 数据核字第 20250ZX085 号

书　　　名	全球对话主义（第二版）
	QUANQIU DUIHUA ZHUYI (DI-ER BAN)
著作责任者	金惠敏　著
责 任 编 辑	严　悦
标 准 书 号	ISBN 978-7-301-35983-9
出 版 发 行	北京大学出版社
地　　　址	北京市海淀区成府路 205 号　100871
网　　　址	http://www.pup.cn　　新浪微博：@北京大学出版社
电 子 邮 箱	编辑部 pupwaiwen@pup.cn　总编室 zpup@pup.cn
电　　　话	邮购部 010-62752015　发行部 010-62750672
	编辑部 010-62759634
印 刷 者	河北博文科技印务有限公司
经 销 者	新华书店
	650 毫米 ×980 毫米　16 开本　19.5 印张　280 千字
	2025 年 6 月第 1 版　2025 年 6 月第 1 次印刷
定　　　价	98.00 元

未经许可，不得以任何方式复制或抄袭本书之部分或全部内容。
版权所有，侵权必究
举报电话：010-62752024　电子邮箱：fd@pup.cn
图书如有印装质量问题，请与出版部联系，电话：010-62756370

序　言

　　就国际范围而言，当然也包括中国，全球化作为一个学术的和社会的话题应该是在20世纪90年代才算真正启动。之后，迅即升温，接着是持续了很长时间的大面积的高热……是否有退潮，不好贸然断定，但如今的情况则确乎是欲说还休而不说也罢了，因为好像已无话可说。

　　可以列出无数的原因，比如说任何一个学术话题都有其生命周期，比如说缺乏一些强有力的社会运动或事件的推动，在中国就是"申奥"和"入世"，再比如说言说的亢奋终归会过渡到操作的实际层面；但有一个重要而被忽视的原因是，全球化研究一直以来就缺乏哲学的介入，换言之，哲学家一直就超然于全球化这个世俗话题。全球化深入人文社会科学的所有部类，社会生活的一切领域，但唯独哲学和哲学家除外。没有哲学的介入，任何话题的讨论都将流于表面、肤浅，也将很快使人厌倦。厌倦是必然的，持续的注意对人的智力是一种折磨，但哲学肯定可以延缓厌倦的过早出现，如果不能永久阻止的话。这一方面是全球化研究的缺憾，但另一方面也未始不是哲学的悲哀。

全球化已经向传统哲学观念提出了许多挑战，已经潜在地更改了原有的哲学程序，哲学已经"死机"了——这似乎是地球人都知道的事情，而只有哲学家浑然不觉，他们仍一如既往地沉浸在对头顶星空的冥想或者内心道德的省视之中。

在对全球化的各种表述进行调研的过程中，笔者深深地感觉到，全球化研究渴望哲学的支援，而哲学也应该回应全球化而丰富和修正自身。这将是双赢的事情，奚不为？何乐而不为？于是，沿此思路而前行，笔者不揣浅陋，在全球化和（西方）哲学之间往来穿梭，做双向的观察与研究。如果说这劳作还是有些许收获的话，那么其中最丰硕者当属"全球对话主义"理论的提出。

关于"全球对话主义"，书中已有专论，或者也可以说，它是贯穿全书的主旋律，笔者不想也无力复述；这里仅简要指出，"全球"或"全球性"是对话的一个方面，具有共同性、普遍性、话语性的意义趋向，而"对话"的另一方面则是参与对话者的不可通约性或他者性，即不可对话性。这就是说，"对话"本身即蕴含着一种悖论，然此悖论却也正是其生命之所在，其活力之所在。对话借其悖论而永无终期。

"全球对话主义"提出的直接机缘是德国社会理论家雷纳·温特教授的约稿。2008年我在德国法兰克福社会研究所访学期间，温特教授邀我为他主编的《文化研究的未来》文集贡献一篇文稿。由于先期准备较充分，所以写起来很顺手，不久就完成了。一稿是中文，接着是英文翻译，最后是由英文翻译为德文。翌年在《中国社会科学报》（分两次发完，分别见2009年12月3日第10版，2009年12月10日第10版）发表张清民教授对我的访谈，其中第三部分的标题是"全球对话主义：中国文化研究的哲学"，简要介绍了此文的主要观点。①

---

① 张清民：《文化研究的若干理论问题——金惠敏研究员谈访录》（上），《中国社会科学报》2009年12月3日第10版；张清民：《文化研究的若干理论问题——金惠敏研究员谈访录》（下），《中国社会科学报》2009年12月10日第10版。

序　言

如今，德文版借着《文化研究的未来》而发表①，中文版见于国内《文学评论》②，英文版最近也接获国际主流期刊《空间与文化》主编尤思特·冯·鲁恩（Joost von Loon）教授的用稿通知。很高兴，2009年夏我在北戴河一个国际会议③上宣读这篇论文后，得到芬兰华裔学者黄保罗先生的欣赏，他用"全球对话主义"来阐发他的"大国学"概念，后来还正式发表过一篇长文。

"全球对话主义"的提出有很长的学术和思想的发酵过程。这次整理书稿时发现，其主要思想早在2002年的一篇文章就有萌芽了④。而这是在写作《走向全球对话主义》时已经完全忘掉的事情；当时基本上是延续着拙著《媒介的后果》（2005）第三章来做的（该章由于篇幅较长，故先后在《文学评论》《哲学研究》《解放军艺术学院学报》分三次次刊出⑤），所以会见到个别观点和材料的重复。该章将"全球化"作为继"现代性"和"后现代性"之后的第三个社会理论或者哲学的概念；而如果将"现代性"理解为一个单向的过程，"后现代性"作为其"反过程"，那么这一正一反或其运动，也

---

① Huimin Jin, 'Für einen globalen Dialogismus: Zur begrifflichen Überwindung des »kulturellen Imperialismus« und der damit verbundenen kritischen Positionen', in Rainer Winter (Hg.), *Die Zukunft der Cultural Studies: Theorie, Kultur und Gesellschaft im 21. Jahrhundert*, Bielefeld: Transcript, 2011, S. 197-218.

② 金惠敏：《走向全球对话主义——超越"文化帝国主义"及其批判者》，《文学评论》2011年第1期。

③ "东西方相遇中的文学与文化全球化论坛"，首都师范大学比较文学系主办，2009年8月27日到29日，北戴河。会议报道中提到我关于"全球对话主义"（笔误为"全球化对话主义"）的发言（许传华：《东西方相遇中的文学与文化：2009年首都师范大学第四届全球化论坛综述》，《外国文学研究》2009年第5期，第174页）。

④ 金惠敏：《全球化与中国当代文艺学的极境》，《湛江师范学院学报》2002年第5期。

⑤ 金惠敏：《作为哲学的全球化与"世界文学"问题》，《文学评论》2006年第5期；金惠敏：《球域化与世界文学的终结》，《哲学研究》2007年第10期；金惠敏：《从"文化帝国主义"到"全球化"——评汤姆林森的后现代性全球化理论》，《解放军艺术学院学报》2008年第2期。

就是"全球化"的基本含义了,在此意义上,"全球对话主义"可视为对"全球化"哲学的进一步展开和表述。在最新撰写并收入本书的《别了,中国后殖民主义》一文中,笔者从"全球对话主义"出发,提出对"中国后殖民主义"的批判:两种思想的对立是抛弃抑或固守中西二元对立模式。笔者主张,中国作为全球性大国,应当为"全球意识形态""全球知识"做出贡献,我们固然也讲"特色"或"差异",但我们的"特色"或"差异"是对话视域中的"特色"或"差异",具有可认知性、可交流性,因而亦即是"普遍性"或其寄身之地。中国人的传统理想是"天下大同",而非"各美其美"或"各是其是"。列维纳斯的"绝对他者"不在我们的文化辞典。绝非危言耸听:"中国后殖民主义"一日不予清算,中国便一日无缘于全球性大国!成为全球性大国需要"全球对话主义",尽管也需要别的什么。

本书对汤姆林森的观点多有涉及和批评,这就是附录我对他的访谈的原因。虽然我不同意他的论证,有些方面甚至是坚决的不同意,但对于他以"全球化"概念取代"文化帝国主义"概念则是极为赞赏的:在他看来,"文化帝国主义"代表着一种陈旧的思维方式;用我们的话说,是单一的现代性思维方式,主客体二元对立的(西方)哲学模式。全球化时代要有全球化思维。

收入本书的所有论文都已在国内外不同的期刊上发表过或已为刊物所接受,在此我要感谢那些匿名评审我论文的同行们和主编们。感谢加拿大阿尔伯塔大学罗伯·希尔兹(Rob Shields)教授对英文版《走向全球对话主义》的修改和修改建议,他要求我讲清楚我的对话主义与巴赫金的有何不同。后经研究发现,巴赫金的对话主义以及托多罗夫和克里斯蒂娃的相关阐释均侧重于话语一维,对话在他们主要发生在话语层面,而我的对话主义,如前所说,还有本体存在一维。当然,伽达默尔哲学解释学的"对话"是本体性的,他将对话本体化,将语言本体化,但这样做的代价是话语与实在之间张力的丧失,话语之批判力量的丧失;或许更为不堪,是"对话"本身的删除,因为没有相对独立的"话语",便不会有面"对"(dia-):"对"是

序　言

"二"的意思，是劈开浑沌的"区分"，是"话语"之效果；也不会有"话"(-logue)：老子"道可道，非常道"指明了言"说"即"话"的本质乃是其与真实的疏离。没有话语的对话将不是对话。对话虽以差异为根基，但其存在仍然有赖于话语。如前所言，对话是悖论性的。

今年有幸结识画家于会见教授，堪称平生一大快事。于先生不做理论，但他的画作却给了我很多理论的灵感，所以亦当在鸣谢之列。《别了，中国后殖民主义》一文是为他写的，也是为我写的，是理论之介入艺术，也是艺术之介入理论，是我们分别作为理论家和艺术家的对话。我所以能够与他对话，不是因为我多懂艺术鉴赏，而是因为我在他的画中看见了理论，例如《塔》对资本主义和消费社会的揭示一如波德利亚的透辟，可惜波德利亚是无缘寓目此杰作了。当然，《塔》不是波德利亚，否则就是对二者的贬低。二者有交集，亦有并集。

感谢史仲文先生的约稿，这使我有机会检视自己陆陆续续写下的关于全球化的论述，特别是，它竟使我意外地发现我对全球化的理论研究差不多已然形成了一个体系。是的，经历过后现代思想的洗礼，没有人还会喜欢什么"体系"；但要逃出自己的"体系"，其内在里就是思维定式，也很难。所以，见到这个体系，心情实在是"一则以喜，一则以惧"。建造一个体系，就是建造一个囚牢。理论家的功德圆满就是作茧自缚。但愿这个牢、这个茧，能让后来者警觉而寻思着另启蓝图。

纽约福坦莫大学的兰斯·斯特拉特（Lance Strate）教授修改了英文版的《走向全球对话主义》，该版留在本书的是两个英文长注；陕西师范大学陈海同学通读全书；中国社会科学院研究生院李昕揆同学读过部分篇章。他们对完善书稿都做出了贡献，在此一并致谢！

金惠敏
2012年9月23日
西安雁塔

目 录

第一编

走向全球对话主义 ··· 3
　　——超越"文化帝国主义"及其批判者
全球化就是对话 ··· 27
　　——从当代哲学家伽达默尔谈起
间在论与当代文化问题 ··· 32
　　——《间在对话与文化自信》序言

第二编

现代性、后现代性与全球化 ································· 59
　　——哲学化"全球化"与"世界文学"的终结
作为"文化"的全球化 ··· 100
　　——如何理解全球化的文化构成

重构文学和文化的普遍性·················· 110
　　——以"世界文学""共同文化""文化霸权"等概念为中心

第三编

全球知识的再界定······················ 137
　　——费瑟斯通和他的新百科全书计划
在异之统的知识生产···················· 148
　　——西方现代知识话语的形成和新变
文明对话视域中的人文科学研究·············· 164
　　——对汉学主义以及后现代主义论争的反思和批判

第四编

界定"后现代主义"····················· 187
　　——从哈桑到杰姆逊
进入21世纪的后现代主义·················· 193
　　——以美国文论家里奇和德意新实在论之论述为中心
别了，中国后殖民主义··················· 215
　　——于会见艺术的后现代崇高及其世界主义意谓

第五编

学术国际化，不只是一个英语问题·············· 227
　　——《差异》丛刊第六辑编后
未可轻言放弃"他山之石"·················· 231
　　——"国际文论前沿谱系"丛书总序
全球化与中国当代文艺学之前路··············· 234
　　——一个哲学性的思考

创造出具有世界意义的马克思主义文艺理论新体系……… 238
　　——文艺理论民族化刍议

附　录

文化帝国主义与文化全球化……………………………… 245
　　——约翰·汤姆林森教授访谈录
赛博空间………………………………………………………… 268
　　——后地理与后历史的新体验
文学与文化的相遇……………………………………………… 283
　　——斯文德·埃里克·拉森教授与中国学者对谈录

第二版后记……………………………………………………… 300

第一编

走向全球对话主义

——超越"文化帝国主义"及其批判者

阅读提示：文化研究已经从它的国内阶段发展到现在的国际阶段，因而也相应地提出了新的理论要求，换言之，国际文化研究应该有国际文化研究的理论纲领。本文以"文化帝国主义"论争为切入点，将文化研究分作两种模式——"现代性"文化研究与"后现代性"文化研究，分别考察了它们的长处和短处，进而提出超越这两种模式的第三种模式，即"全球性"文化研究模式，其灵魂是扬弃了现代性和后现代性哲学的"全球对话主义"哲学。

一、全球化作为一种新的哲学

学界正在认识到，全球化不仅是我们必须面对的一个对象，它就在我们眼前，似乎伸手可及，而且也必须成为我们考察一切现象所由以出发的一个视点。这就是说，在全球化的诸类后果之中，还有一个日益明晰下来的哲学后果：全球化将作为一个超越现代性与后现代性之对立的新的哲学概念。它是现代性，也是后现代性，更重要的是，它同时就是这二者，以及这二者之间复杂的动态关系。

　　这一或许本应由哲学家来提炼的时代命题，现在却是由社会学家为我们暗示了出来。在其《现代性的后果》一书之末章，吉登斯概括指出："现代性的根本后果之一是全球化。它远不止是西方制度向全世界的弥漫，其它文化由此而被摧毁；全球化不是一平衡发展的过程，它在粉碎，也在整合，它开启了世界相互依赖的新形式，其中'他者'再一次地不存在了。……从其全球化之趋势看，能说现代性就是西方的吗？不能。它不可能如此，因为我们在此所谈论的，是世界相互依赖的新兴形式与全球性意识。"[1]吉登斯没有否认全球化的现代性方面，即将西方制度向全世界推广的帝国主义计划，但他更倾向于看到这一帝国主义计划在实施过程中的失败以及由此所带来的各民族和国家的相互依赖——与吉登斯不同，我们称此为全球化的"后现代性"维度，这也是他在别处所断言的，全球化将导致一个"失控的世界"[2]。

　　关于全球化之为"后现代性"，汤姆林森的激进立场可能令每一位严肃的学者瞠目结舌。他那本轰动一时的《文化帝国主义》（该书初版于1991年）专论，对于全球化之为"现代性"的观点，大有将其赶尽杀绝之势："全球化之有别于帝国主义之处可以说在于它是一个远不那么前后一致的或在文化上被有意引导的过程。帝国主义这个概念虽然在经济的与政治的涵义间游移不定，但它至少意指一个目标明确的计划：有意将一种社会制度从一个权力中心推向全球。而'全球化'的意思则是说全球所有地区以一种远不那么目标明确的方式所发生的相互联结和相互依赖。它是作为经济和文

---

[1] Anthony Giddens, *The Consequences of Modernity*, Stanford: Stanford University Press, 1990, p. 175.

[2] Anthony Giddens, *Runaway World: How Globalisation Is Reshaping Our Lives*, London: Profile Books, 2002, p. xxxi.

化实践的结果而出现的,这些实践就其本身而言并无目的于全球整合,但它们还是生产出这样的结果。更关键的是,全球化的效果将削弱所有单个民族国家的文化一致性,包括那些经济大国,即前一时代的'帝国主义列强'。"① 但是,汤姆林森无法向我们稍微证明,且不论其后果如何,难道全球化是一个没有推动者的自然过程吗?若此,全球化除非与人无关。显然,汤姆林森的错误是用"后果"否定"意图",他似乎不知道"意图"是主观的,而"后果"则是客观的。全球化既然是由人来推动的,那么其"现代性"便不容否定。看来,还是吉登斯的"失控的世界"意味深长,它既肯定有人控制,又看见其于结果上的无法控制。

借用一个日语词(*dochakuka*),罗伯森将全球化描述为"球域化"(glocalize/globalization)②,即是说,全球化是"全球"与"地域"的双向互动,"其核心动力学包含了普遍的特殊化与特殊的普遍化这一双重过程。"③ 罗伯森的全球化研究多从宗教、意识形态和文化入手,因而也更多地具有哲学的相关性。在一个全球化时代,我们既无法坚守地域性,也不能以全球性完全吞噬地域性,它们是一个普遍性与特殊性的哲学问题,体现在任何一个具体的事例

---

① John Tomlinson, *Cultural Imperialism: A Critical Introduction*, London/New York: Continuum, 2001, p. 175.

② Roland Robertson, *Globalization: Social Theory and Global Culture*, London: Sage, 1992, pp. 173-174. 后来他也使用其名词形式,*glocalization*,并做了进一步的考辨,见 Roland Robertson, "Glocalization: Time-Space and Homogeneity-Heterogeneity", in Mike Featherstone, Scott Lash & Roland Robertson (eds), *Global Modernities*, London: Sage, 1995, pp. 25-44。

③ Ibid., pp. 177-178.

之中。①

更明确地说，社会学视野中的全球化已经为我们勾勒出一幅完整的现代性与后现代性之复杂关系的哲学图谱：现代性就是自笛卡尔以来的主体性哲学，后现代性则是胡塞尔意识到主体性哲学的唯我论缺陷之后所提出的"主体间性"概念，是后来为哈贝马斯由此所发展的"交往理性"。不管是否采用"后现代性"一语，凡是对现代性主体哲学的批判，都可以视为一种超越了现代性的"后

---

① 英文版此处添加了如下内容：

Comparably with Robertson's 'glocalization', Mimi Sheller and John Urry see that 'All the world seems to be on the move' (Sheller and Urry, 2006: 207; also see Urry, 2000) and then propose a 'Mobilities Paradigm' for the traditionally 'static' social sciences they identify. This paradigm, as they present it, is 'aimed at going beyond the imagery of "terrains" as spatially fixed geographical containers for social processes, and calling into question scalar logics such as local/global as descriptors of regional extent' (209). However, it is not 'simply a claim that nation-state sovereignty has been replaced by a single system of mobile power, of "empire": a "smooth world", deterritorialised and decentred, without a centre of power, with no fixed boundaries or barriers' (209) as imagined by Hardt and Negri (2000). The philosophical implication of this paradigm of sociology is to break a sedentarism loosely derived from the *philosopher* Heidegger who locates dwelling (*wohnen*) place 'as the fundamental basis of human identity and experience and as the basic units of social research human identity' (208-209); simply put, the subject, or broadly, the modernity, which is based upon 'place', is coming to its demise. In a global context of, say, 'mobilities', or the 'liquid modernity' (Bauman, 2000), or, in a 'glocalization' 'on the move' as said previously, a sociologist can no longer speak only of the local, nor can s/he replace the local with the global, the dialectic of which indicates a philosophical question of universality and particularity reified in any specific instance.

References:

1. Bauman, Zygmunt (2000) *Liquid Modernity*. Cambridge: Polity.

2. Hardt, Michael and Antonio Negri (2000) *Empire*. Cambridge, MA: Harvard University Press.

3. Sheller, Mimi and John Urry (2006) 'The New Mobilities Paradigm'. *Environment and Planning A*, vol. 38, pp. 207-226.

4. Urry, John (2000). *Sociology beyond Societies: Mobilities for the Twenty-First Century*. London: Routledge.

现代性"意识。"后现代性"曾被一般人误认作一种虚无主义,包括吉登斯、哈贝马斯等,其实它不过是一种较为激进的胡塞尔主义,例如在德里达那儿,它提醒,我们的意识、我们的语言、我们的文化等一切属人的东西是如何遮蔽了我们应该追求的真实,它们应该被"悬置"起来,以进行"现象学还原"。因而,后现代性就是一种穿越了现代性迷雾的新的认识论和新的反思性。如果说"后现代性"由于过分投入对理性的批判而使人误以为它连理性所对应的真理一并抛弃,那么全球化作为一种新的哲学则既坚持现代性的主体、理性、普遍、终极,但同时也将这一切置于与他者、身体、特殊、过程的质疑之中。或者反过来说,全球化既不简单地认同现代性,也不那么地肯定后现代性,而是站在它们之间无穷无尽的矛盾、对抗之上,一个永不确定的表接(articulation)之上。缺少其中任何一个维度,都不是"全球化",都将无法正确认识全球化这个新的对象,以及发生在全球化时代的任何现象。

二、全球化时代的"全球性文化研究"

文化研究的英国史,即使仅从威廉斯发表《文化与社会》的1958年算起,也已经跨越整整半个世纪的年头了。文化研究最初是一项英国国内的事业,致力于解决其国内的文化政治问题,如大众媒介、流行文化、青年亚文化、消费社会,其中马克思主义、意识形态、霸权、抵抗、链接一直是其关键词,如果也可以说是其灵魂的话。大约从20世纪90年代以来,文化研究的议题迅速国际化。霍尔开始高频率地谈论身份、混杂、新族性、英国性、全球化,尽管他早年也不时有此讨论。检视莫利的话题史,80年代不出"全国"(受众)、"家庭"(电视),那么90年代就转向了"全球媒介、电子图景、文化疆界"等这些显然只有全球化时代才有的课题。近些年,"全球文化""全球公民""全球公共空间"等"叫词"(buzzwords),还有从美国响起的对"全球化文化研究"（Globalizing Cultural Studies）的径直呼喊[①]，则更是将文化研究的全球性渲染得姹紫嫣红、春意盎然。《国际文化研究》的创刊（1998），文化研究课程和系科在全世界遍地开花，加之也多有以"国际文化研究"相标榜的研究和教学机构的出现，这些终于从体制上将文化研究纳入全球化语境之中。

种种迹象表明，文化研究已经**自觉地**进入了一个全球化时代。但是这并不必然是说，文化研究就已经取得了正确的"全球意识"。没有谁会否认，未来的文化研究必定是全球性的，但这同时也是一个更深层的要求，即全球化时代的文化研究必须以一个与时俱进的如上被翻新了的作为哲学概念的"全球化"或者"全球性"为其理论，为其胸怀，为其眼界，否则就仍旧是"现代性"的文化研究，或"后现代性"的文化研究，而不是综合和超越了现代性和后现代哲学的"全球文化研究"或"全球性文化研究"。

以下，我们将以关于"文化帝国主义"的论争为例，分别阐明何谓"现代性"的文化研究，何谓"后现代性"的文化研究，其各自的问题是什么；最后，以"全球性"这一被更新了的哲学概念，我们愿意将其凸显为"全球对话主义"，重新审视"文化帝国主义"论争所指涉的文化流动现象——这现象可不是今天才有的，也许我们甚至能够说，它自遥远的柏拉图时代或孔子时代就开始了。文化从未停止过流动，文化"们"总是在碰撞，在裂变，在融合，在寻找新的融合。今日所有的民族文化都不是天生独一的，就连民族本身也并不是单一来源的。不过，全球化则使这一古老的现象以其从未有过的速度和规模向我们呈现出新的迫切性和问题性。对它，我们不能不急切地面对。

[①] See Cameron McCarthy, *et al.* (eds): *Globalizing Cultural Studies: Ethnographic Interventions in Theory, Method, and Policy*, New York & Washington, D. C.: Peter Lang, 2007.

三、"后现代性"文化研究不承认"文化帝国主义"

现在,我们先考察"后现代性"文化研究,其主要表现和存在的问题。

汤姆林森的《文化帝国主义》[①]一书,如果我们可以将它归纳为"后现代性"文化研究的话,那么在这一点上它对"文化帝国主义"话语的批判堪称范例。它系统、深入、具有思辨性,对其论敌具有极大的杀伤力。自此以后,"文化帝国主义"似乎一蹶不振,在文化理论界再也没有过出头露面的日子。

所谓"文化帝国主义"论题,简单说,就是认为一种文化,当然是西方文化,或者,美国文化,完全征服和重组了另一种文化,当然是弱势文化,尤其是第三世界文化,结果将形成某种单一的"帝国"文化。对此论调,汤姆林森使用的武器有多种,其中比较有力的,应属来自于解释学或者接受美学的文本与读者的互动理论。汤姆林森并非视而不见,以迪斯尼卡通、好莱坞大片、麦当劳快餐、牛仔裤等为表征的美国文化之大量地出现于其他文化,这是谁也无法否认的事实;但是,汤姆林森话锋一转,提出质疑:"难道这种表现就代表了文化帝国主义?"他认为,"单是这一纯粹的表现并不能说明什么。"原因是:"一个文本除非被阅读就不会发生文化上的意义,一个文本在被阅读之前无异于一张进口的白纸:仅有物质的和经济的意义,而无直接的文化的意义。在这一层次上进行分析,那么,阅读帝国主义文本在判别文化帝国主义上就成为至关重要的问题了。"[②]在汤姆林森所理解的阅读理论看来,任何"文化帝国主义"的文本,在被阅读之前,几乎毫无意义可言;而一经阅读,即便说它有意义,那也不再是原有的意义。文本的文化

---

① 原书作者名译为"汤林森",现通译为"汤姆林森",本书统一采用"汤姆林森"。

② John Tomlinson, *Cultural Imperialism: A Critical Introduction*, London/New York: Continuum, 2001, p. 42.

意义是接受者后来创造的。

汤姆林森选择泰玛·利贝斯和埃利胡·卡兹对电视剧《达拉斯》（Dallas）的效果研究来支持他对"文化帝国主义"的否定。据利贝斯和卡兹描述，"《达拉斯》这一名字在20世纪80年代成为一部美国电视连续剧征服全世界的象征。《达拉斯》意味着一次全球观众的集会（历史上最大的集会之一），人们每周一次地聚集在一起，以追随尤因王朝的传奇——它的人际关系与商业事务。"[1]这一《达拉斯》效应通常被视为一个典型的"文化帝国主义"事件，是美帝国主义"文化意义"的输出和接受，其流程按照"文化帝国主义理论家们"的观点是："霸权信息在洛杉矶被预先包装，然后被运往地球村，最后在每一个天真的心灵中被解开。"[2]对于"文化帝国主义"论者的观点，利贝斯和卡兹试图通过自己对观众实际反应的调查研究予以检验。汤姆林森十分欣喜地看到，他们的实证研究表明："观众比许多媒介理论家所假定的都要更加活跃、更加富于批判精神，他们的反应都要更复杂、更带反思意识，他们的文化价值对于操纵和'入侵'都要更具抵制力。"[3]确实利贝斯和卡兹的效果研究证实"解码活动是观众文化与生产者文化之间的一个对话过程"[4]，这因而也就颠覆了前引"文化帝国主义理论家们"关于文本意义之"文化帝国主义"性即视其为一个线性传输过程的假定。

但是汤姆林森忘记了，或许就不知道，解释学或接受美学，属于现象学，而非简单的"后现代"。意义是文本与读者互动的结果，它产生在文本与读者之间，而非仅在读者一极。任谁，只要他多少涉猎过伽达默尔和伊瑟尔、尧斯的著作，将都不会创造出这样

---

[1] ［英］泰玛·利贝斯、埃利胡·卡兹：《意义的输出：〈达拉斯〉的跨文化解读》，刘自雄译，北京：华夏出版社，2003年，第3—4页。

[2] 同上书，第1页。

[3] John Tomlinson, *Cultural Imperialism: A Critical Introduction*, pp. 49-50.

[4] ［英］泰玛·利贝斯、埃利胡·卡兹：《意义的输出：〈达拉斯〉的跨文化解读》，刘自雄译，北京：华夏出版社，2003年，"1993年版导言"，第5页。

无意义的误解。而即使"后现代",那些严肃的"后现代"理论,对于文本,也绝不是"怎么都行"的,例如在德里达的解构那里,倒是"汤姆林森的后现代"是个例外。

不过,倘使它只是一个孤例也就罢了,严重的是这种通过解释学阅读而否定"文化帝国主义"的论调,经过汤姆林森看似雄辩有力的论证,如今仿佛已成为媒介研究领域的一个权威观点,而"文化帝国主义"话语的头颅则被高悬城门,在寒风猎猎中,向过往行人宣示"后现代性"文化研究之不可冒犯的正义和统治。

我们深感惊讶,就在近些年,在有深厚现象学传统的德国,竟然有学者跟随汤姆林森的偏激和肤浅而加强和突进对全球文化的后现代理解。慕尼黑大学社会学教授乌尔里希·贝克(Ulrich Beck)在新发表的一篇文章[①]中,指出"**美国化**(*Americanization*)这一概念建基于对全球化的一个民族式的理解之上",他批评,这是"方法论的民族主义"(methodological nationalism)。作为一种替代方案,他主张,全球化必须被理解为"能够反映一个新的超民族(transnational)世界"的"**全域化**"(*cosmopolitanization*)[②]。据他考证,该词的核心部分cosmopolitan由两个词根合并而成,"cosmos"和"polis",前者的意思是"自然"(nature),后者是

---

① Ulrich Beck, "Rooted Cosmopolitanism: Emerging from a Rivalry of Distinctions", in Ulrich Beck, Natan Sznaider & Rainer Winter (eds), *Global America? The Cultural Consequences of Globalization*, Liverpool: Liverpool University Press, 2003, pp. 15-29. 贝克在其他地方,如《世界风险社会》(Ulrich Beck, *World Risk Society*, Cambrideg: Polity, 2000)、《全球化时代的权力》(Ulrich Beck, *Power in the Global Age*, trans. Kathleen Cross, Cambridge: Polity, 2005)和《贝克谈话录》(Ulrich Beck and Johannes Willms, *Conversations with Ulrich Beck*, Cambridge: Polity, 2003)等,对"全域主义"也有阐述,但以此处最为集中、鲜明和系统,故本文讨论以此为本,除非另有注明,引用贝克均出此文。

② 该词旧译"世界化",同源派生词有"世界主义"等,但现代汉语的"世界"不含地方性的意思,这与其英文和德文的对应词(world, Welt)是一样的。"世界"总是在总括的意义上说的,如歌德和马克思的"世界文学"(Weltliteratur)概念,其中地方性是要被排除的。现改译为"全域化",以将原词的合成含义表达出来。

"城/邦"（city/state）。"全域"（cosmopolitan）一语表明，人类个体生来就扎根于两个世界：一个是自然，一个是不同的城市、疆域、种族、宗教。全球化作为"全域化"的原则不是"非此即彼"（either/or），而是"亦此亦彼"（this-as-well-as-that）。"全域主义生产出一种非排他性对立的逻辑"，据此，"自然与社会相接，客体是主体的组成部分，他者的他性被包括在一个人本身的自我身份和自我界定之中，于是排他性对立的逻辑就被抛弃了"，取而代之的是"内涵式对立"（inclusive oppositions），即一切对立都被包含在一个更大的框架之中，这个更大的框架就是"自然"，或"宇宙"，或"大全"（universe），贝克生怕被误解为一种改头换面的普遍主义，于是赶在"全域主义"之前加上"有根的"（rooted）一词而成"有根的全域主义"，以突出这种"大全"对差异、对立、个体性和地方性的容纳。由于强调"大全"，强调"大全"对多元的统摄，贝克就不容许把全球化想象为一种民族与民族作为独立单元的相互联系，例如英国社会学家大卫·黑尔德（David Held）的"相互连接"（interconnectedness）概念，更不必说我们早已习惯了的"国际"（international）一词，必须被当作"方法论的民族主义"而唾弃。

但是贝克的难题在于，第一，这种"大全"不过是一种"想象的共同体"，即使它真有，也一定要通过"有根"的个体通过想象来建构，它不能不是地域的、历史的、民族的和意识形态的，因而就难以纯粹，难以客观，难以获得全体个体之认同。这就是说，第二，在其最终的意义上，个体不可能被废弃，因为一个简单的道理：任何意识，比如"大全"意识，必须有所寄寓；意识是个体的意识，若是没有个体，那谁来想象"大全"？即使将来真有一天，世界大同了，个体的个体性、独一无二性也不会在这大同中消失。

通过被赋予新义的"全域主义"，贝克否定了以民族为单元思维的"美国化"，这也是对同样性质的"文化帝国主义"的拒绝，但是，第三，"全域主义"仍然假定有民族、地方之间的矛盾和对立存在其内，那么如果其中各方不是势均力敌、旗鼓相当，则一定是有优势的一方对另一方或其他各方发挥较大的作用，而此作用即是"文化/帝国主义"的存在。不错，"美国化"或"文化帝国主义"是以一个对全球化的民族式理解为其前提的，但是要去掉这一前提，除非无视全球交往所产生的民族矛盾和冲突，除非将个体解除，将人类解除，如此方可回到原始的、洪荒的、天地不分的"大全"。在一个全球化的时代，"文化帝国主义"的有效性仍然在于，它假定了民族、地方在全球交往中的不可祛除性，更进一步，也假定了个体存在的永恒性。"第二次现代化"的"超民族性"不可能终结"第一次现代化"的"民族性"，至少在目前，在可见的未来。"现代性"将穿过"后现代性"而进入"全球性"，它当然会在对后现代状况的适应中对自身进行重新定位。

必须注意，贝克的"全域主义"虽然于其表面上似乎仍然承认对立、差异、民族、个体，但由于他将这一切都"囊括进"（include into）一个"自然"（cosmos），一个"大全"之内，而使这一切都成了所谓的"内涵式对立"（inclusive oppositions），即是说，这些对立元素已经失去其先前的意义，它们不再是其自身。在贝克，"全域主义"的另一表述是"超民族性"（transnationality）。同理，虽然在超民族的逻辑中仍然有民族，但由于这些民族相互之间不再是"一对一的应和关系"（one-to-one correspondence），它们可以相互说话，而是都要跟一个"大全"说话，其先前的相互说话被提升为同时即是跟"大全"说话，即超越民族自身而与"大全"对话，接受"大全"的规范和制约。民族被超民族化，被全域化，这结果也就是"去民族化"，即民族的消失。具体说，甚至"一旦引进欧元"，一旦涉及"欧洲"概念，个别的欧洲国家如德国、法国和意大利等便无复存在了。①贝克争辩，"全域主义"作为一个位于更高抽象级别的概念，其"在此的前提是，民族的不再是民族的"，它是对各个具体民族的抽象、超越，因而否定。进入"全域"，进入"全球"，就意味着放弃民族或国家的"主权"和"自主性"——一个全球化时代的"国将不国"现象。

在这一点上，可以说，贝克是非常后现代，他通过后现代哲学一个惯常的做法，即将现代性"主体"置入"结构"，更准确地说，置入德里达"无中心之结构"，而取消其"主体性"，其对他者的压制和整合，在社会学的意义上便取消了"美国化"以及"文化帝国主义"。"结构"，我们知道，总是"超越"于"个体"或"主体"的。借着这样的"结构"，贝克"超越"性地否定了"民族"或"国家"作为个别的实体存在。贝克终于可以祭出狠狠的一剑了，他一剑封喉：既然连"民族"或"国家"都不存在了，哪里还有什么"美国化"？哪里还有什么"文化帝国主义"？因为，在"全域主义"看来，压根儿就缺少实行"美国化"的那一主体"美国"，那一实行"文化帝国主义"的"民族"！"全域主义"不承认"美国"，不承认任何独立自主意义上的"国家"概念。趁便指出，在汤姆林森取消"文化帝国主义"的诸多理由中，前文无暇顾及，也有这么一个釜底抽薪的后现代做法，即把"民族""民族国家""个体"和"主体"先行删除，让"无以/谁""美国化"，"无以/谁"进行"文化帝国主义"。

如果说贝克是通过取消哲学的"主体"和社会学的"民族"而取消了"美国化"或"文化帝国主义"，那么，令人困惑的是，德语界著名文化理论家海纳·温特（Rainer Winter）教授则是通过对"主体""个体""语境"——总之，一个我愿称之为的"解释学情境"——的认定而取消了"文化帝国主义"。"道"不同，何以

---

① Ulrich Beck, *Power in the Global Age*, trans. Kathleen Cross, Cambridge: Polity, 2005, p. xi.

相为谋？要知道，此"道"者，非彼寻常之"术"也。

在其与贝克出现于同一文集的一篇论文①里，针对有人担忧以美国为主导的大众文化将带来文化的标准化和刻板化，以及地域文化特殊性的消解，温特旁征博引各种文化研究资源，以《兰博》《达拉斯》，尤其是他个人所调查的被美国文化工业极力推销的hip hop 音乐传播和接受为例，证明这些全球媒介产品并未导致如上担忧的情况出现，正相反，他援用阿俊·阿帕杜莱（Arjun Appadurai）一个有名的观察，"大众媒介在全世界的消费所激起的常常是抵抗、嘲讽、选择，以及总起来说，**能动性**（*agency*）"②。温特坚信，去消费，就是进入"解域、调和与杂交的过程"；去接受，就是去挪用（appropriate），去表达，去生产，去实践。对所谓"文化帝国主义"文本的消费和接受，让温特感兴趣的是，呈现为一个积极的反向过程，一个反客为主的自我建构过程。这就是"全球化的辩证法"，或者，如他（与另一作者在该文集导言中）所称的，"全球化的文化后果"——"开始于美国化这种现象"，而继之以"全球化的文化后果"③。对此，温特和其他文化社会学家都已经通过大量的实地调查做了充分的令人信服的展示，但是，我以为，或许在理论上应该予以确认的是，我们需要刨根究底，"文化帝国主义"何以会产生如此始料不及的后果呢？能够对"文化帝国主义"进行抵抗的力量究竟来自何处？温特在文中没有直接回答这类问题，但仔细推敲其行文，我们似可从中引申出如下几点：第一，消费者是

---

① Rainer Winter, "Global Media, Cultural Change and Transformation of the Local: The Contribution of Cultural Studies to a Sociology of Hybrid Formations", in Ulrich Beck, Natan Sznaider & Rainer Winter (eds), *Global America? The Cultural Consequences of Globalization*, pp. 206-221. 下引温特均出此文，除非另有注明。

② Arjun Appadurai, *Modernity at Large, Cultural Dimensions of Globalization*, Minneapolis & London: University of Minnesota Press, 1996, p. 7. 不过，阿帕杜莱也同时指出："这并不意味着消费者是自由的能动者。"（Ibid.）

③ Natan Sznaider & Rainer Winter, "Introduction", in Ulrich Beck, Natan Sznaider & Rainer Winter (eds), *Global America? The Cultural Consequences of Globalization*, p. 2.

"主体"或者"个体",再或者,"个体主体",他是有自己利益和智识的个人;第二,消费者有自己的"语境"和"地方",而且这"语境"和"地方"绝不只是他赖以活动的外部环境,它们早已内化为消费者作为"个体主体"最本己的生命存在;第三,消费者有自己的语码系统,但更有自己的日常生活实践。归结起来,消费者必须被认作"个体"。正是在这一根本意义上,温特从自己的人种志调查中得出结论,hip hoppers使用hip hop这种音乐风格来"界定他们自己的个人身份,因而也就是为了**个体化**(individualization)"(黑体为引者所加)。对温特不言而喻的是,消费者只有作为"个体"才能对媒介商品进行"个体化"。

对于贝克之以"全域主义"解除"文化帝国主义",我们可以毫不犹豫地称其为"后现代性文化研究",因为他解构了作为现代价值之核心的"个体主体"观念;而对于温特和他援引的一些同道者,包括有时也站在这一"解释学情境"之上的汤姆林森,我们便不可笼统论之了。区分说来,对文本与接受两方,温特使用不同的研究视角:为了寻找对于"文化帝国主义"文本之改造、抵抗或颠覆的力量,他们对消费者做了"现代性"的认定,即把消费者作为自在和自觉的"个体"或"文化个体";而对"文化帝国主义者"作为编码者一方,同样应该作为"个体主体",温特则只字不提,倒是热衷于"后现代地"将其置于一种"主体间性",或者对于贝克,毋宁说是"超主体性",从而对其进行"去主体化"的处理。

因而对于温特们来说,只要像对待消费者那样对待"文化帝国主义者",那么结果就必然是走向对"现代性"文化研究的承认。但是,困难在于——

四、有"现代性"文化研究,便有"文化帝国主义"

这是一个铁的逻辑。或许温特不是忽略了"文化帝国主义者"应该作为"个体主体",而是一旦如此,其反"文化帝国主义"的理论便面临着瓦解的危险。但是，我们不能为一个理论的完整性而否认一个事实的完整。在全球化时代的文化研究中，我们不能轻易放弃"现代性"文化研究，应该看到，它自有不可全盘否定的依据。

对于"现代性"文化研究，只要承认全球编码者与地方解码者分别都是有限的"文化个体"，承认它们各自作为"民族"的存在，那么就势必存在"美国化"或"文化帝国主义"。

贝克乞灵于一个"自然"来瓦解"城/邦"，一个"超民族性"来解除"民族性"；但是，站在"现代性"文化研究立场的学者却常常能够成功地指出"自然""超民族"和其它一切打着"普遍主义"旗号的理论的虚妄。马克思主义者坚持，社会存在决定社会意识，经济基础决定上层建筑，不管它们之间有多少曲折的环节，普列汉诺夫说"社会心理"，威廉斯说"文化"，但都改变不了前者对后者最终的决定性。因而，可以认为，任何试图超越一定社会存在和经济基础的理论、主张，说到底，都不过是对其所由以产生的社会存在和经济基础的某种反映，都是"意识形态"。经典马克思主义者，早就揭穿了资产阶级"自由""平等""博爱"的虚伪；而今，在一个全球化时代，"马克思的幽灵们"（德里达语），无论在中国这样的第三世界国家或者在英法这样的发达国家，都在证明美国和西方所标榜所谓"普世文化"的美国性、西方性，简言之，"地方性"，进一步，都在戳穿所谓"全球价值"不过就是"全球利益"，"全球价值"总是被作为"全球战略"的一个棋子。这当然不是什么秘密了，在国际外交中，没有人不知道或不理解、不接受"国家利益至上"的原则；而"国际"外交绝不等于什么"国际主义"，它根本上不过就是在与他国的协调中达到自身利益的最大化。耶稣说"你的财宝在哪里，你的心也在哪里"（《马太福音》6：21）；而我们要说，你的钱在哪里，你就在哪里说话。一切围绕着利益，话语也不例外。

在这一点上，或许我们能够指出，与马克思主义临时结盟的是尼采和20世纪的后现代理论家们，早已将"解释"与"事实"、"话语"与"真理"、"叙述"与"历史"、"能指"与"所指"、"文化"与"自然"等分开看待了。他们发现，存在于前者与后者之间的错位和矛盾是先天性的因而无法克服的，而其中福柯更是历史地证实，"话语"本质上就是"权力"，是"权力意志"，是"生命意志"，与"真理"并无必然之应和关系。按照叔本华的观点，表象不过是意志的自我表象。叔本华的"表象"被福柯的"话语"复活了。一切都是欲望在说话，借着"话语"在说话。

英国文化研究与后现代理论的关系一直比较暧昧。似乎在对高雅文化的解构上，在对差异和杂交的强调上，在对西方中心主义的批判上，在对"文化工业"概念的拒绝上等，英国文化研究与后现代理论同气相求、互为知音，但是必须看到二者这种目标相同所掩盖着出发点的相异：后现代理论的主要来源是索绪尔的符号学，特别是其中所蕴涵的对于"主体性"进行解构的倾向，能指只能达及作为观念的所指，而无法进入现实，能指所指向的不过是另一能指，意指活动不过是一条纯粹由能指所构成的漂浮的链条，即能指链，因而所谓的"主体"的言说结果就成了被言说——被能指所言说，被文化所言说，被传统所言说等，它是代言人，代他人言说而不能自己言说或者言说自己。在现代性哲学中，如在康德那里，主体决定客体，因而它才是"主体性"，被后现代理论翻转为被客体所决定，主体于是便不再是主体了。是否承认主体性是现代性与后现代性在哲学上最基本的分野。而英国文化研究，虽然并非总是如此（因其对理论的实用主义态度而导致不太注意理论本身的内在统一性），但至少就其与"文化帝国主义"相关的媒介受众研究而言，其最重要的理论支撑则是对主体性的坚持，具体说，就是将媒介受众作为话语主体，更关键的是，作为个体主体。后来以"积极受众"闻名于世的大卫·莫利早在20世纪70年代初期就指出:"我们不能将受众视为一个不加区别的大众,相反,它是一个复杂的结构,由一些相互重叠的亚群体构成,每一群体都有其自身的历史和文化传统。"①他要求去调查受众"在阶级结构中的位置""地区所在""种族来源""年龄"和"性别"等这些作为社会学基础的要素。②也就是说,他需要一个更加具体的"受众"概念。虽然受霍尔的直接影响,间接的是受阿尔都塞的影响,年轻的莫利不是十分赞同把受众进一步作为各别的个体③,但在他后来的"全国受众"和"家庭电视"研究中,他实际上已经把社会学分析与个体分析结合起来了。更重要的是,他将受众的接受语境本体化,即作为受众的本体存在。对于私人化阅读,霍尔是坚决反对的,④但当他说"不同的人群和阶级将实施不同的阐释框架"⑤时,他无疑是已经把受众作为"社会个体"或者"个体集合"了。在莫利的媒介受众研究上,在霍尔的编码/解码理论上,在他们将受众作为"主体"上,可以说,英国文化研究就是"现代性"文化研究。

如果将早期(20世纪70年代)英国文化研究的受众理论从其国内语境移向对于全球媒介的观察,也就是温特所做的,将文化研究置于研究当代杂交形式的社会学,那么它一定就是反对"文化帝国主义"的。但是,这种对"文化帝国主义"的"挪用"和"抵抗"是完全不同于贝克和汤姆林森以解构"主体性"为前提的"后现代性"文化研究。霍尔总也没有放弃阿尔都塞的"结构",传播中

---

① Dave Morley, "Reconceptualising the Media Audience: Towards an Ethnography of Audiences", Stenciled Occasional Paper, CCCS, University of Birmingham, 1974, p. 8.

② See ibid., pp. 8-9.

③ See ibid., p. 1.

④ See Stuart Hall, "Encoding and Decoding in the Television Discourse", Stenciled Occasional Paper, CCCS, University of Birmingham, 1973, p. 14 and p. 15.

⑤ Stuart Hall, "The 'Structured Communication' of Events", Stenciled Occasional Paper, CCCS, University of Birmingham, 1973, p. 12.

的一切协商性和对抗性的解码都在这样或那样地接受"传播结构"的制约:"电视信息的生产和接受……并不一致,但它们是相联系的:它们是处在由完整的传播过程所构成的整体性(totality)之内的不同时刻。"①后来进入对"全球大众文化"的考察,霍尔仍是早年的结构观②,他看到,一方面,"它以西方为中心,它总是讲英语",而另一方面,这种英语又不再是"女王英语"或"博雅(highbrow)英语",它是"一种全然不同的国际语言",英语被涣散了;进一步,"它是文化再现的一种同质化形式,具有极大的吸收力,然而这种同质化却从未绝对地完成过,它就不能完成"。③霍尔也将此结构,阿尔都塞的"结构",称之为葛兰西的"霸权",确乎有"霸权",即企图将一切都包括进自身,但"霸权"从未完全实现过。④同理,对于霍尔来说,如温特所注意到的,霍尔一方面尽管并不认为符号、信息和图像的全球流动会生产出一种标准化的文化,而另一方面却也看到一种新型的同质化正在通过全球商业化过程浮现出来。显然,在"结构"、在"霸权",或者在霍尔的

---

① Stuart Hall, "Encoding and Decoding in the Television Discourse", Stenciled Occasional Paper, CCCS, p. 3.

② 麦克罗比在霍尔特别赞赏的一篇评论文章中就使用了"全球化的'控制结构'"("the 'structure in dominance', of globalisation", from Angela McRobbie, "Stuart Hall and the Inventiveness of Cultural Studies", in her book *The Uses of Cultural Studies*, London: Sage, 2005, p. 29)一语,这说明她也看到了霍尔将早年电视研究的理论框架之移用于全球化研究。

③ See Stuart Hall, "The Local and the Global: Globalization and Ethnicity", in Anthony D. King (ed.), *Culture, Globalization and the World-System: Contemporary Conditions for the Representation of Identity*, Department of Art and Art History, State University of New York at Binghamton and Macmillan Education Ltd., 1991, p. 28.

④ See Stuart Hall, "Old and New Identities, Old and New Ethnicities", in Anthony D. King (ed.), *Culture, Globalization and the World-System: Contemporary Conditions for the Representation of Identity*, p. 68.

另一说法"全球文化的新的辩证法"①并不遥远的背后，就灼灼有霍尔对于现代性"主体"哲学的顽强信念。这一点与阿尔都塞有所不同，霍尔在借来的"结构"中赋予了差异、矛盾、斗争，因而也就是结构的无终结的开放性——他以现代性"解构"了后现代指向的"结构—解构"。霍尔预言，在全球化的各种新形式中，仍是一如既往的控制和反控制——"那个古老的辩证法没有终结。全球化不会将它终结掉。"②个中原因乃是控制者与反控制者作为"有根的"个体的永恒存在。"个体""主体"只要一天不能被根除，那么"现代性"文化研究就一天不会停止其"抵抗"和"斗争"的理论。

霍尔的"结构"文化观规定了英国文化研究的方向，即作为"现代性"的文化研究，具体说，也规定了莫利的"积极受众"的性质，但我们暂且搁下霍尔，先来讲莫利吧！

莫利的"积极受众"之平移于全球媒介，确也可以成为一种反对"文化帝国主义"的理论，但是它所面临的问题有二：第一，它只是**从其效果上**，而**不能从其意图上**，否定"文化帝国主义"的存在，因为"文化帝国主义"的推动者也如受众一样是地域的、个体的和主体的，对于他们，我们不能设想有"文化帝国主义"行动，而无"文化帝国主义"意图，这既违背人是理性的动物的命题，也不符合事实，无论历史的或者当前的。因而，"积极受众"就必须承认在国内层面上"文化工业"的资本主义图谋，与在国际层面上"资本帝国主义"的文化战略，一个为利益驱动的文化战略。换言之，"积极受众"既不能取代"文化工业"，也不能完全否认"文化帝国主义"。

第二，在理论上更根本的是，必须将它所坚持的"个体"或

---

① Stuart Hall, "The Local and the Global: Globalization and Ethnicity", in Anthony D. King (ed.), *Culture, Globalization and the World-System: Contemporary Conditions for the Representation of Identity*, p. 19.

② Ibid., p. 39.

"主体"，置于"主体间性"的框架。只要将编码者也作为主体，接受就一定是一种"主体间性"事件；而一个主体只要进入"主体间性"，进入与另一主体的对话过程，那它就一定会不同程度地发生改变。而且，这不是一个主观上愿意与否的事情，另一主体或者一个他者的出现将客观地改变前一主体的存在环境，而环境是生命本体性的。从符号学角度看，"文本间性"的出现将一个"背景文本"（context，通译"语境"）给予"文本"，于是文本的自足性就被打破了，即文本不再是从前的文本了。编码者的"全球"文本与受众的"地方"文本也存在同样的关系。

  我们回头再看霍尔。比莫利沉稳和老练的是，霍尔在一个动态的"结构"概念中将文化帝国主义与对它的抵抗、将全球与地方相互间的辩证运动一次性地包容进来，并预见了未来文化的形态，以他说的现代音乐为例，"杂交的美学，交叉的美学，流散的美学，克里奥耳化的美学"①。霍尔对全球文化的文化研究，就其对主体性原则的坚持和贯彻而言，是归属于现代性哲学一边的，我们高兴地看到，他在一个"结构"概念中将现代性对于全球文化的洞见发挥到了它的极限处，即是说，在一个现代性框架之内，预言了文化帝国主义计划的最终破产，这因而也就超越了现代性，具有了后现代性的色彩，当然这不是法国后结构主义者那样的后现代。

  不过，对于更广大范围的全球化来说，霍尔的视域可能就嫌狭小了一些，他在一个殖民化的过程中，这是现代化进程的一种表现形式，看见了在前殖民地和前宗主国所出现的种种混合文化；那么，在其它国家和地区呢？尤其是那些走着不同现代化道路的国家和地区呢？这种有限的视域，即后殖民主义的视域，将带来且实际上已经带来对未来文化形态的某种盲视，例如说，混合仅仅是作为

---

① Stuart Hall, "The Local and the Global: Globalization and Ethnicity", in Anthony D. King (ed.), *Culture, Globalization and the World-System: Contemporary Conditions for the Representation of Identity*, pp. 38-39. 其中"克里奥耳"，原指出生于美洲的欧洲人，也指其与黑人的混血儿，霍尔借指文化间的混合。

一种完成态吗？在一些前殖民地可能如此，在美国这个最大的前殖民地可能部分如此，但在宗主国就未必如此了，在中国、日本这样的国家，霍尔的"杂交"甚至可能具有完全不同的意义。但对我们最有帮助的是，霍尔已经强烈暗示了一种超越现代性与后现代性的全球化理论。感谢霍尔！

我们必须超越"现代性"文化研究，霍尔已经有所尝试了；我们也必须超越"后现代性"文化研究，贝克和汤姆林森代表了其明显的局限；我们必须汲取他们的经验教训，而探索走向一个新的理论阶段的可能性。

结语：走向全球对话主义

全球化内在的同时就是现代性的与后现代性的，即是说，它同时即超越了现代性和后现代，因而可以成为一个新的哲学概念。罗伯森的"球域性"、贝克的"全域主义"和汤姆林森对于"文化帝国主义"的专题批判，都在努力概念化我们这个全新的时代——我赞赏他们的努力。作为对他们的一个回应，我这里与他们的区别在于，第一，对于全球化之现代性维度的坚持，在此我赞成霍尔对矛盾和斗争的坚持；第二，由此，我所看到的后现代性就是现代性的后现代性，为现代性所约制的后现代性；第三，必然的是，我将不会看到在后现代性的全球化中个体或主体的彻底消失，它只是在与另一主体的对话中，在一个"主体间性"中改变自身；第四，我们于是也就不能去预先社定什么在我们作为"国民"之上的"大全"；由于主体的不可消除，因而"民族"的不可消除，"国际间性"（internationality）"地域间性"（interlocality）[①]就不可能被

[①] See Huimin Jin, "Redefining Global Knowledge", in *Theory, Culture and Society*, London: Sage, vol. 24, 7/8, 2007, pp. 276-280.

"全域主义"或者一个意在"全球整体"的"球域性"所取代①;在一个全球化的时代,每个民族、每种文化都有话说,我们不能预先就规定他们说什么——这涉及一个更复杂的哲学问题:我们能否进行没有前提的对话?一个简短的回答是,只要个体不能被彻底地象征化(拉康)、意识形态化(阿尔都塞)、殖民化(斯皮瓦克),我们就只能承认无前提的对话。在当代理论中,这种观点几乎不可思议,但在两千五百多年前的孔夫子那里,却早已是一个人际交往的基本原则了。孔夫子不想什么"宏大"前提,他只想虚席以待他者的出现。

将他者作为他者,将自己也作为他者,即作为有限的主体,将"主体间性"更推进为"他者间性",推进为本体性的"文化间性",唯如此,全球化时代的文化研究才可能筹划一场真正意义上的"对话",而此对话的效果则是对话者对自己的"不断"超越,对自己的"不断"否定,对自己的"不断"重构,之所以是"不断",是因为对话者永远保留有无法被表述的本己,无论经过多少轮的对话,一方对话者都不可能变成另一方对话者。君不见,即使长在一棵树上的叶子,经过百年、千年的"对话",它们又何尝变得一模一样了呢?自然教导我们,在终极意义上,人归属于自然。人"文化地"对话,但人也"自然地"拒绝对话,以其"自然"而拒绝对话。

我们拟以"全球对话主义"作为我们的结语,其中,第一,作为"他者"的对话参与者是其根本;第二,"全球"不是对话的前提,甚至也不是目的,它是对话之可期待也无法期待的结果,因为,这样的"全球"以他者为根基,是"他者间性"进入"主体间

---

① 对于全球化时代所出现的"球域化"现象可以有多种解释,例如霍尔就提供了一种不放弃差异和多元的立场(See Stuart Hall, "The Local and the Global: Globalization and Ethnicity" and "Old and New Identities, Old and New Ethnicities", in Anthony D. King (ed.), *Culture, Globalization and the World-System*, London: Macmillan, 1991),而罗伯森的"球域性"概念则期待于全球整合,将全球作为一个整体。

性",是他者之间的主体间性的相互探险和协商,没有任何先于对话过程的可由某一方单独设计的前提;然则,第三,"他者"一旦进入对话,就已经不再是"绝对的他者"了,对话赋予"绝对的他者"以主体性的维度,我们知道,就其定义说,所谓"主体性"就是有能力去改变客体,而同时也将被客体所改变,顺便指出,"主体间性"的一个主要意思就是对主体之间相互改变的承认。回到本文的开头,全球化,作为"全球对话主义",将既包含了现代性,也开放了后现代性,它是对二者的综合和超越。"全球化"是一种新的哲学,如果需要再给它一个名字的话,"全球对话主义"将是一个选择。

未来的文化研究是否将以"全球对话主义"为其理论基础,我们不能预先提出要求,这不符合"全球对话主义"精神,但是,目前可以肯定的是,"全球对话主义"至少在解决例如"文化帝国主义"这样全球时代文化研究的重大问题时,将能够同时避免"大全"("全域主义")和"整体"("球域化")的文化帝国主义嫌疑,以及由于对受众能动性的强调而导致的对"文化帝国主义"的全然无视。甚至,或许也不是不可以期待在霍尔之后重新阐释"文化间性",尤其是它在未来的种种新的可能性。①

（原载《文学评论》2011年第1期）

---

① 英文版在此添加了如下内容:
Finally, it is paramount that we maintain the distinction between *global dialogism* and the 'dialogism' of Mikhail Bakhtin. For Bakhtin, 'dialogism' is essentially an outgrowth of poetic or literary theory, one that concerns the relation between double or multiple *voices*, and *texts*. If you wish, it may be regarded as 'a philosophy of *language*' (Clark and Holquist, 1984: 212. My emphasis), or, applied to 'relationships between distinct cultural and ideological units', and 'conflicts between nations or religions' (de Man, 1989: 109)—in this regard, it is a toolbox for cultural analysis, functioning much like *global dialogism*, as demonstrated above. However, according to Bakhtin's dialogism, it is only at the discursive level that dialogue can be achieved. It is then reasonable for Julia Kristeva and （转下页）

（接上页）Tzvetan Todorov to develop Bakhtin's dialogism into their term 'intertextuality' which 'belongs to *discourse*'(Quoted in Todorov, 1984: 61. My emphasis). (As Todorov quoted from Bakhtin, 'Dialogical relations are (*semantic*) relations between all the *utterances* within *verbal* communication' (Quoted in Todorov, 1984:61. My emphasis). Although Bakhtin does not overlook the author or creator of the utterance, and therefore 'the dialogical reaction endows with personhood the utterance to which it reacts' (Quoted in Todorov, 1984: 61), Todorov insists, 'this does not mean, […] that the utterance gives expression to the inimitable individuality of its author. The utterance at hand is perceived rather as the manifestation of a conception of the world, while the absent one as that of another conception; the dialogue takes place between the two.' (Todorov, 1984: 61) Bakhtin's concept of 'Exotropy', or, 'outsideness' (Morson and Emerson, 1989: 52), radical as it may be, and as much as it may lead us 'from the intralinguistic to intracultural relationships' (de Man, 1989: 109), remains dialogical and therefore discursive. In sum, the dialogue, in terms of Bakhtin's dialogism, is *discursive*, which appears only between discourses, conceptions, or in Sausure's terminology, signifiers. While Bakhtin's dialogism is basically linguistic and epistemological, *global dialogism* goes beyond perception, signification, interpretation, and is based upon a life-ontology. It is a philosophical approach in which voices or texts involved in dialogue are understood as individual subjects that are constituted not only by discourses, and ideology, as Althusser would have it, but also by their material existence, and their *réel* as Lacan would remind us, and which can never be fully penetrated by discourses. To repeat, the *global dialogism* is based on both modernity and postmodernity, both subjectivity and intersubjectivity, on their dynamic relations, and ultimately, their dialectical synthesis.

References:

1. Clark, Katerina and Michael Holquist (1984) *Mikhail Bakhtin*. Cambridge, MA: The Belknap Press.

2. de Man, Paul (1989) 'Dialogue and Dialogism', in Gary Saul Morson and Caryl Emerson (eds) *Rethinking Bakhtin: Extensions and Challenges*, pp. 105-114. Evanston, Illinois: Northwestern University Press.

3. Morson, Gary Saul, and Caryl Emerson (1989) 'Introduction: Rethinking Bakhtin', in Gary Saul Morson and Caryl Emerson (eds), *Rethinking Bakhtin: Extensions and Challenges*, pp. 1-60. Evanston, Illinois: Northwestern University Press.

4. Todorov, Tzvetan (1984) *Mikhail Bakhtin: The Dialogical Principle*. Trans. Wlad Godzich. Minneapolis: University of Minnesota Press.

全球化就是对话
——从当代哲学家伽达默尔谈起

  阅读提示：迄今的全球化讨论少有哲学家的参与，因而一个关于全球化的哲学框架尚未建立起来。本文试图通过伽达默尔哲学解释学所倡导的对话本体论为目前徘徊中的全球化论述寻找一个哲学的视角。

  20世纪西方哲学文化思潮后浪推前浪，先是德国人的现象学独领风骚，再是法国的后结构主义技压群芳，赶到90年代英美的全球化理论异军突起。如今的德国已经不再是世界的思想中心了。1985年，哈贝马斯就曾酸酸地说："在过去的一二十年间，巴黎产生的具有原创性和生产性的理论要比世界上其它任何地方都多。"[①]最近，社会学家乌尔里希·贝克在其《什么是全球化》一书更是喟然

---

① Jürgen Habermas, *Die neue Unübersichtlichkeit*, Frankfurt a. Main: Suhrkamp 1985, S. 137.

有叹,德国人讨论全球化比英国人至少迟到了10年!①伽达默尔的哲学解释学这个归属于现象学运动的思想按说与当代的知识兴趣已经隔了三层。即使它当年如何地风光,而今早化作历史的烟云。

不过,"思潮"总是"时髦"一类的东西。由思潮中涌现出来的"经典"是决然不会随着潮流的转换而被遗忘。伽达默尔相信,"经典"总是能够跨越时空的间距而一直地对我们说着什么。在中国伦理学界颇有些影响的美国哲学家麦金泰尔称颂:"伽达默尔是两部将被列入20世纪哲学经典的著作的作者:一是《真理与方法》,二是《在柏拉图和亚里士多德之间的善理念》",而"一个文本被给以经典的位置就是说它是一个我们必须与之达成某种关系的文本,如果我们不能正确地对待它则将严重地妨碍我们的探索"。②在今天的潮流即全球化的讨论中,我们看到,作为"经典"的伽达默尔文本并未随现象学运动的消歇而退出历史舞台,它一再地被指涉、被援用,包括他的学生沃尔夫冈·伊瑟尔的接受美学。或许这种表面的繁荣并不十分重要,重要的是它所具有的对于认识当今全球化现象的有待被唤醒的理论潜能。

伽达默尔活过了20世纪,当其生命的最后十几年正是全球化讨论如火如荼的时期。或许令人有些遗憾,伽达默尔没有直接地或多少有些深度地介入这一新思潮。但他于40多年前发表的后来成为经典的《真理与方法》,仔细辨读过来,却早已为全球化论述暗中准备了最基本的哲学架构,这就是其哲学解释学所错综交织的对话本体论。

一是与传统对话。现代性从某种意义上说总是表现为传统的断裂,对传统的拒绝和否认,例如为启蒙运动所结撰的那样。对于这

---

① 参见 Ulrich Beck, *What Is Globalization?* Cambridge, UK: Polity, 2000, p. 13。

② Alastair MacIntyre, "On Not Having the Last Word: Thoughts on Our Debts to Gadamer," in Jeff Malpas, Ulrich Arnswald and Jens Kertscher (eds.), *Gadamer's Century: Essays in Honor of Hans-Georg Gadamer*, Cambridge, Massachusetts & London: MIT Press, 2002, p. 157.

种现代性或启蒙的狂妄,伽达默尔警告,我们不能在传统之外展开对传统的批判。我们归属于我们试图理解的传统。对于伽达默尔来说,这当然意味着像海德格尔那样在本体论的意义上由现代性回归传统,以及在"效果史意识"中复活传统,但更意味着一种深刻的自省意识:对传统的理解说到底就是一种自我理解。

二是与他者对话。文本在存在的意义上与我们自己相通,如"文本间性"或"主体间性"所提示的,而它同时又是一种异在。阅读一个文本就是同一个陌生人打交道。在伽达默尔看来,文本的他者既是"真理",也是"方法"。他者具有不可穷尽的神秘性,而另一方面通过与他者相遇我们自己被认识、被扩大、被更新。伽达默尔将语言作为解释学的一个核心论题,甚至在他那里也可以说,语言的就是解释学的,因为语言的本性就是对经验的共享,就是对对话的预设;更进一步,我们原本即是语言,或者反过来,语言即我们的存在。

对话可以是在一个传统内部的古今对话,也可以是与另外一个陌生文化的对话。尽管文化间性的对话或者文化间性不是哲学解释学的主要论题,但《真理与方法》对"翻译"的那个著名论述实质上即叩击了这一问题的核心:文本的可翻译性,即翻译所容易传达的东西,常常就是我们自己的文化编码系统,而其不可翻译性则是起于那不接受此编码的他者文化的他者性。翻译会聚因而也凸现了文化间的差异、距离和冲突,使我们清晰地意识到我们自己的文化局限,于是一个文化间的对话成为必要,为着认识我们自己的必要,否则我们就只能在我们的内部做自体循环了。

今日的全球化可以理解为现代性的扩张,在这一扩张过程中它势必遭遇他者文化的抵抗。有意的现代性将带来一个无意的后现代性。事与愿违,事情做出来总是偏离我们原先的设想。用吉登斯的话说,现代性的全球化意味着一个"失控的世界"。但是"失控"首先意味着不接受帝国主义的"控制"。因而毋宁说,全球化是现代性与后现代性（即那解构性的力量）的双向互动。不存在一种绝对的主宰力量，全球化结果将不是单方面的"美国化"或"西方化"。全球化因而更是一种"球域化"（glocalization）①，是全球性扩张与地方性应对的交相作用。如果将"球域化"视作一场"对话"，那么可以断言的是，伽达默尔早就揭示了全球化的确定性和不确定性，其现代性和后现代性：

> 虽然我们能够说我们"举行"一场谈话，但是越是一场真正的谈话，它就越是不怎么按着一方或另一方对谈者的意愿举行。因此，真正的谈话从来就不是那种我们意愿举行的那种。总体观之，更正确一些的说法是，我们陷进了一场谈话，如果不是这样，也可以说，我们被牵扯进了一场谈话。在此谈话中，一个词如何给出另一个词，谈话如何转折，如何继续进行和结束，当然完全可以有一种举行方式，但是在此举行中，对谈参与者与其说是举行者，无如说更是被举行者。在一场谈话中没有谁能够事先就知道将会"出现"什么样的结果。②

这不是谦虚，伽达默尔诚然不乏谦虚的美德，而是对事实的承认。

---

① 美国学者罗伯森将全球化看成是"普遍的特殊化"和"特殊的普遍化"的一个"双向过程"（Roland Robertson, *Globalization: Social Theory and Global Culture*, London: Sage, 1992, pp. 177-178）。如果是在这一意义上理解他所提出的"球域化"一语，我们宁可放弃，因为在全球化运动中，根本不存在普遍性与特殊性的对立，所有的只是特殊性对特殊性。全球化是一种地方性对另一种地方性，强势的一方被错误地称作全球性或者普遍性。真正的全球性超越了所有的地方性，包括强势的地方性，是各种地方性的可交流性。鉴于"全球化"在流行的语义上和社会学的用法上都是一个经不起推敲的概念，笔者还是主张将它哲学化，即是说，使它不与任何具体性相等同，否则它就将被帝国主义霸权所利用，而实际上它已经被利用很多年了，只是我们习焉不察而已。"球域化"当然是一个好词，至少比"全球化"进了一步，即强调了地方性的解构性作用，但那个"全球性"还是没有摆正位置：一句话，全球性不能与地方性并置，而只能置于其上，是各种地方性之间既在其自身而又超越其自身的连接。

② Hans-Georg Gadamer, *Gesammelte Werke*, Band 1, Tübingen: J. C. B. Mohr (Paul Siebeck) 1986, S. 387.

惟当承认这一事实,即承认主体性或现代性的局限——我们无法"举行"对话,进而才可能产生对他者的兴趣和渴望,也就是对话的冲动。

在其所张扬的对话本体论中,在与传统、与他者的对话中,伽达默尔表现出西方主流社会所少有的文化自省意识,这与黑格尔是多么地不同,并且对他者的敬畏,如列维纳斯所表现的那样,因为在后者绝对的他者就是上帝,那至少也是相当程度的尊重。"主体间性"这个德国唯心主义的最高成就,尽管将主体与他者/客体的关系转变为主体与主体的关系,将他者提升为主体,但在伽达默尔的他者面前,也只能是自惭形秽而不敢望其项背了:伽达默尔的他者与我们/主体具有固有的"一体性";与他者的对话不是我们主观上情愿与否的问题,而是我们根本上就处在对话之中。

全球化,一个伽达默尔的世纪即将来临,如果说全球化的重点和难点就是如何与他者相交往的话。一个成功的全球化将有待于我们能否正确地听取伽达默尔的他者理论。

当然,作为经典的伽达默尔,并不只是因为有了全球化才显出其历史的效果来。他不需要这样庸俗的辩护,因为他是"经典",他对一切时代说话。任何时候,只要我们愿意倾听,"经典"总会给我们讲些什么。在美学,在实践哲学,还有在柏拉图、黑格尔、海德格尔等专题的研究上……经典的伽达默尔还有许多我们没有觉察到的奉献。

(原载《紫光阁》2005年第12期)

间在论与当代文化问题
——《间在对话与文化自信》①序言

　　阅读提示：间在论以唯物主义为根基，并杂合以生命意志论、现象学、道家"自生"哲学以及其他当代理论资源，既"间"且"在"，即是说，既看重个体间的关系或连结，又不放弃个体在其"间"的独立存在，终成一种更具综合阐释力的世界观。这"世界"，更准确地说，不是物质世界，也不是与物质世界相脱离，而是在物质世界基础上生长出来的人的世界或文化世界。也可以这么说，间在论是一种新的文化哲学。以此间在论来探照当代文化问题，例如文化自信及其所包含的文化、自我、主体和他者等问题，自是别开一片视域。

　　假定历史有一个确切的起点的话，那么可以说，自从人类文明史发轫的那一天起，从全球化开启的那一天起，直至当前，在与

---

① 金惠敏：《间在对话与文化自信》，北京：商务印书馆，待出。

物质史相表里的文化演进史中,不是人类族群关于自身的想象,而是他们关于自身与他者、外部的关系的想象,就一直是其间一个至为关键的问题,因为人类总是通过他者的或拒或迎来建构自己的部族、民族、地方特性。没有他者,就没有自我,这在本体论抑或认识论意义是都是如此。自我的存在并不纯粹,其在起源上和构成上都是杂交的。在概念上更清晰:没有与之相区别的他者,何来自我?!没有本地日常生活的单调乏味,何来异域风情?!自我是一种意识的效果,在感受性中有其最初的身影。

文化间关系历来是文化理论倾力研究和交相商榷的一个焦点,文化多元主义、文化间主义、文化人类学、主体间性理论、文化民族主义、文化帝国主义、后殖民主义、全球伦理、文明冲突论、文明对话论等都从某一方面体现了这一焦点的热度和角度,因而也是复杂度。同样,作为国家和民族之时代强音的"文化自信"和"人类命运共同体"理论,以及被专家学者赋予其新义的《尚书》的"协和万邦"、孔夫子的"和而不同"、《礼记》的"天下大同"、王阳明的"万物一体"等概念,都是对于这一焦点问题的深度关注和力度回应。本书从对"文化自信"理论的研读和阐释入手,网状放开与当代各种流行的文化关系论的积极对话,赓续之,发扬之,广大之,以自铸新词"间在"及其相关语汇而展开对文化、自我和文化自信的理论内涵的扩写和重述。毋庸讳言,这自然是起于对现有学术研究状况的某种认知。

一、让哲学和学术介入文化自信研究

笔者曾经批评过哲学界不够关心全球化问题,也抱怨过社会学界对它是现象描述多而深入分析少,而能够予以理论阐明的就更是凤毛麟角了,进一步,能够形成一种理论的则怕是几乎没有。"文化自信"研究在学术界的情况似乎有所不同,专著不少见,文章更其多,可谓成千上万计,但翻阅一下这些著论,则发现其与全球化研究的情况也差不多，哲学一向高冷傲慢，不屑于与俗世为伍，对于"文化自信"这种当代的和现实的问题少有热情投入，也见报刊间有相关文章露面，读来却是敷衍了事之作居多。在实际问题需要哲学出场解决时，哲学却悄然躲避了起来。"文化自信"虽为近年学术之热点，但大部分文章人云亦云，异口同声，属于宣传品，没有投入应有的学术研究和哲学思辨。于是"文化自信"终于流为一种口号，殊为可惜。我们的社会当然需要口号，且口号也的确好用、有效、有号召力，因为，确如马克思所言，口号乃时代问题之集中体现①，但未经细察和阐释、将其与问题相亲接的口号将难以深入人心，难以充分地和正确地发挥其作用。

　　本著是将"文化自信"研究作为一项严肃的学术事业来做。先从学术史的层面说，"文化自信"起源难考，但至迟在梁启超那里就已经是一个有情怀、鼓士气和寄厚望的话题，30年代中期在"全盘西化"和"中国本位文化"的论战中更是一个焦点概念，后来新儒家一直念念不忘恢复中华民族的文化自信，把中华民族的伟大复兴读解为中华文化的伟大复兴。21世纪以来就更不用说了，随着全球化程度的日益加深，以及文化冲突的日益加剧，其间当然不乏恶意的推波助澜者，如在新冠疫情期间西方许多政客所做的那样，"文化自信"已经不止是一个理论问题，而演变成为一种社会无意识，于是它随时随地都可能有所表现和爆发，例如有人就认为中国抗疫的胜利根本上是中国文化的胜利，如果有人想稍稍纠正一下说是制度的胜利，他们立刻会补充说，制度是文化选择的结果，所以归根结底，文化是最根本的决定要素。的确，从文化上解释或者把文化作为最终的解释是学术界新世纪以来愈益流行和被认可的一种

---

①　马克思说："问题就是公开的、无畏的、左右一切个人的时代声音。问题就是时代的口号，是它表现自己精神状态的最实际的呼声。"（［德］马克思、［德］恩格斯：《马克思恩格斯全集》第40卷，北京：人民出版社，1982年，第289—290页）既然称"问题就是时代的口号"，问题变身为口号，那么口号也一定是代表了时代的问题及其"精神状态"。

研究方法。从西方学术史看,更远的不谈,美国政治理论家亨廷顿在20世纪90年代中期就提出亚洲文化自信对于世界秩序的威胁,其提出的对策是强化西方文化身份及其自信,特朗普执政四年来可以说是积极乃至极端地践行和发展了亨廷顿的美国文化自信观。显而易见,文化自信绝非突然间无端由地冒出来的一个政治宣传概念,其前有着一个漫长的学术生长史,因此,无需争辩,文化自信有充足的理由被作为一个学术对象予以专精深透的研究。这也意味着,研究文化自信是学者的本职工作,不存在什么越界趋附的问题。

不能否认,文化自信也是一个政治问题,而且是当代最深沉的、最基础的一个政治问题。但政治问题也不是不允许学术触碰,政治作为一个研究对象,以其关乎我们生活的方方面面,即是说,政治无处不在,是完全可以选择任何角度、从任何方面切入研究的。再者,学者不是在真空中生活,他会与社会的方方面面发生或实际的或想象的联系,而既然身处这样的联系之中,他就要对这种联系负责,从其职业即学术研究的角度提出自己的见解和建议,以与政治家一道构建一个更美好的社会。或许有人提出,学者应该更放眼于未来,更要有人类意识,而非局限于此时此地、此情此景,但是文化自信既是从历史长河中一直流淌到现在的问题,而且在未来相当长的一段时间也仍然是一个无法冰雪消融的问题,简言之,文化自信连接着中华民族的过去、现在和未来,值得中国学者关注和研究,这是一方面,更有另一方面是,围绕文化自信还有一系列不仅属于中国,而且也与世界相连接的问题,与人类相连接的问题,例如文化间性、文化对话、主体间性、自我和他者等等问题。或者退一步说,只要中国还在世界之中,研究中国的问题也必然是研究世界的问题,只要中国人还属于人类,研究中国人的问题也必然就是研究人类的问题。随着中国更深刻地融入世界,中国人更频繁地与世界其他国家的人民接触和交往,对于中国之在世界、中国人之为人类的自我超越性意识将会愈加鲜明和可见。总之,无论是从学者对于当前的"现实"责任来说，还是从其远大的人文抱负来说，研究文化自信都有义不容辞的意味。

二、从"间性"到"间在"：间在论的构成

本书是对文化自信的哲学性研究而非应用性研究，由于传统哲学概念介入了当代文化问题，这一研究准确地说应算是文化哲学，是关于文化的哲学，宽泛地说，是文化理论。如果说本书有一以贯之的哲学的话，那么这一哲学就是"间在"论。请注意，是"间"（Inter）"在"（Being），合并为一个单词"Inter-Being"，而非只是"间性"或者"存在"。这一理论并不复杂，但不知何故总是为以往的哲学家所忽略。西方哲学有一种抽象化偏好，就是执意否定人的肉身性存在，将人抽象化为意识，具体言之，其所谓"主体"只是执行认识的主体，是思维着的"我"，而非存在着、并思维着的"我"，好像它只能二选其一：要么"思"而不"在"，要么"在"而不"思"，无法既"在"且"思"。例如，在笛卡尔"我思故我在"的命题中，作为思维主体的"我"不具有肉身性存在，不是"由肢体拼凑起来的人们称之为人体的那种东西"[①]，根本说来，它"只是一个在思维的东西，也就是说，一个精神，一个知性，或者说一个理性"[②]。再例如，胡塞尔的"主体间性"，看起来好像指的是两个实实在在的个体之间的关系，但他真正要说的是两个（以上）意识之间的关系。胡塞尔自以为有了这种"主体间性"就可以清除其哲学的"唯我论"嫌疑，而实际上恰恰是这种"主体间性"因其假定某种"理性"先验地存在于众多个体、文化、民族之间，那么万事万物、芸芸众生则都必须遵从"理性"的法则，使得理性遂演变为一个暴力性、强制性和霸权性的概念。可以承认

---

① [法]笛卡尔：《第一哲学沉思集》，庞景仁译，北京：商务印书馆，1986年，第26页。

② 同上。

理性是人之为人的本质特征，但如哈贝马斯所坚持的，从来就不存在什么纯粹的理性，所有的理性在他那里都是处于"交往"活动之中的理性，是"主体间性"的，不过对他来说，如果不存在一个超越诸交往主体之理性，则交往何以能够实现？！这就是说，他仍然会相信一个超越性的理性，以及依此理性所必须认同和遵从的普遍价值规范。所以，哈贝马斯即使拿"交往"去限定"理性"，其最终仍未摆脱笛卡尔、康德、胡塞尔"纯粹理性"的魔咒。流行的"对话"和"间性"概念多未考虑是谁在"对话"、是谁们的"间性"，于是天真地以为"对话"和"间性"在理性和话语层面上就可以解决存在者之间的矛盾和冲突。非也。对于存在者而言，他既是理性的，也是非理性的，既是意识性的，也是肉身性的，既是超越的，也是处境的，因而所有的"对话"和"间性"均发生在具体地、现实地存在着的个体之间。是的，从来没有纯粹的理性，也没有纯粹的主体或主体间性，如果有人坚持认为有，那也只能说，理性和"主体间性"仅为个体存在的一个方面，其另一个方面则是他的肉身，他的物质性存在。故而，我主张如果不是激进地以"个体间性"取代"主体间性"，即仍然留存"主体间性"概念，那么也应该从"个体间性"的角度理解"主体间性"。例如，梅洛-庞蒂就是从"身体间性（intercorporéité）"角度试图来更新胡塞尔的"主体间性"。对此，读者或觉陌生，我们稍作展述。

"身体间性"是梅洛-庞蒂知觉现象学的一个核心概念，但梅洛-庞蒂本人并未予其以清晰的界定，其直接使用该术语的次数不是很多，在其最有影响的著作《知觉现象学》中"身体"算是一个高频词，但"身体间性"一次也没有出现过。于是需要我们结合其整个哲学体系、特别是他对"身体"的论述进行辨认和判断。无论人们怎样理解梅洛-庞蒂"身体间性"与胡塞尔"主体间性"的关系，然而有一点均不否认，即这两个术语之间的关系密切，因此例如《梅洛-庞蒂词典》（Donald A. Landes, *Merleau-Ponty Dictionary*, London:

Bloomsbury, 2013）就将它们二者列为一个词条，在比较中揭示"身体间性"是如何区别于"主体间性"的。该词条虽嫌简略，但要点都在，更关键的是，它代表了国际学界关于"身体间性"所达成的最大共识，可以作为我们进一步探讨的起点，现完整引用如下：

> 梅洛-庞蒂对主体间性的探讨是从胡塞尔关于如何经验他者的著述开始的，但是他将重点从经验他者的认识论难题转向一个经由我们的身体和我们的文化物品而得以共享的世界的存在性结构。因此，他在其《知觉现象学》中强调说，胡塞尔的研究要求我们应当认识到，不是先验的主体性能够发现他者，而是这一先验的主体性必须总是已经"作为一个主体间性"（Maurice Merleau-Ponty, *Phenomenology of Perception*, trans. Donald A. Landes , New York: Routledge, 2012, p. lxxvi）。现象场域的结构本身已经为主体间性结构所充塞。简言之，先验的主体性即是"一个主体间性"（Ibid., 378）。我们存在的维度之一乃是社会的世界，这先于任何认识的问题。不能说先有一个必须与他者相联系的孤立主体；而是说，此孤立之主体是从一个在先的主体间性存在那里衍生出来的。如梅洛-庞蒂所写到的，"为他者（For-Others）的结构必须已经是为自我（For-Self）的维度"（Ibid., p. 474）。通过我们的匿名和概括，我们总是已经共在于世界。
>
> 这一叙述也许甚至可以经由在《可见的与不可见的》中所说的可逆性结构进一步深化。梅洛-庞蒂提出，在我的身体与其自身以及我的身体与他者之间的可逆性保证了一个原始的身体间性，一个对于世界之可逆肉身的共享性归属。触摸他者是可逆性的，例如像我双手之间那样的相互触摸。可逆性触摸提供了一种在先于自我与他者区分的野性存在之层次上的相互缠结或侵入（See Maurice Merleau-Ponty, *The Visible and the Invisible*, trans. Alphonso Lingis, Evanston: Northwestern University Press,

1968, p. 142）。①

如前所谓，为了消除其纯粹意识的唯我论嫌疑，即对他者的吞噬或排斥，胡塞尔祭出"主体间性"概念，但这在梅洛-庞蒂看来，仍然是无济于事，因为只要胡塞尔坚持主体性的纯粹意识性，那么他者就不可能如其本然地呈现出来，或者根本上被拒于主体/意识的门外。为了纠正"主体间性"的错误，也是为了拯救"主体间性"这一美好的理想，梅洛-庞蒂提出"身体间性"的概念。根据这一概念，主体是有身体的或身体性的，而身体的知觉特点是其"可逆性"，即是说，身体能够同时感受和被感受，它既在世界之外，又在世界之内，因而可以同时观看和被观看。身体是在传统意义上分裂着的主体与客体或作为二元对立的身体和心灵相聚合的混沌地带，它既不单独地属于主体，亦非纯然之客体，而是兼有此二者之属性。梅洛-庞蒂给出的最著名的例子是我们双手之间的相互触摸，在此过程中，无论左手还是右手都同时会感受触摸和感受到被触摸。推而广之，两个陌生身体之间的相互触摸如握手也具有如此的可逆性，我既触摸别人，也"同时（en même temps）"被别人所触摸。②这也就是说，身体之间的彼此触摸既是意识性的，也是自然性的。如果说纯粹意识性的主体间性将他者排斥在外，那么知觉的身体间性则能够将他者纳入一个在世之在的活动之中，成就一个主体与他者共在的世界。通俗言之，假使意识分开了我你他，那么身体则使我们在感受性上彼此交通和接纳。这里似乎作为身体的主体及其知觉不费吹灰之力便打通了矗立在主体和客体之间的屏障。

显然，身体知觉之所以能够打通主体客体之间的传统屏障，乃在于梅洛-庞蒂赋予其新的认识和特殊的界定。他指出，对于人

---

① Donald A. Landes, *Merleau-Ponty Dictionary*, London: Bloomsbury, 2013, p. 115.

② Voir Maurice Merleau-Ponty, *Le Visible et L'invisible*, Paris: Gallimard, 1964, pp. 184-185.

来说，言其"存在"有两层意思，而且也只能有这两层意思：一是其作为物的存在，一是其作为意识的存在。然而，"相反，身体本身的体验向我们展示了一种含混的存在方式"①，即是说，身体将自身经验一种既非物、亦非意识的不确定状态。而"如果说人用自己的身体来知觉，那么此身体则便是一个自然的我和作为知觉的主体"②。这就是身体的特殊性，其知觉相对于认识的特殊性。正是因着这一特殊性，他者或客体才能够成功进入我们的世界。

但是，必须看到，梅洛-庞蒂是在"知觉现象学"范围之内谈论身体间性及其可逆性。知觉虽为初级认识形式，但其终归属于一种认识，因而任何人都不可能在外向认识他者的同时还能够反观自身。梅洛-庞蒂左右手相互触摸的例子是经不起推敲和实验的，事实上理性的动物是不可能同时感受到触摸和被触摸的，两种感受尽管可以在一瞬间实现转换，但在感受的每一时刻，情况只能是要么外观，要么内视，不可能即此及彼。凡认识皆为限制视角的认识，死角在认识中是不可消除的。作为认识的身体知觉亦难逃这一认识论规律。可以认为，梅洛-庞蒂以身体知觉为新的认识形式并未使他如其最初雄心勃勃地设想的那样完成对胡塞尔"主体间性"纯粹意识哲学的革命和超越③。"唯我论"从外面不能克服，从里面也同样不能。19世纪的叔本华早就尝试过这样的失败④。

在间在论看来，梅洛-庞蒂"身体间性"的价值在于突破胡塞

---

① Maurice Merleau-Ponty, *Phénoménologie de la Perception*, Paris: Gallimard, 1945, p. 231.

② Ibid., p. 239.

③ 梅洛-庞蒂在其《知觉现象学》"前言"一开始便声称他所理解的现象学是将"本质"放回"存在"即必须从"事实性"出发的哲学，而非如胡塞尔那样留滞于"本质"如知觉本质或意识本质的哲学。他相信，"世界在被反思之前总是'已经在那儿'了"（参见 Maurice Merleau-Ponty, *Phénoménologie de la Perception*, p. I）。这可以读作其"知觉现象学"的革命性宣言。

④ 参见金惠敏《意志与超越：叔本华美学思想研究》（中国社会科学出版社，1999年）第1章之评述。

尔作为纯粹意识的主体和仍然作为纯粹意识的"主体间性",赋予主体以肉身的存在、从而在世界之内的存在,这就暗含了将主体作为个体的意指,进而,主体的认识就是个体的认识;但殊为遗憾的是,梅洛-庞蒂旋即将此身体作为知觉的工具,亦即认识的工具,好像身体是精神的具身化,而未能揭示在身体内部知觉与其所由出的自然(身体)之间或亲密或疏离的关系。我们拟保留和使用"身体间性"这一术语,但它已经不再全然是梅洛-庞蒂意义上的"身体间性"了。身体知觉不是借助于身体的知觉,而是身体其自身的知觉。身体不能仅仅是一种感受性器官,我们更必须把它理解为感觉以及认识的内在驱动力,理解为叔本华的"意志和表象":意志发展出表象。如果不是把胡塞尔的"主体间性"和梅洛-庞蒂以知觉为特征的"身体间性"转换为生命个体之间的在身体和心灵两个层面上的关系,那么"主体间性"和"身体间性",也包括哈贝马斯的"交往理性",都将是没有意义的文字耗费,因为作为纯粹理性的主体和仅仅作为知觉的身体没有个别、差异和复数,如黑格尔所指出的,当两个自我意识相互扬弃、并转进于绝对意识时,"**我就是我们,而我们就是我**"①。我的意识就是我们的意识,一个主体的意识就是其他所有主体的意识,反之亦然,因此从意识的角度看,没有必要区分出我与我们、此一主体与彼一主体,或者积极地说,"主体间性"一语唯在其作为理性或意识的主体、且又同时作为血肉之躯的个体的条件下,才有存在的理由。身体在认识论中的位置或价值乃是其存在论,而非其作为一种含混的知觉。

与"身体间性"以及"个体间性"相类似,很早以前我提过

---

① [德]黑格尔:《精神现象学》(上卷),贺麟、王玖兴译,上海:上海人民出版社,2013年,第181页。

"他者间性"（inter-otherness）概念①。然则，他者之间有"间性"存在吗？这样的概念会遭遇列维纳斯以及斯皮瓦克等人强劲的阻击，他们不相信他者能够言说、能够言说出其自身，如果勉强言说，那也是言之而非，因为是"语言在说我"，即是说，我在使用非我的即不属于我而属于社会、历史和传统的语言。这或多或少都是受了索绪尔结构主义语言学的影响，这种理论认为：符号不能指示物，而只能指示对于物的表象或概念，即概念指示概念，于是形成无尽的能指链，所以任何言说都是永远不及物的。但一个经验的反驳庶几足矣：如果言说不指向物，那么人作为语言的动物，是否一直生活在观念之中而不吃不喝呢？！语言是"再现"（representation），但任何"再现"同时也是人的"延伸"（extension），不仅是人的感官的延伸，也是人的一切意向或意义的延伸，用青年马克思喜爱的语词说，是"人的本质的对象化"②，虽然语言在被使用的过程中也会发生如马克思所谓的那样的"异化"现象，但最终人还是有能力、有办法克服"异化"而实现自我、接通自我与世界的联系的，这就好像说即使在"异化劳动"这种生产"畸形"的活动之中，也仍然包含着审美的创造。③凡是人的活动，包括语言活动，都是人的对象化的活动，尽管对象化之彻底程度由于实际条件的限制而有所不同。犹如我们不能要求地图等于实地一样，我们也不能奢望语言等同于现实。语言当然首先是指向对于现

---

① 我在为学术集刊《差异》创刊号所写的"前言"中提出："在新对话主义看来，德国哲学的'主体间性'必须改写为'他者间性'（inter-otherness）"（《差异》第一辑，金惠敏主编，河南大学出版社，2003年，"前言"第1页）。此提法亦见：Huimin Jin, "Redefining Global Knowledge", in *Theory, Culture & Society*, London: Sage, 2007, vol. 24, 7/8, pp. 276-280.

② ［德］马克思：《1844年经济学哲学手稿》，北京：人民出版社，2018年，第84页。

③ 马克思看到："劳动生产了美，但是使工人变成畸形。"（［德］马克思：《1844年经济学哲学手稿》，北京：人民出版社，2018年，第49页）马克思虽在批判资本主义私有制对工人身体的摧残，但也是承认这种非人道的劳动生产了美的产品。

实的表象而非现实本身,但观念又总是"意向"于物或现实的,"意向客体"虽然不是自在之"客体",但它并非与此客体无关。于此,我们甚至能够反过来说,意向正是因为其将客体纳入自身之内而与外部世界相交接、共在和一体。

返回语言的现实性,不过是回到我们的日常经验和常识。因而指出这一点也就不算是什么创新之见。我们意不在此。我们意图说明的是,"个体间性"或"他者间性",再或者"身体间性",既表达了个体、他者、身体的存在论性质,也指示了它们能够表出、言说的认识论性质,简洁地说,是其既"间"且"在"的性质。于是对话便可如此理解:它不是"间性"的对话,而是"间在"的对话,是个体之间的、从各自存在本身生发出来的、因而带着自身欲望和需求的对话。对话的基础是生命,而生命不是一潭死水,它是奔腾不息的河流,无时不处在流动之中,在这一意义上,海德格尔把古希腊语的"自然"(*phusis*)解释为流出、涌现、出显等。这种流动或出现就是语言学意义上的表达、说话,而说话也就是对话,但由于这种对话背后连接着身体、欲望、存在,所以对话这种通常被以为是纯粹理性的活动就被植入了物质性的需求和冲动。我们将对话描述为"间在",意思是说:对话乃个体或存在物之间所发生的认识论"表接"(articulation),而既然称之为"表接",那就是说,对话不是彼此之间倾其所有、毫无保留的相互给予,而是半是扣留、半是给予的相互连接;对话的可能性在于理性的普遍存在,必须承认康德、笛卡尔对普遍理性之假定,否则就不可能有对话的发生,而对话的持续性和动态性在于个体的不断涌现或言说、因而言之不尽的"自然"基底。在对话中,我们既不能以理性去净除非理性,也不能以非理性而拒绝承认人与人之间的可交流性。综上所述,如果说我们不是以"间在"论更新了传统的"对话"概念,但至少可以说,我们是澄清和确认了对话的间在性,分开说,是间性和在性,即其二重性:存在论的和认识论的。

以"间在"论或"间在对话"论而观察"文化自信",所见自然有所不同。"文化自信"概念涉及"文化"和"自我"以及作为"自我"的扩大的"民族"。今天几乎没有人再相信莱布尼茨那种单子论意义上的"自我"概念,西方最近二十余年来出现了"对话自我"(dialogical self)理论,其代表性人物赫伯特·赫尔曼斯教授认为:"通常情况下,所谓'自我'是指某种'内在'的东西,某种发生于个体头脑内部的东西,而'对话'则主要与'外部'之物相关,指的是发生在人与人之间交往的过程。'对话自我'这一复合概念将外部之物带给内部之物,反过来又将内部之物融入外部之物,以此超越了内与外的二元对立。"①通俗言之,其意就是,自我中有社会,社会中有自我。这种自我与其外部世界相融合,若移用于全球化境况,则其说的就是民族文化与世界文化之间的相互依存关系:称某种文化为"民族文化",是由于该文化出显于世界之中,其特性和差异当然在本体论上当然属于其自身,但在认识论上则亦为外部文化所共享。因而凡是说到自我、民族等概念,都已经是与他者、异族接触的结果了。海德格尔、拉康那种语言化"自我"的论断也意味着对独立自在的"自我"概念的解构,让"自我"与他者和世界相接。图根哈特从语言哲学的角度论证了自我与他我的共生和共在的关系:"没有人会单单为了自己而说'我②这些将自我与他者相联系及其对于文化自信的意味一类的论点,笔者在书中有大量的援引和讨论,兹不赘述,现在拟把篇幅继续留与基础性地阐明在间在论中作为独异之"在"是如何达到诸"在"之"间"的,即此"间"之如何可能的问题。

---

① [荷兰]赫伯特·赫尔曼斯:《对话自我理论:反对西方与非西方二元对立之争》,赵冰译,可晓锋校,载《读书》2018年第12期,第35—36页。
② [德]恩斯特·图根德哈特:《自我中心性与神秘主义:一项人类学研究》,郑辟瑞译,上海:上海译文出版社,2007年,第22页。引文根据该书德文版(Ernst Tugendhat, *Egozentrizität und Mystik: Eine anthropologische Studie*, München: Verlag C. H. Beck, 2. Auflage, 2004, S. 29)有所改动。

首先从"在"说起!所谓"在"是指世间万事万物的客观存在,于物于人而言,它们都有其独立自主的存在,其在物为"物体性",其在人则为"个体性",它是叔本华和尼采所谓的"生命意志",是巴赫金所说的存在的"唯一性",是列维纳斯的"绝对他者",是当代文化理论所假定的与"结构"相对立的"能动"(agency)等。一切"在"作为"自然"之"在",如海德格尔所发现的,都有涌现、出显的冲动,而这种现身即将自身显现出来,就是"间在"论所说的"间",只有将自身置于彼此之"间",才能让他人看见、领会、把握,于是一个各方相遇的场域便形成了,此之谓"星丛"。此"间",此"星丛",从两个方面界定了文化的性质:其一,文化乃自然之出显,即是说,文化由自然发展而来;其二,文化之从自然中出显,一方面意味着其自身的生长,另一方面则是说它出显于他者的目光之中,他者的视域之中。进一步,这两个方面都在显露着文化并非"独异"而"在",而是本体论和认识论意义上的双重共在。认识论意义上出显而共在已很明朗,而本体论意义上的共在虽未言明,但似乎也不言而喻:以目前的科学认知水平,我们只有一个世界(宇宙),因而一切具体的存在物都是世内之在,是海德格尔的"此在",即与"此"世相关联的存在。这是就其静态而言的共在,而其动态之"生长"则是更能体现万物同在的道理:所谓某物之"生长"就是进入其原本不曾居有的空间、体验其早前不曾体验过的时间,这样的时空此前是他物的时空,现在进入其"间",也就是进入与他者的连接,进入万物共在的"星丛"。

芸芸众生、万事万物之在认识论意义上的相向而视、目光交接、彼此相见,以及其在本体论意义上的一体同在、时空共享、鸡犬相闻,并不能保证一个有差异而无矛盾和冲突,即一个以"和而不同"为其特质的"星丛共同体"的可能,对于中国哲人王阳明来说,这还远远不够,相见和共在并不必然意味着相互理解、让在、视纳，更毋论"美人之美"和"美美与共"这样的高境界了。王阳明指出，要获致对于他之所谓的"万物一体"的认识、并能够将此认识顺利付诸行动，没有一个德性主体的引入将是不可想象的，他称此德性主体为"仁"或"德"，有此仁德，则万物便显出其一体不二来，而倘使此仁德澌泯，则万物相分、相争、相残，天下大乱。对此，王阳明在《大学问》一文给予集中的论述：

> 大人者，以天地万物为一体者也，其视天下犹一家，中国犹一人焉。若夫间形骸而分尔我者，小人矣。大人之能以天地万物为一体也，非意之也，其心之仁本若是，其与天地万物而为一也。岂惟大人，虽小人之心亦莫不然，彼顾自小之耳。是故见孺子之入井，而必有怵惕恻隐之心焉，是其仁之与孺子而为一体也；孺子犹同类者也，见鸟兽之哀鸣觳觫，而必有不忍之心焉，是其仁之与鸟兽而为一体也；鸟兽犹有知觉者也，见草木之摧折而必有悯恤之心焉，是其仁之与草木而为一体也；草木犹有生意者也，见瓦石之毁坏而必有顾惜之心焉，是其仁之与瓦石而为一体也：是其一体之仁也，虽小人之心亦必有之。是乃根于天命之性，而自然灵昭不昧者也，是故谓之"明德"。小人之心既已分隔隘陋矣，而其一体之仁犹能不昧若此者，是其未动于欲，而未蔽于私之时也。及其动于欲，蔽于私，而利害相攻，忿怒相激，则将戕物圮类，无所不为，其甚至有骨肉相残者，而一体之仁亡矣。是故苟无私欲之蔽，则虽小人之心，而其一体之仁犹大人也；一有私欲之蔽，则虽大人之心，而其分隔隘陋犹小人矣。故夫为大人之学者，亦惟去其私欲之蔽，以自明其明德，复其天地万物一体之本然而已耳，非能于本体之外而有所增益之也。①

---

① 王守仁：《王文成公全书》（三），王晓昕、赵平略点校，北京：中华书局，2015年，第1113—1114页。

显然，对于王阳明而言，天地万物实际上**原本**为一体，但唯大人者能够**视之为**一体，原因是大人的心中装有某物曰"仁"。此"仁"非主观之"意"，非"意之"也，而为客观之"仁"，"其与天地万物而为一也"：通孺子，接鸟兽，连草木，达瓦石等。严格地说，此"仁"因而便不再是"德"（用），而取得了"道"（常）的特性。如今言"道德"也者，浑然不分，实则"德"乃形出于"道"本①。"道"为本，"德"为末，然言本末也者，非谓独立之两物，其乃一物或一体也。王阳明质疑："既为两物矣，又何可以言本末乎？"这种"仁"之客观实在性保证它永远不会从人那里消失，而只能被"私欲"暂时遮蔽。此"仁"颇类乎西哲康德之"绝对命令"(Der kategorische Imperativ，又译"定言命令"）或"我身之道德律"（das moralische Gesetz in mir）。根本上说，人必须无条件地服从于此命令。倘若无此"一体之仁"之先验性存在，人便不会在后验上、在实践上将天地万物视为其一体之在。若是接受王阳明的仁本体，那么对于"星丛共同体"以及"个体间性"或"主体间性"的认知，就必须在"明明德"上狠下功夫，即彻底拂去私欲的灰尘，让本有之仁能够完美地呈现出来。这也就是说，尽管"知"内涵了"行"，知晓之则必践行之，但在知和行之间又常常有私欲、私意之阻隔，因而欲成就或返回一个道德主体，就必须克服此私欲私意，而这是需要主体一再努力"行"之的。不难理解，个体之人一旦克服了其私我之欲、之意，将即刻获得"万物一体"的觉悟：他本就与万物一体，而此时此刻则更是意识到了其之与万物一体，再进一步说，意识到其与万物一体，也就是意味着他对于万事万物即整个世界的伦理责任了，即常所谓的"以天下为己任"

---

① 朱熹曾将孔子"鬼神之为德，其盛矣乎"中的"德"解作"性情功效"（朱熹：《四书章句集注》，北京：中华书局，1983年，第25页）。援此，杨明照将刘勰《文心雕龙》"文之为德也大矣"之中的"德"读为"功用或功效"（刘勰：《增订文心雕龙校注》，北京：中华书局，2012年，第5页）。可参照理解"道"与"德"两者的本末关系。

的担当意识。

有必要强调，王阳明诚然十分强调"仁"之客观实在性，但他也绝未忽视个人在体"仁"方面的主观努力，道德主体既内在了此"仁"，但仍需将其"体—现"即实践出来，有学者概括说，此为"以身体之与体之于身"①，即以身形/行仁。我们都知道，王阳明是主张"知行合一"的，他坚持"知"本身即包含了"行"，否则便是"未知"或"不曾知"。然则何以有人知孝而不能孝，王阳明道其原委说，那是由于其"私欲隔断"了"知""行"关联。②阐明知"仁"与行"仁"的合一，王阳明的一个目的是为了擢升"知"之地位，在他，凡堪以"知"相称者，则必为"良知"，所谓"良知之外，别无知矣"，而"良知"又必为知"仁"之知，非寻常"闻见"之知，是大知，而非小知，此二者有天壤之别，不可混淆。他更援引孔子"吾有知乎哉？无知也"将"闻见"之知排除在"知"即"良知"的范畴之外。③现在如果以"心"为"知"，那么顺着其"心即理"的命题则可延伸而得出，"知即仁"，非"知"无以求"仁"，反过来，非"仁"则"知"无所骛，即"知"将失去其对象，而无所骛之"知"，则是空洞之"知"，这样的"知"其实根本就不存在，如胡塞尔所提醒的，人们不能想象空无内容的"意向"。可以读出，当王阳明做如下推论时，他应是有胡塞尔之

---

① 陈立胜：《王阳明"万物一体"论：从"身—体"的立场看》（修订版），北京：北京燕山出版社，2018年，第102页。

② 参见王守仁：《王文成公全书》（一），王晓昕、赵平略点校，北京：中华书局，2015年，第4—5页。

③ 参见上书，第88—89页。王阳明根据孔子"吾有知乎哉？无知也"而断定其所谓"知"乃以"仁"为终极对象，大意不谬也。但具体于上下文，即接下之语句，即"有鄙夫问于我，空空如也。吾叩其两端而竭焉"，则窃以为大谬不然，孔子的原意应为：他先是自谦其没有关于对象的知识，即"无知"于物，但转而又声明他是知道如何获取关于此一对象之知识的，即"叩其两端"，这就是说，倘能对问题或对象"叩其两端"，则可谓知之矣。在知的对象和知的方法之间，孔子在此更重视求知的方法论。

意的:"夫物理不外于吾心,外吾心而求物理,无物理矣。遗物理而求吾心,吾心又何物耶?"[①]在此,王阳明无法想象无物(理)之"心",而同样的道理,我们也无法想象无"仁"之"知"。王阳明之以知"仁"与行"仁"为一体不分,即所谓"知行合一",如前文已经指出的,其目的是对"知"的重视和举荐,这是一个方面,然则其更深一层之目的则是确立"仁"之作为本体的绝对性,即作为"绝对"的"命令"、绝对的道德原则。仁体既在,不增不减,万古如斯,其终究是要迸现出来的。面对私欲或情意,毫无疑问,仁本具有最终的权威性和控制力。

援引王阳明以及康德的道德形而上学,我们绝不是说,构建"文化星丛共同体"或"间在对话"论必须诉诸"一体之仁"或理性的"绝对命令",必须以之为前提,因为,这样的理论实际上属于一种乌托邦假说,无法验证,于是也一直处在争议之中。为稳妥之计,我们至多可以说,"间在"理论亦应有伦理之维度,即是说,一旦我们能够认识到、体知到"间在"的事实性存在,我们就应该起而行之,从我做起,积极促成这一"星丛共同体"或"间在共同体"的实现。然则我们却无权对他人提出同样的道德要求,不能去"明"他人之"明德","启"他人之"蒙",不能外宣我们己身之内的"道德律"的绝对性和普遍性。何以如此?因为在道德实践层面,任何绝对性和普遍性都是历史性、语境性和文化性的,不可能跨越时空、放之四海而皆准。没有绝对的和普遍的价值,因此,我们虽然可以一方面说,间在论赋有伦理的维度,需要伦理的支持,但另一方面还必须指出,从前习之以为常识的道德原则的绝对性和普遍性现今则必须置之于间在论之上,以间在论为其基础。这就是说,我们一直信之仰之、崇之敬之、甚或畏之的绝对性和普遍性不过是一种间在而已,是文化性的、民族性的各种价值的相互

---

① 参见王守仁:《王文成公全书》(一),王晓昕、赵平略点校,北京:中华书局,2015年,第52页。

协商和"接合"（articulation）或"文化霸权"（葛兰西）。道德行为或许出自仁本体或绝对命令，或许也不是、不尽然，对于这种人之初本善本恶之争辩，我们不去触碰，因为本初之性未能显出，未能实现，故无从判断其"是"善或"是"恶，而一当其显现出来，实现出来，也就是进入现实，进入世界，与他人发生了纠缠，善恶问题便即刻产生。退一步说，即使存在先天的善恶或善恶"绝对命令"，然个体或文化群体将其实现出来的现实语境各不相同，其结果从而也一定是千差万别的。要在各自不同的体知上追求伦理的普遍性和统一性，方法只能是"间在"协商、求同存异了。不过，此"异"不应是观念之异，它首先应是身体各异，然后才是其需求和欲望之显形于语言上的各异。也许在文化丛集的时代，最好的德性是理解、尊重和宽容。相会于"间"，相容于"在"。

三、间在论视域中的文化、自我和文化自信

间在论以唯物主义为根基，并杂合以生命意志论、现象学、道家"自生"哲学以及其他当代理论资源，如前所描述，既"间"且"在"，即是说，既看重个体间的关系或连结，但又不放弃个体在其"间"的独立存在，终成一种更具综合阐释力的世界观。这"世界"，更准确地说，不是物质世界，也不是与物质世界相脱离，而是在物质世界基础上生长出来的人的世界或文化世界。也可以这么说，间在论是一种新的文化哲学。以此间在论来探照文化，则文化自是显露出与过去不同的定性、定位和定价。

第一，文化乃生命之表达、表现和形式。凡物必显现，没有不做任何显现的自在之物。对此，可以这样去想象：一则凡物必有能量，而能量必然要求释放出来，二则凡物必存在，而存在必意味着以某种形式存在，即是说，凡物必有形式。康德"自在之物"的设定是自我设限，"自在之物"总已是自"显"之物，因为一物若不显现，我们便不知道其自在地存在着。日常经验太容易粗暴地把一

物分裂为本体与现象,把肉眼看到的认作现象,把看不到的视为本质,其实现象不过是同一事物之显现,而此显现乃此事物之存在方式,它就是如此这般地证明和宣示自己的存在。深一层地探究,一事物之显现也是其发生作用或发生作用的过程。一般而言,现象都不是静态的,它是动态的显现过程,是在显现着,按照以往的说法(如柏拉图),现象即流变。因此,我们可以没有歧义地宣称,现象即本质,现象之外没有本质。由是而观,若有生命意志,则其必然诞出文化,人们通常认之为文化"现象"的,实则为生命本身之绽放。

第二,生命是流动不息的,因而作为其表现和形式的文化也随之而不断变化。既然把生命与其文化视为一体之物,即是说,把文化也视为生命整体的一个组成部分,那么我们必然的结论便是:不存在生命变化而其表现形式即其文化不做任何改变之殊例。这自然首先是由于二者之一体不分,生命的变化即是其文化的变形,但这也更是由于生命自身的特性正在于显现,而显现则是动态的,此动态体现了生命的变化、运行、活力,是乃曩昔"生生不息"之所谓也,且亦自不待言,显现定然是有形式或形象的。打一通俗之比喻,显现犹如某物在持续地发光,即此物在持续地释放能量,然其能量一朝枯竭,不能持续,这光便即刻消失。在此,不言而喻,光的显现就是光的运动,就是发光物的形式或形象。

第三,文化之所以被生命发展出来、表达出来,其目的是为了维护、延续和助力于生命,这种目的性可能是本能之趋避,也可能是理智之选择。因此,对于作为主人的生命,文化就只是服务性的和工具性的。我们平素所宣讲的文化的重要性,一是指它对于生命的服务性、工具性和反作用,二是指它与生命的贴近、混融或直接表达。流行所谓之"文化无意识"即意味着文化不是浮在意识的表面,而是沉潜在与生命的缠结之中,以至于不能显其于意识。又者,当今愈益被社会接受的"文化基因"之喻则更是凸显了生命与其文化形式的高度凝结,乃至于出现在某个长时段内生命既已选定某种文化形式便不轻易改变的现象。文化是变易的,也是惰性的,但无论求变抑或求稳,均来自于生命自我维护的需要。需要说明,生命需求不仅是个体的欲望,它更是一个社会或群体的意志,是其物质生活之大势所趋。个体的生命表达不能形成文化,而其社会性之汇聚则实在就是文化的定义。

第四,指出文化对于个体生命和群体物质生活的服务性和工具性,具有积极的和建设性的意义:人不再是文化的复制品,而是文化的创造者、改造者、发展者。不否认人被文化所包围、所充实、所塑形,但人也可以处身文化之内而实现文化的超越,这主要得自于人所拥有的理性能力:人总是在一定的历史条件下运用自己的理性,但理性的特点是总能程度不同地超越其自身和历史所给予它的限制。人类能够与其文化拉开一定的距离,获得某种程度的审视、省察,从而提出文化改造和发展的方案。在理性之光的照耀下,文化也可能从对人的制约转变对人的襄助。人们是可以工具性地使用其文化的,可以优选一部分文化而淘汰另一部分文化,甚至也可以发动文化上的革命。不过此类革命能否成功,最终仍需要取得生命的认可和接纳。

第五,将文化作为生命之表达和形式,这虽则首先肯定的是生命与文化之间的一体不二,然而在文化之纵向的历史发展和横向的传播过程中,作为表达和形式的文化却恰恰需要以二者的分离为前提:没有这样的分离,就不会有当代现实文化对历史文化遗产的借鉴,也不会有一民族文化对另一民族文化的借鉴。古代文化对于当代文化的影响,外来文化对本土文化的影响,都需要将其分别从古代人和外国人的生命中剥离出来而只留下其表达和形式来实施。所谓"文化遗产"说的就是人已去而其言、其所创造的文化犹在,也就是说"文化遗产"是没有生命的,需要当代人重新赋予其生命。外来文化若要进入并影响本土文化,也需要被后者重新赋予其生命，因为它们已经与其所依附和连结的生命分离，即是说，它们已经是无生命的文化。如果是人口流散，如移民或殖民的情况，那则属于"间在"对话，是全方位的、立体的对话，其结果可能是文化的杂交和融合，也可能是文化的星丛性共在。

　　文化自信研究涉及的另一问题是何为"自我"的问题。西方哲学自笛卡尔以来，唯心主义一线主要将"自我"作为一种"自我意识"，这种"自我意识"一是说"自我"即"意识本身"，也就是把"自我"作为认识的一极，即主体的一极，与之相对应的是客体一极，其第二重意思是将"自我"作为"意识"的对象，但这一对象并不具备实体性的存在，而是与他者一道出现在"意识"之中，因此从根本上说，"自我"就是一种概念。而自马克思以来，"自我"的社会性开始被重视起来，因为他认为，人是一切社会关系的总和，自我或个体都是一种社会性存在。直承索绪尔的普通语言学，亦接受马克思主义的影响，结构主义反对人的"能动性"（agency），将人作为"结构"（structure），因而在它的视域中便不会有什么"自我"的存在，所谓"自我"不过是一种话语或话语的效果。20世纪90年代以来，"对话自我"理论逐渐引起学界关注，但仍是侧重于"自我"的社会性占位以及在全球化时代的跨文化性，其身体性几乎未能考虑进来。而依照我们的间在论，"自我"一方面具有"间性"，即它的主体间性、个体间性、文化间性等，而且另一方面也一定是有其"在性"的，是一不折不扣的生命存在，是有血有肉即有生命的个体。综合言之，"自我"就是一种"间在"，一种社会性的和话语性的生命体。

　　"民族文化"或文化的"民族性"实际上是一种扩大了的"自我"概念，堪以"文化自我"或"民族自我"称之，因而同样也可以如上从"间在"的角度来把握。"民族文化"代表了民族生命的存在方式和外显，因而民族文化就一定有其不可被统合的差异性和独特性，但"民族"及其特性的显现又有赖于与他者文化的相遇，于是这样的差异和特性又同时是认识性的、观念性的，在此意义上，可以认为，"差异即对话"。当人们看见彼此间的差异和特性，那么这样的差异和特性也就不再是绝对的差异和特性了，不再是"独异"（singularity）或全然的"他者"了，而是已经为彼此所分享、所视纳、所认识。但由于"间"而兼"在"，民族文化即使被"世界化"了，即使在进入"文化星丛"之后，仍然能够保持其在内容和形式两方面的独立性。没有同质化和绝对同一的"世界文学"，只要个体生命不灭，只要民族生命犹在，民族文学于其间就永远是一个独特的存在。我们赞同"文化间主义"，而对"世界文学"持保留态度，原因在于前者既"间"且"在"，而后者却可能是"间"弱"在"无，或者无"间"无"在"，而只有"一"。

在对"文化自信"的两个核心论题"文化"和"自我"进行了"间在"论的探访之后，我们就会懂得"文化自信"为什么总是与文明互鉴、文化交流、共存包容、人类命运共同体等概念相连缀使用。尽管它们的指涉对象各有不同，然其理论出发点却是共同的，即一个以"间性"为要旨的"文化"和"自我"概念。"文化自信"不是一个独立自足的概念，而是一个关系性的概念，意味着两种以上的文化之间的关系。倘若没有其他民族、其他文化的出现，没有其他民族文化借助其物质力量所显出的强势和霸权，那就没有"文化自信"一说。在一个文化帝国主义依然占据主导地位的复杂全球化时代，强调"文化自信"自有其表彰民族特性、凝聚民族力量的积极的抵抗的意义，但其最终目的不是文化沙文主义，不是唯我独尊，不是"一统天下"，而是走向费孝通所标识的"各美其美、美人之美、美美与共、天下大同"的"文化星丛共同体"。这里必须澄清，在间在论看来，"文化星丛共同体"应同时包括费孝通先生以上"十六字箴言"列为梯级进步的四重境界，即是说，纵使在"天下大同"这个最高的和谐境界里，仍然有"各美其美"和"美人之美"的存在，而"各美其美"亦应包含"美人之美"和

"美美与共"，它们可以同在、共在而不相害。"天下大同"不是不再有趣味差异、文化差异，它们没有被消灭，而是进入了一种新的链接，是之谓"和而不同"。对于那些极易招致同质化想象的"共""同""天下"等词语，我们尤其需要反复地申明，它们的正确意指实在就是链接、星丛、应和、协作。这就好像说，我们的朋友并不是我们的影子，他们也是真实的存在，有他们自身的个性和特点。如"和而不同"之所示，朋友之间的理想关系应是相"和"，而不是相"同"。

需要说明，"前言"不是"正文"，是进入正文之前的文字，因而这里关于"文化自信"及其内涵的文化和自我等概念的论述就是提纲挈领式的，如若有人感觉读之如堕五里雾中，则恳请耐心阅读正文各章，后面都有不厌其详的阐发。与此写法相反，对于流贯于正文始终，却又未能集中阐述的"间在"论，"前言"则给出相对充裕的篇幅，务使其昭昭离离。然坦率言之，对于"间在"论这么一个庞大的课题，此处相对细致入微的论述，仍是相当粗疏和浮表。

结语

如果有人要求笔者三言两语概括本书的学术贡献，那么我想说的是：本书自铸"间在"论，并由此而深化、丰富和推进了对"文化自信"所包含的文化、自我等概念的理解，而这也必然是深化、丰富和推进了对"文化自信"的理解。本书不止是对一个关键词的语义学关注，且更是对于该术语所关涉的如何构建21世纪中国与世界新型关系问题一个文化政治学的回答，再进一步，应该更重要的是，本书对于文化自信的拓展性阐释也是与笛卡尔以来直至当代的西方观念论和唯物论就主体、他者、对话、主体间性、文化间性等课题丛簇所做的一次哲学"间在"论的商榷和切磋，其意自然是对二者做批判性的扬弃和超越。"间在"（inter-being）一词所内涵的矛盾修辞法可算是清楚地表明这一点。

（原载《社会科学战线》2022年第1期）

第二编

第二章

现代性、后现代性与全球化
——哲学化"全球化"与"世界文学"的终结

阅读提示：本文首先考察了学界对全球化的现代性与后现代性界定，接着剖析了汤姆林森的"文化帝国主义"批判，目的是将全球化提升为一个扬弃了现代性与后现代性的新的哲学范畴。本文进一步意图是由此而重新审视马克思的"世界文学"概念，并赋之以新的思想维度：在全球化时代文学将如何构型的问题不能继续在"国际化"而必须在"球域化"（glocalization）的框架中探讨。

"全球化"这个新鲜出炉的术语[①]概念上的似是而非可能一点不亚于它在实际上将我们的生活及其前景抛入的不确定性。它究竟是什么？它对我们又意味着什么？然后，我们该如何应对它？围绕全球化的研究目前已全面展开，并且确也取得了相当之成果，例如在社会学、政治学、经济学、宗教学、伦理学，甚至在广义文化，以及作为其构成的文学研究等领域。但是，严格说来，这些论说多数尚徘徊于现象的描述和简单的逻辑推论及预测层面，缺乏宏深的哲学把握，或者说，尚未形成一个启导性的理论框架。暮色苍茫，而密涅瓦的猫头鹰却迟未起飞。哲学家这些最智慧的人"类"似乎仍在迷离于幽远的星空，全然不觉于脚下的危机与凶险。而没有哲学的参与和支持，我们便不能正确地回应当前"全球化"一浪高过一浪的挑战和威胁；继续以往的讨论，将极可能使这一或前程远大的新概念蜕变为一个新的陈词滥调。迫切的全球化迫切地需要我们的概念化，所谓"概念化"就是理性的、哲学的透入和概括。

本文不期许一种全球化哲学的发明，但尝试为一团乱麻似的全球化讨论清出一个头绪，当然说它是一种理论或知识框架亦无不可。我希望，它至少会有助于系统化和深化我们对全球化现象的理解和体认。我们的目标绝不是去抹煞既往的讨论和结论，而是对它

[①] "全球化"一词的流行不过是 90 年代前后的事情。罗兰·罗伯森指出："直到 80 年代早期甚或中期，学术界都未把它当成一个重要的概念，尽管前此也有零散的和断续的使用。"他介绍说，1991 年出版的《牛津新词词典》收入了"全球的"（global）一词，但主要是作为"环境术语"；同时收入的"全球意识"（global consciousness）也只是指对自身以外的其它文化的接纳和理解，以及对世界性社会——经济的和生态的问题的关注。（Roland Robertson, *Globalization: Social Theory and Global Culture*, London: Sage, 1992, p. 8）更决断一些，贝斯特和凯尔纳的一个斩钉截铁的划分将"全球化"归诸 90 年代："正像后现代主义是 80 年代最时髦和最聚讼的话题一样，'全球化'是 90 年代的流行语，并将在新千年继续作为图书、文章和白热论争的一个首要兴奋点。"（Steven Best and Douglas Kellner, *The Postmodern Venture*, London: Routledge, 2001, p. 206）在德国，据乌尔利希·贝克说，"全球化"之引起讨论比英国还要迟到十多年（Ulrich Beck, *What Is Globalization?* Cambridge, UK: Polity, 2000, p. 13）。中国和德国的时间表差不多，虽然原因（历史和国情）不尽相同。

们进行新的理论整合,或有可能的推进。我们将以问题化的方式开始我们的清理工作。

一、为什么是媒介

英国文化批评家约翰·汤姆林森的那部论战性著作《文化帝国主义》是以分析一张极具意味的摄影明信片开始的,一家土著人看电视,在我们看来可能是再日常不过的生活图景,而汤姆林森却从中看见了不寻常的对比:土著被西方技术所吸引。在此对比中透露出"文化帝国主义"是如何入侵"地方文化"的信息。作者选择看电视作为"文化帝国主义"的表征,其中所蕴涵的最浅近的意思就是电视,或扩大言之,媒介是"文化帝国主义"或"文化全球化"最重要的推动力量之一。

不止是一幅图画,其意味总是不那么明朗,当代新媒介公司更直接要求打破国家限制,以实现"无疆界的电视节目",变"国民"为"网民",为消费者。例如时代华纳公司雄心勃勃地要"将甚至是世界上最遥远的地区也列入国际媒介社会"[①]。其理由或许听来慷慨而崇高,媒介全球化的宏大目标被标榜为增进不同文化、不同社会间的相互理解和信任,实现全球人民不分种族、信仰、国籍之享有平等和尊严。不过作为商品的媒介,其直接的目标当然是利润的创造;媒介公司的信念一如国际商业机器公司(IBM)所表白:"从商业角度看……划分国与国之间的边界就跟赤道一样并非现实存在。它们仅仅便于标志种族、语言、文化实体而已。它们不界定商业需求和消费趋向的范围。"[②]商业逻辑不承认任何限制性规则,它只服从突破所有限制以最大化其利益的自身冲动。在它的逻辑里,国界是必须要拆除的障碍。解域化或全球化,是作为商品的

---

① 转引自[英]戴维·莫利、[英]凯文·罗宾斯:《认同的空间》,司艳译,南京:南京大学出版社,2001年,第16页。

② 同上书,第13页。

媒介之最内在、最本质的逻辑冲动。

　　无独有偶，安东尼·吉登斯在"莱思讲座"的第一篇即像汤姆林森那样给出一个媒介全球化的例子，说一位人类学家到中非做田野调查，令其深感意外的是，当地人招待他的不是传统的娱乐节目而是观看电影录相《本能》，当时这部影片在伦敦影院尚未放映。通过这个故事，吉登斯意在说明我们正在进入一个全球秩序之中，我们所做的一切都在影响他人而同时也被他人所影响。更深层的意味是，我们可以归纳说，这个例子暗喻了他一贯坚持的媒介与全球化的根本性关联。为什么是媒介？第一，全球化首先是指媒介的全球化。在列举全球化各种新景观时，吉登斯表示："第一就是全球范围内的通讯革命，而且就某些方面说我认为它还是那最重要的一个。"①值得注意，他不止一次地将媒介全球化的重要性摆在经济的、政治的和日常生活的全球化之前。这是因为，第二，从起源上说，是通讯技术促成了全球化时代的迅猛来临，甚至是现代性在与传统历史的决裂中诞生："当机械印刷术传入欧洲，机械化的通讯技术就非同寻常地影响着全球化的所有方面。它们构成了现代性反思与将现代从传统中撕裂出来的诸断裂的一个本质要素。"②他似乎更强调后一点，当他提到报纸如何使边鄙村民对世界大事的知晓超过一百年前的首相时，他认为这种变化的"要点在于，若非对'新闻'所传达的知识的普遍享有，现代性制度的全球性扩张本来是不可能的。"③无论媒介技术本身能否被作为信息，如麦克卢汉所声称的那样，至少在现象层面上，没有新的通讯技术，如今作为全球化标志的许多事物，如电子金融或者电子战争（作为全球政治的一部

---

　　①　"Anthony Giddens and Will Hutton in Conversation", in Will Hutton and Anthony Giddens (eds), *On the Edge: Living with Global Capitalism*, London: Jonathan Cape, 2000, p. 1.

　　②　Anthony Giddens, *The Consequences of Modernity*, Stanford: Stanford University Press, 1990, p. 77.

　　③　Ibid., pp. 77-78.

分）都是不可想象的。这里我们不必将通讯技术对全球化过程的推进作用极端至技术决定论的程度，媒介与全球化的本质性联结，第三，还在于媒介与全球化在其本性上的相契：所谓媒介就是将两个以上的端点连结起来，简单地说，媒介即联结；而全球化如果按照吉登斯给出的定义，则是"世界范围内社会纽带的加强，这些纽带将相距遥远的各个地方连结起来，即此地的事件可能要由许多英里之外发生的彼地事件所决定，反之亦然"①，这就是说，全球化所表示的也是一种联结，只是较媒介或媒介技术更加剧了它们共有的不可预测其客观效果的维度，即在另一层意义上，全球化意味着一个"失控的世界（runaway world）"②。

杰姆逊同样将传播与全球化相提并论，他表示："我相信全球化是一个传播性概念……我们有一感觉，即今日的传播网络以更密集和更广延的情势遍布全世界，这些网络一方面是各种通讯技术重大革新的结果，另一方面又以世界各国至少在其大城市里益趋更大程度上的现代化为其基础，这一现代化包括了此类技术的植入。"③的确，全球化、传播网络以及现代性推进过程内在地蕴涵了技术的应用和扩张，杰姆逊不想否认这一点，但他更看重那些从来就相伴于传播和技术的文化意指或经济负载。他半是嘲讽也半是近于黯然地指出一个他不愿看到的事实："就其所有的含义来说，传播发展至今都已不再是一种'启蒙'，而是一种新技术。"④对于这样一个纯粹的和纯粹技术性的传播概念，他宣布："以传播为焦点的全球

---

① Anthony Giddens, *The Consequences of Modernity*, Stanford: Stanford University Press, 1990, p. 64.

② Anthony Giddens, *Runaway World, How Globalisation Is Reshaping Our Lives*, London: Profile Books, 2002, p. xxxi.

③ Fredric Jameson, "Notes on Globalization as a Philosophical Issue", in Fredric Jameson and Masao Miyoshi (eds), *The Cultures of Globalization*, Durham & London: Duke University Press, 1998, p. 55.

④ Ibid., p. 56.

化概念在本质上是不完整的：我蔑视任何仅仅试图从媒介和传播概念上思考全球化的人。"①他坚持，"传播"必须被理解为"交替地掩盖和发送文化的或经济的意义"②，而且与传播相连的全球化也必须在"意识形态结构"③上聚焦。这种抵制与主张如果说是针锋相对于传媒理论界颇为时兴的麦克卢汉方向，即"关心传播媒介本身对社会构成和文化经验的影响，而非媒介信息的内容"，它"突显了媒介和传播技术对于我们社会的处理时间和空间的意味"④，那么十分绝妙的是，它由此展开了一个可与之相互比较和补充的全球化评论的杰姆逊方向。麦克卢汉关切技术对人的意味，人的社会组织形式和人的文化新体验，因而由技术所创造的"地球村"只是总体性标志着在时间和空间方面人对世界的重新知觉和把握，以及在社会实践，如经济活动方面的后果。麦克卢汉将新媒介理解为"人的延伸"（其《理解媒介》一书的副题是"人的延伸"），他所谓的"人"处于康德所提出的赋予对象以时空形式的启蒙理性之人的哲学框架之内；或许麦克卢汉并非有意如此，其普遍性的"人"的概念本质上则属于现代性的，属于西方的。其"地球村"理论不等于"全球化"理论，或者说，它只表示"全球化"理论的一个维度，即现代性维度。

汤姆林森的明信片，特别是吉登斯的故事，既喻指现代性扩张这一维度，同时又涉及这一扩张所必然遇到的与"他者"文化的关系。这即如我在20世纪德国哲学中所感悟到的："作为对现代性或全球化的响应，当今国际哲学的两大主题就是探讨与传统的关

---

① Fredric Jameson, "Notes on Globalization as a Philosophical Issue", in Fredric Jameson and Masao Miyoshi (eds), *The Cultures of Globalization*, Durham & London: Duke University Press, 1998, p. 55.

② Ibid.

③ Ibid.

④ John Tomlinson, *Globalization and Culture*, Cambridge: Polity Press, 1999, p. 152.

系、与他者的关系，以一纵一横确定我们的坐标。在这方面，德国哲学的贡献尤为发人深思，有胡塞尔'主体间性'、伽达默尔对话的'哲学解释学'和哈贝马斯的'交往理性'等，它们以各自的语言倾诉着与传统的对话、与他者的对话。"①如果将此观点单用于"全球化"论说的话，那么"与传统的对话"则可以转换成"在现代性语境中的对话"，因为"传统"作为一个主题或问题是为"现代性"所激发、所显现的，恰如吉登斯一个有力的表述："传统这观念本身就是现代性的一个制造。"②进而"他者"也可以更宽泛地理解为一个"后现代性"的问题，这不仅是因为"他者"被后现代理论著述所频频论及，更因为从本质上说没有后现代主义的主体性批判，"他者"就永远不会出现为真正的"他者"，而只能作为自我的衍射，作为"另一个自我"而存在。因此"全球化"这一论题在我看来就包括两个方面的述说：作为"现代性"的全球化与作为"后现代性"的全球化；它们既贯穿于关于全球化的各种言说或不共戴天的论争，也存在于事实上的全球化运动之内。换言之，"现代性"和"后现代性"是全球化作为一场历史运动的两个维度，只有在一个辩证的视野中它们才可能同时或统一地显现出来，否则便是无休无止的无法调和的因而总是无谓的纷争。我们应该在一个更高的层次上统摄这些论争及其所折射的全球化真实。

对某物的认识通常决定着对它的态度趋向。这虽为老生常谈但仍然适用于当前的全球化研究。我们看见，是赞成全球化抑或反对全球化都取决于对全球化是什么的认识。这里"是什么"包含两层意思：它原本上是什么和它被认为是什么，原本上是什么要通过被

---

① 金惠敏：《主持人语》，《南阳师范学院学报》2003年第8期，第1页。此为"文论互喻"栏目而写。

② Anthony Giddens, *Runaway World*, p. 39. 在同一页中，他有一个论证说："我们今天所使用的'传统'一词实际上是欧洲过去两百年的一个产品。……在中世纪还没有作为一般概念的传统。那时对这样一个词不存在任何需求，准确地说这是因为传统和习俗到处都是。"

认为是什么显现出来。我们先来看全球化被认为是什么,以及由此观念性的全球化所决定的全球化意义。

二、"全球化"即现代性

这几乎是西方左翼批评家和所有第三世界知识分子对全球化的体认和反应。其渊源可溯至马克思和恩格斯的《共产党宣言》:"资产阶级,通过对世界市场的开拓,使一切国家的生产和消费**都成为世界性的**了。使反动派大为惋惜的是,资产阶级挖掉了工业脚下的民族基础。古老的民族工业被消灭了,并且每天都还在被消灭。它们被新的工业排挤掉了,新的工业的建立已经成为一切文明民族的生命攸关的问题;这些工业所加工的,已经不是本地的原料,而是来自极其遥远的地区的原料;它们的产品不仅供本国消费,而且同时供世界各地消费。"①其所谓"成为世界性的"也就是今日所谈论的"全球化",顺便提及,法国人就用"世界化"(mondialisation)来表示"全球化",尽管法文中也有"globalisation"一词。显然在马克思和恩格斯那里,"全球化"的驱动者是资产阶级,其内在驱动力是资本主义市场本身的欲望逻辑,因而从根本上说"全球化"就是一种主动的和单向的运动:以工业革命以来的世界史看,不存在来自于另一极的"全球化"运动,套用费正清的模式,如果说西方资本主义的"全球化"也存在有与另一极的交互作用的话,那么它只是"刺激-反应",是主动的刺激与被动的反应之间的关系。"全球化"不是主体间性的交互全球化,而是主体对他者的全球化,是现代认识论的全球化,是强势力量的全球化。因此人们很有理由将当今的全球化理解为美国化,事实上如杰姆逊所言:"在美国与其它任何一个国家之间,不仅是与第三世界国家,而且是与日本和那些欧洲国家之间,都存在着一

---

① [德]马克思、[德]恩格斯:《马克思恩格斯选集》第一卷,北京:人民出版社,1995年,第276页。黑体为引者所加。

种根本的不对称性关系。"①所谓"不对称性"就是交往过程中的单向性,即这种交往为单向性所主导,因而便不再能够被称为严格意义上的"交往";所谓"不对称性"暗示了全球化的现代性和它的帝国主义本质。我的意思是,现代性就是帝国主义企划,或者换言之,全球化是现代性的帝国主义阶段。

杰姆逊注意到:"经济的文化化与文化的经济化经常被指认为如今众所周知的后现代性的特征之一。"②对于杰姆逊来说,"后现代性"是晚近资本主义的文化逻辑,即是说,"后现代性"在历史上和本质上都应该归属于资本主义。因而,当他这里将经济的文化化与文化的经济化说成是后现代性的一个特征时,他所表示的仍旧是作为现代性的后现代性,是帝国主义阶段的现代性或资本主义。他是在现代性的框架内描述后现代性,在资本主义的历史发展中理解帝国主义。显然,这是他作为马克思主义学说的当代传人所必然采取的立场和视角。

通过"文化的经济化",他揭露的是"美国帝国主义"内在的资本主义品性,文化产品的输出绝对不只是文化性的,它同时还是商业性的:"美国电影和电视向来就既属于经济基础,又一样地属于上层建筑;它们是经济,也完全是文化,而且确实与农产品和武器一起,作为美国的主要经济出口产品,作为一个纯利润和收入的巨大来源。这就是我们为何不能将美国执意打破外国电影配额限制,视作一种北美文化怪癖,如偏嗜暴力或苹果派等,它毋宁是一种讲究实际的商业需要,一种形式上的经济需要,而不顾那浅薄无聊的文化内容。"③资本主义从来如此,它只承认商品和利润,文化产品在它之所以有意义完全是因为同其它产品一样也能够被转化为商品、被用来创造利润。根本上是反商品化的精神自由及其文化

---

① Fredric Jameson, "Notes on Globalization as a Philosophical Issue", in Fredric Jameson and Masao Miyoshi (eds), *The Cultures of Globalization*, p. 58.
② Ibid., p. 60.
③ Ibid., p. 58.

表现竟被一反其本性地商品化了！我们知道，正是在这一点上马克思断言资本主义生产同某些精神生产部门如艺术和诗歌相敌对。资本主义为商品而生产，而精神生产则是为精神而生产，这就是它们"相敌对"之所在；精神生产一旦被纳入资本主义生产体系，它便不再是纯粹的精神生产，而成了一种商品生产。显然，杰姆逊的"文化的经济化"隶属于其对资本主义的文化批评战略。

如果说"文化的经济化"更多地带有传统马克思主义的色彩，它说的是资本的彻底性，那么"经济的文化化"则揭示的是商品生产的当代特征："商品生产现在是一种文化现象，你购买产品不仅因为它的直接使用价值，而且因为它的形象。……在这种意义上，经济变成了一个文化问题；……今天的物化也是一种美学化——商品现在也以'审美的方式'消费。"①虽然商品的形象化或审美化今天通常被视为"后现代"景观，如波德里亚等人所认为的那样，但应当说这种后现代性只是就图像本身的演变而言，图像因其不再表达其通常所表达的意义而成为后现代性的，但表面上后现代的图像另一方面又是以商品为轴心，它以无意义的拟像完成其有意义的商品消费，如我们已经说过的，后现代图像服从于现代性的商品语法；它是塞壬的歌声，表面意义并不就是或者说有意掩盖其本真的意义。这就是杰姆逊何以将资本主义、帝国主义与后现代主义相提并论，何以将马克思主义的批判性锋芒穿过他所归纳的诸种后现代主义文化现象的根本性原因。

"经济的文化化"应当还包括另外一层含义，即是说，商品的美学化不仅灼烁于资本主义的"经济世界"，而且也必然地推移于其"世界经济"，其时附着于商品的审美的致幻剂就可能比对其内部的消费者发生更多的作用和意味。对于第三世界、对于被殖民化的一方来说，帝国主义的经济入侵同时就是另一方面的文化怀柔。

---

① ［美］弗雷德里克·詹姆逊：《全球化和政治策略》，王逢振译，《江西社会科学》2004年第3期，第193页。

近代以来，中国知识分子对文化传统、对"国民性"的反思和批判，内在地隐含着一个似乎无需证明的"文化决定论"，即先进的经济是由先进的文化造成的，因而先进的经济必就意味着先进的文化。对此文化决定论，我们当然可以非常理性地指出其不当之处，例如说文化只是经济的一个决定因素，而且是一个外部因素，它不能对经济承担完全的责任，但一定程度上它是有责任的，而且在绝大多数人的无意识中，在他们的文化实践中，譬如儒家文化就成了中国经济不发达的替罪羊。这是一种典型的"强势幻相"或"权力晕圈"，即当某物或某人在某一方面占据强势位置时，人们就可能将此单项强势扩大到其它方面，原本不算优秀或者就是劣质的东西便跟着一起光鲜起来。人们在嘲笑东施效"颦"时，实际上是将并不算美的皱眉也认作西施之美了。较之这类审美幻觉，政治权力、经济强势或许更容易引发"强势幻相"。可以看到，引导生活时尚的总是经济上发达的国家和地区，或者必须得到它们的首先认可。从这一角度看，经济帝国主义因其有能力推行其自己即是说使自己在他者世界显示为优越的主体，它同时就是文化帝国主义，经济强势同时就是其文化的优势因而值得效法的典范。并非有意如此，经济帝国主义已经筛选和重构了第三世界的文化传统，有经济作后盾的文化形式的征服性交往是一种情况，经济本身的文化改造力量也是深刻而绵远的，因为它能够在"强势幻相"的意义上对接受者或他者施加潜移默化的影响。

　　视"全球化"为一种现代性的并非只有马克思主义一家。更为雄辩的是，法国历史学家费尔南·布罗代尔（Fernand Braudel）从历史的真实出发将我们通常以为是资本主义核心的"市场"概念从资本主义的定义中剔除了出去，他认为资本主义的根本特征不是"市场"，而是"垄断"，是对市场的垄断，如伊玛努埃尔·沃勒斯坦（Immanuel Wallerstein）所概括，"竞争和垄断是势不两立的两种结构,而唯独垄断才称得上是'资本主义'"①。这种观点自然是片面的,即便说它确乎是资本主义的核心,那么此核心还包括其另一矛盾的方面,即"竞争",单是"垄断"还不能区别资本主义,只有加上"竞争"才能构成一个完整的资本主义,即资本主义的基本原则是通过自由"竞争"来实现其"垄断"的主体性目标,至于能否最终实现"垄断"不妨碍它已经就是资本主义。众所周知,微软公司所遭到的起诉就是涉嫌垄断。美国的资本主义制度不支持垄断。从另一方面看,资本主义的主导性价值观自由就是建立在市场或竞争之上的,没有市场经济,就没有资本主义的"自由"。尽管如此,布罗代尔的"垄断"观却是一针见血地指出了资本主义的本质冲动、发展方向和实际结果:"资本主义始终具有垄断性,商品和资本不断在同时流通,资本和信贷历来是取得和征服国外市场的可靠手段。早在20世纪前,资本输出曾是佛罗伦萨(13世纪)以及奥格斯堡、安特卫普和热那亚(16世纪)的日常现实。到了18世纪,资本在欧洲和世界的流通已很迅速。"②布罗代尔反对列宁将资本主义的发展区划出商品输出与资本输出或者竞争与垄断两个阶段,他提出资本主义一开始就存在资本输出,一开始就意在垄断,也就是说资本主义一开始就是帝国主义性的;如果转换为我们的语汇说,资本主义一开始就是全球性的,即资本主义推进的过程就是一个全球化过程,因而布罗代尔的"垄断"不过就是"全球化"的同义语:"资本主义始终建立在开发国际资源和潜力的基础之上,换句话说,它的存在具有世界规模,至少它的势力向全世界伸展。"③布罗代尔并非无视资本主义数百年来的变化,例如在生产规模、交换方式、技术手段等方面,但坚持:"从大处着眼,……资本主义

---

① [法]布罗代尔等:《什么是资本主义》,载[法]费尔南·布罗代尔:《资本主义论丛》,顾良等译,北京:中央编译出版社,1997年,第34页。
② 同上书,第118页。
③ [法]费尔南·布罗代尔:《资本主义论丛》,顾良等译,北京:中央编译出版社,1997年,第117页。

的本质没有彻底的改变。"①没有改变的"垄断"追求，始终如一的"全球化"推进，从不放弃的帝国主义征服，通过这一切布罗代尔向我们暗示，似乎是一新生事物的"全球化"不过就是一直以来的资本主义现代性。

三、全球化即后现代性

尽管杰姆逊也在谈论全球化的后现代性，或者后现代语境中的全球化，如前所述，他将经济与文化的相互转化作为后现代的一个显著特征，在另一篇文章，他又将此作为全球化的一个特别的经济现象——"让我们看看……全球化的经济方面。事实上，经济似乎不断地消融到全球化的其它各个层面：控制新的技术，强化地缘政治的兴趣，并最终因后现代性而使文化融入经济之中——而经济也融入文化之中"②——这就是说，全球化也是一种后现代性③，无论它可能还是别的什么；但是，正如我们已经揭示的，杰姆逊的"后现代性"是现代性的"后现代性"，是现代性的一种特殊的表现形式，或者说，本质现代性的后现代性表象。因而其"全球化"就是一种被做了后现代性表述的现代性。这就是说，杰姆逊关于"全球化"的后现代主义学说还不是真正的后现代性的，它是关于"全球化"的一种现代性学说。在如何认知图绘全球化的问题

---

① [法]费尔南·布罗代尔：《资本主义论丛》，顾良等译，北京：中央编译出版社，1997年，第116—117页。

② [美]弗雷德里克·詹姆逊：《全球化和政治策略》，《江西社会科学》2004年第3期，第193页。"詹姆逊"也常译为"杰姆逊"，本书统一采用"杰姆逊"。

③ 我们在中文版《全球化的文化》(弗雷德里克·詹姆逊、三好将夫编，马丁译，南京大学出版社，2002年)"前言"第2页读到杰姆逊的这样一段文字："在很多方面，对全球化的描述与对后现代化的描述相呼应。后现代理论(也伴随着'狂热')比全球化理论早几年出现。**我们确实有理由认为这两个现象根本上是完全相同的一件事。**我们现在称之为全球化的经济组织形式，其上层建筑的文化层面就是后现代化。"(黑体为引者所加)这一"前言"不见于英文原书，不过思想倒确实是杰姆逊的。

上，我们认为，现代性与后现代性视角的一个原则性区别是：现代性着眼于纵的坐标，其优点是在此易于显出资本主义的本性、其历史发展轨迹；而后现代性视角则是横的坐标，它被用于确定资本主义的影响、后果，即在其历史的发展中对他者的作用和与他者的相互作用。这一区别是方法上的，同时也是对象性的，因为不同的方法将显示出不同的对象。由此衡量杰姆逊的"全球化"研究，不能说他没有看见位处横坐标的资本主义与他者的关系，问题是他将此关系做了纵坐标的处理，将"全球化"只是作为资本主义的单向扩张，因而就一定是帝国主义的——这实质上仍就是坚持了纵坐标的方法，其所见仍是在纵坐标之所见。退后一步说，即使我们认可杰姆逊"全球化"观的后现代性质，那也只是在揭露和批判资本主义罪恶本性这一意义上，而关键的是出发点；考虑及此，我们仍需将杰姆逊的"全球化"观定位在现代性上；"后现代"思想赋予他的是对资本主义现代性的批判灵感。必须指出，对于杰姆逊而言，现代性既是他批判的对象，他因此而与后现代主义遥相呼应，又是他解剖后现代文化现象的出发点或立场。他是在现代性之内展开对现代性的批判，不过这丝毫不使他感到为难，因为他所坚持的马克思主义属于别一种的现代性。我们知道，现代性从来不是单一的，它具有多重向度，相互之间或平行、或迭印、或交叉、或互补、或对抗，其关系错综复杂、不一而足。

杰姆逊的"全球化"观同时也暗示了后现代性的多向度性，如果我们能够称其为一种最低限度的后现代主义的话。不言而喻，对现代性的批判立场是后现代性之成为后现代性的一个最基本的前提；但彻底的后现代性还必须在此基础上迈出实质性的一步，将从前批判之立场转换为立场之批判，而后现代性地批判那种对现代性的批判立场。

或许完全彻底的后现代性只是一个理论的幻想。但相比于杰姆逊半截子的关于"全球化"的后现代性论述而言，那种认为"全球化"是一个正向和反向作用同时发生的过程的观点则要后现代得多。吉登斯辩证地指出：

> 现代性的根本后果之一是全球化。它远不止是西方制度向全世界的弥漫，其它文化由此而被摧毁；全球化不是一平衡发展的过程，它在粉碎，也在整合，它开启了世界相互依赖的新形式，其中"他者"再次不存在了。……从其全球化趋势看，能说现代性特别就是西方的吗？不能。它不可能如此，因为我们在此所谈论的，是世界相互依赖的新兴形式与全球性意识。[①]

吉登斯不否认杰姆逊所看见的"全球化"的西方性、资本主义性和帝国主义性，在其《现代性的后果》里他也正面引述过沃勒斯坦那承继于布罗代尔的观点，即资本主义一开始就是一种世界性经济而非民族国家的内部经济，因为资本的欲望决然不会接受国家边界的限制，他还将此"世界资本主义经济"论纳入其全球化的理论框架，"将世界资本主义经济视作全球化的四个维度之一"[②]；但是，他更看见"全球化"的非西方性或者甚至是反西方性，更看见全球各种力量被不断强化的相互依赖关系，——这本是他那全球化定义的题中之义，"911"事件之后，在为"莱思讲座"所写的第二版序言中，他更感切于作为唯一超级大国的美国在全球经济、政治和文化中霸权的逐渐弱化，他慨叹，"其总体影响力可能还不如冷战时期。在那段时间，美国能够干预世界的大部分地区，建立一系列强大的联盟以遏止共产主义的扩散。今日，其全球影响力是愈加涣散了"，美国已不再能够为所欲为，"从地缘政治看，世界变得越来越多中心化了"。[③]因而从经验层面上或者理论层面上，他重申，"今日的全球化已不再是对过去的一个简单重演，它不等于美国化，也

---

① Anthony Giddens, *The Consequences of Modernity*, p. 175.
② Ibid., p. 70.
③ Anthony Giddens, *Runaway World*, p. xxiii.

不等于西方化"①，即便美国或西方国家过去以至现在都可能仍在执掌那可以撬动地球的杠杆。

全球化就是如此地复杂和不可逆料。一个起初绝对是有意识的全球化的推动者，一当其实际地进入全球化过程，便不再是这一运动的主宰者。这个世界最终变得不确定起来，"它并非越来越在我们的控制之下，而是似乎脱离我们的控制——像是一个失控的世界。再有，一些曾经被认为能够将我们的生活变得更确定和可预测的影响，包括科学和技术的进步，也常常具有完全相反的效果。"②全球化导致一个"失控的世界"，前文引及而未深及的是，当吉登斯将全球化与科技的发展在后果的不可预测性上相提并论时，通过"失控的世界"他所表达的无疑就是"全球化"的一个后现代性结果，它是主体性的被挫，是现代认识论的破产，是福山"历史终结"论的终结。

吉登斯"辩证性"的全球化论述推促他向后现代主义走去，不过其"辩证性"又使他不能舍弃未竟的启蒙计划和对此计划的信心。一方面，他正视全球化在后果上的失控；另一方面，则更试图去调控全球化。他警告，全球化尽管带来许多问题，反全球化运动不是全无道理，但退出全球化并不能解决任何问题。因此，问题只是如何地全球化，如何在全球化过程中发挥团结互助精神。"我们需要推进全球化，而不是去阻碍它，但是必须更加有效、更加合理地管理全球化，而不是像它过去几十年所发生的那样。"③这就是吉登斯的全球化结论，既不那么现代性，也不那么后现代性，但是这一"第三条道路"在我们看来仍可宽泛地归入后现代主义，其所表述的"激进的现代性"（包括"高度现代性""现代性的反思性"或"反思性现代化"等）事实上说的就是"温和的后现代性"，因

---

① Anthony Giddens, *Runaway World*, p. xxii.
② Ibid., pp. 2-3.
③ Ibid., p. xxix.

为他毕竟于全球化中看见了"他者",特别是"他者"对主体的转型作用;这次"他者"不再是被征服、同化而不存在了、消"逝"了,而是不再单独存在,即与主体一道消"融"于"世界相互依赖的新形式"。一句话,吉登斯的后现代性又在于他对"相互依赖"的强调。

不过,全球化的"相互依赖"可能有两重指向:一是全球化**于过程中**各种力量的交互作用,二是其**于结果**上的世界作为一个整体的出现,在这样一个被全球化了的世界里不再有那种作为主宰者或拥有绝对主权即所谓传统定义上的国家①,换言之,没有国家,只有全球。罗兰·罗伯森曾尝试在全球化中分解出过程和结果。据迈克·费瑟斯通(Mike Featherstone)观察,"罗伯森坚持全球化一词要比国际化(其字面意义是民族国家间的交往)更可取一些,因为它使我们注意到世界在其内被'团结'起来的形式。"②"在罗伯森所发展出来的全球化理论中,民族国家不能被看作是简单地相互作用,而是构建一个世界,构建一个全球语境,在此语境之内世界以其自身的程序和整合形式而成为一个独一的地方。"③或许就之于事实这一辨别没有多大的必要,因为资本主义"经济世界"一开始就谋求"世界经济",抽象言之,过程即蕴涵着结果,而结果不过是

---

① 沃勒斯坦定义"主权"说:"主权在理论上意味着内政的(和宪法上所认可的)当局于国家疆界之内所具有的随便决定做什么的权力。"(Immanuel Wallerstein: "Culture as the Ideological Battleground of the Modern World-System", in Mike Featherstone (ed.), *Global Culture*, London: Sage, 1991, p. 42.)

② Mike Featherstone, "Global Culture: An Introduction", in *Global Culture*, pp. 5-6. 在被收入本书的文章中,罗伯森称"国际化"是"全球化"的"有问题的异体形式"(Ibid., p. 19. Also see: Roland Robertson, *Globalization: Social Theory and Global Culture*, p. 53)。罗伯森的用词推敲可能受到法文"globalisation"的影响,该词表示"概括、总体、综合",而非英文、德文的"全球化",如前所说,法国人用的是"mondialisation"。参见下条注释。

③ Ibid., p. 5. 罗伯森表示:"按照我自己的理解,全球这个概念是指**在其整体性中**的世界,它是我对全球化过程进行表述的一个首要基础"(Roland Robertson, *Globalization: Social Theory and Global Culture*, p. 177)。

新一轮过程的起点，因为全球化没有终点。但是，其理论意义对于我们而言则显然是重要的：第一，它凸显了资本主义的全球扩张与它所遭到的世界抵抗之间的矛盾性质。这种矛盾，借用布赖恩·S.特纳（Bryan S.Turner）的表述，就是"全球化与地域化、世俗化与原教旨化、现代化与后现代化之间的矛盾性张力"，是这些张力构成了"现代世界"。①这就是"国际化"的本来语义，也是在这一语义上，在过程的意谓上，全球化就是现代性。第二，如果说全球化不是在结果上"化"出一个同质的、静态的和透明组织的世界整体，那么它至少在两个方面是后现代性的：如前提示，一是"失控的世界"，二是主体与客体（或他者）的关系为一种社会学的主体间性所取代，我已经称之为"温和的后现代性"。

对于吉登斯的全球化论述，罗伯森有一或许对吉登斯本人未必中肯的批评，但对于他自己来说却是颇具表现力的："全球性，或者用吉登斯的叫法，全球化，不过是现代性的一个放大，从社会到世界。它是全球规模上的现代性。如吉登斯所表述，'现代性根本上就是全球化的'。这一命题将不可避免地导出全球化是否就是一个西方计划的问题。"②他认为，虽然吉登斯并不讳言现代性制度因其于全球弥散而致使西方控制力的衰弱，因而他不会就去认可全球性即西方性，"但是那一观点则使'非—西方'在一个被彻底现代化的世界里现在可能意味着什么完全未作考察。在这一点上，吉登斯对文化的忽视使人特别地烦乱。同时，'现代性'和'全球性'（也是一个可具体化的术语）的合并问题也变得非常明显了。"③我们说吉登斯是"辩证的"，可在罗伯森看来这"辩证"徒具形式而已，吉登斯实质上并不怎么诚意对待"非西方""他者"等"文化"问题："尽管他可以声称全球化不包含非西方文化的毁灭，但

---

① Bryan S. Turner, "The Two Faces of Sociology: Global or National?", in *Global Culture*, p. 343.

② Roland Robertson, *Globalization: Social Theory and Global Culture*, p. 142.

③ Ibid.

是他似乎未能觉察这样一个陈述要求他对'他者文化'问题的理论化。他认为在一个全球化的世界里不存在他者明显地使他免除这样一个任务。他不能理解只有在一个（最低限度上）被全球化的世界里一个'他者'问题才会产生。他显然没有看见将世界看作是为统一性所标记的与将世界看作是一个他者的地方这样两种观点能够并行不悖（外星的他者问题暂且搁置一边）——的确，这样的认识对于从概念上图绘全球状况是至关重要的。"①吉登斯的全球化定义应该发挥出更多的指意，而不是自闭其内，等待我们的阐发和演绎，因而罗伯森的求"全"责"备"就有其特别之用，即他将吉登斯也认同的"相互依赖"的全球整体性的后现代意味给"全""备"了起来、显豁了起来。

罗伯森的全球化理论可以简单地概括为从"文化"的视角去阐释作为一个整体的全球性。他坚持，"走向世界统一性（the unity of the world）的趋势无论怎样都是不可更改的"②，因而必须"与作为整体的世界缔结和约"③，但是由于他将"文化"带进了整体的全球性或全球的整体性，将"文化"作为对他者及其相关物如迁徙、流散、后殖民、身份形成等的再现④，那么其全球整体性就不再是现代性的全球统合或简单延伸，而是一种"全球意识"或"相互依赖"意识的诞生和加强，一种对话机制或解释学体系的建立和启动："在某种意义上说，作为整体的世界就是一个反思性对话者的世界。当代社会学家的一项主要工作应当是使人理解这一庞大系列的对话活动，在其中他或她同时就是一个对话者。"⑤再者，倘若启用过程与结果之二分说，他又是将过程引入了结果，于是这结果便充满了过程性，因而成为过程性的结果，即没有结果的结果，如前

---

① Roland Robertson, *Globalization: Social Theory and Global Culture*, pp. 144-145.
② Ibid., p. 26.
③ Ibid., p. 25.
④ Ibid., pp. 47ff.
⑤ Ibid., p. 31.

所说，全球化没有终点。他声明他所有关于全球化的观点可以化约为"**世界作为一个整体的具体建构**"（the concrete structuration of the world as a whole），他提请读者注意"'建构'（structuration）一语是经过了特定的选择"①，是的，通过建构他意欲表示全球化是各种力量的协同作用或消极意义上的相互制约；但另一方面，他未作特别提示的"具体"（concrete），我认为，则暗示了建构世界统一性之具体过程的多样性和复杂性，进一步，一个有意建构的结果必须接受其实施过程的解构，也就是说，结果一当进入过程，它便不再是当初设想的结果。全球化既是结果，人们胸怀着这样的结果，又是一个过程，是结果中的过程和过程中的结果。因此，通过所谓的"世界统一性"，罗伯森要求的不是一个具体的目标，或者一个霸权的帝国，而是一种整体意识，甚至也是在整体中对他者的意识和尊重。由是观之，罗伯森用"全球化"取代"国际化"其实并不是对后者的彻底抛弃，而是将它扬弃于一个更高的范畴，一个带有哲学意味的范畴："全球化"既是"国际化"又是"整体化"，是现代性也是后现代性，是"普遍的特殊化"也是"特殊的普遍化"②，是一种真正实现了的而非吉登斯那样欲言又止的"辩证统一"。

不过罗伯森还是意识到"世界统一性"无论如何解释都避免不了的歧义性，实际上它也的确引起其他学者合理的歧解，如弗格森（M. Ferguson）指责其全球化理论赞成"时空消失""全球文化同质性""越大越好""新世界秩序""经济决定论"和"拯救行星地球"，以至于他不得不特别声明他从未宣扬过这样一些观念，他所谈论的是全然相反的东西，如"时空构型""全球异质性""经济论的大局限""围绕'世界秩序'的争论"，以及"'拯救行星地球'运动于某些方面上的'原教旨主义'"等。③总之，"当代

---

① Roland Robertson, *Globalization: Social Theory and Global Culture*, p. 53.
② Ibid., pp. 177-178.
③ Ibid., pp. 187-188.

全球化意味着全球的也包括'地方的'复杂度和稠密度的极大增长"①。这些辩解似乎又将他的全球化论述划在了后现代这一边。

以其有意识追求而言，罗伯森是一个全球化的辩证论者，相信世界的相互依赖因而世界的整体性；就此而言，他与吉登斯没有区别。其区别而非分歧惟在于，他更考虑全球化的他者维度。但是尽管如此，其思想总的说来仍可归入"温和的后现代性"或者"激进的现代性"——能够进行自身批判的现代性。他的普遍性与特殊性、全球性与地方性的互动模式，其解释的有效性可能仅限于单个的民族、文化、文明的内部，一旦用来说明加入全球化进程的各方势力，便会显露出其西方中心主义的尾巴：罗伯森无法在自己的理论框架内回答谁是普遍、谁是特殊，谁代表了全球，而谁又代表了地方。

四、汤姆林森的诡辩和启示：从"文化帝国主义"到"全球化"

在坚持全球化之后现代性这条理路上，汤姆林森于英美学界可能是走得最远也最偏的一位。通过对"文化帝国主义"或"媒介帝国主义"理论的批判，他要将"现代性"从全球化或全球化概念中清理出去。他从一个看起来无可挑剔的命题出发，这一命题就是"全球化即复杂的联结"（Globalization as Complex Connectivity）。根据这一命题，"全球化是指急剧发展和日益密集的相互联结和相互依赖之网络系统"②。问题当然不会径直出在视全球化为一"联结"、一"网络系统"方面，无论是现代性全球化还是后现代性全球化的坚持者都不会在这点上多费口舌，他们的争论是，一个怎样的"联结"或者一个怎样的"网络系统"。汤姆林森在"复杂的"这一修饰语上大做文章，全球"联结"或"网络系统"之后现代性

---

① Roland Robertson, *Globalization: Social Theory and Global Culture*, p. 188.
② John Tomlinson, *Globalization and Culture*, Cambridge: Polity, 1999, p. 2.

的可能意味，在此"复杂的"一语中变得豁朗起来。"复杂的联结"不再是单一可能的联结，即不再是资本主义单向的将世界纳入自身的意义体系，而是相遇的各方之间所发生的无限多样的关涉。如前所揭示，"现代性"只是资本主义全球扩张的主观愿望和现在时态，而结果则是难以逆料的各种可能性。不过就汤姆林森拟颠覆全球化之现代性论述这一主要意图说，他确实只需要证明全球化之后现代性何以可能即可，而无必要历数资本主义与世界相遇的种种历史悲喜剧或者预测其未来的情境。

汤姆林森启用的主要理论是哲学解释学或者为接受美学所充分发展了的文本与阅读的互动性。这一观点简单地说就是不承认作者意图及其所形诸文本的支配地位，大幅提升读者在文本意义生成过程中的能动作用。运用于解决在全球化中是否存在"文化帝国主义"这样的争论，解释学似乎就是一个颠扑不破的金规则。汤姆林森不想否认"帝国主义"或"文化帝国主义"的存在事实，如以迪斯尼卡通、好莱坞大片、麦当劳快餐、牛仔裤等为表征的西方资本主义的文化经济化和经济文化化在发达国家和地区、在第三世界的无往不胜，他确乎看见了"源自西方的媒介文本，大量地体现在其它文化之中"，但是他笔锋一转，提出质疑："难道这种出现就代表了文化帝国主义？"依照他的观点，"单是这一纯粹的出现并不能说明什么"。他从解释学，这里我宁愿说是从接受美学发难，"一个文本除非被阅读，否则就不会发生文化上的意义"——这句话简直就是伊瑟尔《阅读行为》开篇伊始那句名言"除非被阅读一个文本就不会成为作品"的文化挪用。汤姆林森接着说："一个文本在被阅读之前无异于一张进口的白纸：仅有物质的和经济的意义，而无直接的文化的意义。在这一层次上进行分析，那么，阅读帝国主义文本在判别文化帝国主义上就成为至关重要的问题了。"[1] 关键在于阅读，在于阐释和接受。汤姆

---

[1] John Tomlinson, *Cultural Imperialism: A Critical Introduction*, London/New York: Continuum, 2001, p. 42.

林森认为，假如不能证明文本在意义传输过程的完整无损，则"文化帝国主义"就是不可能的。他选择泰玛·利贝斯（Tamar Liebes）和埃利胡·卡兹（Elihu Katz）对电视剧《达拉斯》（*Dallas*，或译《豪门恩怨》）的效果研究来支持他对"文化帝国主义"的否定。据利贝斯和卡兹描述，"《达拉斯》这一名字在20世纪80年代成为一部美国电视连续剧征服全世界的象征。《达拉斯》意味着一次全球观众的集会（历史上最大的集会之一），人们每周一次地聚集在一起，以追随尤因王朝的传奇——它的人际关系与商业事务。"①这一《达拉斯》效应通常被视为一个典型的"文化帝国主义"事件，是美帝国主义"文化意义"的输出和接受，其流程按照"文化帝国主义理论家们"的观点是："霸权信息在洛杉矶被预先包装，然后被运往地球村，最后在每一个天真的心灵中被解开。"②对于"文化帝国主义"论者的观点，利贝斯和卡兹试图通过自己对观众实际反应的调查研究予以检验。汤姆林森十分欣喜地看到，他们的实证研究表明："观众比许多媒介理论家所假定的更加活跃、更加富于批判精神，他们的反应更复杂、更带反思意识，他们的文化价值对于操纵和'入侵'都要更具抵制力。"③确实利贝斯和卡兹的效果研究证实"解码活动是观众文化与生产者文化之间的一个对话过程"④，这因而也就颠覆了前引"文化帝国主义理论家们"关于文本意义之"文化帝国主义"性即视其为一个线性传输过程的假定。在此意义上说，我们似可责难法兰克福学派包括其后的左翼文化批评家在大众媒介批判方面所表现的片面和褊狭，他们是文化和哲学或者文化哲学领域的文本主义者，错以为资产阶级或帝国主义的文化编码就

---

① [英]泰玛·利贝斯、埃利胡·卡兹：《意义的输出：〈达拉斯〉的跨文化解读》，刘自雄译，北京：华夏出版社，2003年，第3—4页。

② 同上书，"前言"，第1页。

③ John Tomlinson, *Cultural Imperialism: A Critical Introduction*, p. 50.

④ [英]泰玛·利贝斯、埃利胡·卡兹：《意义的输出：〈达拉斯〉的跨文化解读》"1993年版导言"，刘自雄译，北京：华夏出版社，2003年，第5页。

是大众或第三世界读者的同质解码,他们忽视了读者在文本接受中积极的意义建构活动。

但是如果仅仅守持读者一极、相信读者的反应就是文本的意义,那也同样会失于片面和褊狭。英国文化理论家斯图尔特·霍尔以及约翰·菲斯克令人信服地证明了大众解码对文本的协商性、对抗性和创造性,举例说,"我一旦从当地的音乐商店购买了麦当娜新的激光唱片,这一产品就已经脱离了资本主义的各种策略",这就是说,"消费行为总是蕴含着意义的生产"。①但霍尔还是承认译码或可能附应编码所优先设置的意义,而菲斯克虽较激进一些,其"民众"(the popular)的反抗也总是在"战术"的层面上,即以游击战的方式袭扰资本主义的文化"战略",如街头涂鸦、奇装异服、在厕所抽烟、在商场闲荡或约会或偷换价签等,然而"民众"的反抗如果只是停留在此类"游击"或"战术"的层面,那么其与菲斯克所刻意论别的盲从的"大众"(the masses)就仍然相距弗远。"民众"就其作为"民众"而言,没有自己的"战略",而一当其可能形成自己的"战略",它便不再是"民众"而是统治者或即将的统治者。文本阅读的"民众"性不足以说明文本"操纵"的全然失败,购买一件商品同时就是对其意义的某种承认。对于法兰克福学派的"大众"观,英国文化研究的民粹主义确乎是一个有益的纠偏,但绝不致于将其完全推翻。同样,汤姆林森所看好的利贝斯和卡兹的电视研究只是提醒了"文化帝国主义"论者的单纯和幼稚,但并无可能就证明第三世界受众可以肆无忌惮地任意解读帝国主义文本。实际上,利贝斯和卡兹本人要比汤姆林森客观得多:"我们证实了观众对《达拉斯》的反应是多种多样的,但是我们并不认为这部节目只是一个投射的容器。我们想证明它向不同类型的解读开放的程度,但是我们的研究丝毫没有怀疑这一点,即**文本会**

---

① [英]尼克·史蒂文森:《认识媒介文化》,王文斌译,北京:商务印书馆,2001年,第143页。

限制解码。"①如果说相信意义之线性传输的"文化帝国主义"在读者反应批评面前败走了，那么在文本主义的援助下它又杀将回来。其实，在现象学传统之内的解释学和接受美学既不支持文本主义，也不怎么偏爱读者中心论，由它所派生的文化解释学当然既不是"文化帝国主义"的，也不会是"文化民族主义"的；超越于二者之上，它支持的是一个哲学的"全球化"概念，一个文化间相互作用的概念。

解释学就其深远的现象学渊源而言是一种现代性取向的哲学，而以其在接受美学中的发展即对读者在文本意义建构中之作用的强调观之，它又是罗兰·巴特"作者之死"那样的后结构因而后现代的话语。对于这双重寓意的解释学，汤姆林森仅取其一：也许他是独具只眼的，因为哲学解释学的接受美学令学界惊异之处恰不在于对有机而封闭的文本结构的眷顾，而在于在"对话"（伽达默尔）、在"读者反应"（伊瑟尔）中对文本意义从作者霸权那里的解放。其实，德国哲学在其最深沉的文化积淀中原本就不缺少今天所谓"后现代"的意指。例如尼采那个荒诞不经的、被视作后现代解释学先声的格言"没有事实，只有解释"，实则一个古老的德国信念：海德格尔也说过："实事，即争执，本身乃是一种争辩。"②据研究者介绍，"把'实事'（Sache）与'争辩'（Aus-einander-setzung）联系起来，是海德格尔基于德语词源的一个想法。在他看来，在古高地德语中，'实事''事情（Sache）的本来意思就是'争执''争议'等"③。而那表示"争辩"的德语词（Auseinandersetzung）的一个最经常义项即是尼采所谓的"解释"。岂止尼采如此，叔本华也曾在"现实"的"作用"上界定现

---

① ［英］泰玛·利贝斯、埃利胡·卡兹：《意义的输出：〈达拉斯〉的跨文化解读》"1993年版导言"，刘自雄译，北京：华夏出版社，2003年，第5页。黑体为引者所加。

② ［德］马丁·海德格尔：《尼采》（上卷），孙周兴译，北京：商务印书馆，2002年，第1页。

③ 同上书，脚注①（译注）。

实,如"Wirklichkeit"一词所表明,它是现实、真实,但是由"效果""发生作用",或用一个德国哲学的基本术语说"显现",而对人的感性成为可能。从"实事"到"争辩"或者"解释",从"文本"到"反应",从"作者"到"读者",从"历史"到"叙述"等,本就不太遥远,若是用后者取代前者,恐怕也只是往前挪动一步而已。

抓住解释学的后现代性,汤姆林森仍感不足:他不仅想解除"实事"与"争辩"、"文本"与"反应"、"作者"与"读者"之间的张力,而且还要将这张力的两极统统解构掉,因为强调"读者"积极主动的、别具个性的"争辩"和"反应",那就一定是对前者存在的默认,否则便是无的放矢,而且又可能掉进后现代主义所警告的"理性主义"或主体性陷阱,如果说前者是"本体论"陷阱的话。汤姆林森要进行一个彻底的后现代性计划,即在"本体论"和"理性主义"双重的意义上将前者后者一并铲除,不留遗患。

以哲学解释学而文化解释学观之,假定说有"文化帝国主义"的存在,其情形就必然是,既有作为入侵者的帝国主义及其文本,又有作为被入侵者的弱势民族及其阅读。为了一个彻底的后现代性,汤姆林森不再需要如此的解释学框架,即使它可能还允诺一个抗拒性的甚或真正颠覆性的读者概念,因为无论怎样它都会或起或伏地拖着一条现代性的尾巴。汤姆林森决绝的观点是,既无"帝国主义"存在,也没有什么弱势民族。若谓两者皆为事实性存在,则需先有其所建基的作为主体性的"民族国家"的存在。汤姆林森看到,要否认"文化帝国主义",比解释学之读者反应论更根本的是,否认"民族国家",这一招无异于釜底抽薪,解释学因之而不继,"文化帝国主义"也因之而绝灭。换言之,没有"主体",何谈"主体间性"?又浅白地说,这个世界上连"人"都不存在了,哪里还有什么"人"际的矛盾和对抗?此正所谓"皮之不存,毛将焉附?"

汤姆林森否认"民族国家",因而"文化帝国主义"的理由说来既简单又荒谬,而且也不怎么新鲜。提取于其他学者的研究成果,他认为无论第一世界抑或第三世界的"民族国家"均非由某一单一民族组成,它们是多民族的,"民族国家"因此名不副实。这其中之意味他推演说:

> 认识到我们所谓"民族国家"这样单元的文化多样性则可能就是文化帝国主义论的土崩瓦解。这种理论在其"民族的"构建中主要依循了两条错误的路线:不仅在"被入侵"的国家里可能存在有认出一个统一的民族文化身份的困难,就是在被假定的"入侵者"之中,困难亦复如是。那么,有谋取全球霸权之嫌的"美国方式"究竟是什么呢?除了这些问题之外,或许我们还可以加上由认识到超越民族疆界的文化认同而引出的诸多繁难,其中最明显的就是那些产生于宗教的难题。固然说来,对于"伊斯兰世界"或"基督教世界"一类用语所包含的误导性的统一意味我们需要谨慎对待,但是宗教仪式和戒律对于文化认同又确乎意义重大,它们并不轻易地围绕民族国家的政治坐标而图绘。
>
> 给出以上所有这些限定,那么在联合国科教文组织的讨论中,典型地提出的文化帝国主义论的桅帆,即认为一个民族文化主宰另一民族文化的论点到底还有多少东风可借可使呢?①

汤姆林森振振有词,好一派真理在握的自信!可是,就像我们不能用统一去消灭差异一样,反过来差异也不能取代统一。差异和统一本就是一枚钱币的两面。差异如果单就其作为具体的差异而言,它是另一个层次上的统一。以任何事物为起点我们都可以无限地差异下去,除非我们不想取消差异本身,我们就永远面对一个差异的统

---

① John Tomlinson, *Cultural Imperialism: A Critical Introduction*, pp. 74-75.

一。差异并不危及一个事物的实体性存在。因而一个民族内部尽管可能有无穷多的差异，种族差异，地区差异，个体差异，但并不能使人视而不见一个民族就在那儿存在着。这是一般的道理了。更为关键的是，"帝国主义"不是一静态的概念，当一民族对另一民族实施"帝国主义"入侵之时，或者当"被入侵者"抵抗"入侵者"之时，这就涉及有意识的行为，而"有意识的行为"则意味着一个统一的、自治的而非精神分裂的主体的存在。完全不在政治的意义上说，通常所见大敌当前、内部空前统一之情景是在两个民族、国家之间的对抗性比较中显露出来的，其差异被抑制在一个统一的民族、国家内部。由是观之，我们甚至可以断言，"民族国家"是否成立、是否存在，实际上与其内部的差异并无多少关联。换言之，"民族国家"与其内部的多元性差异并非同一层次上的概念。

与此相类，汤姆林森还试图以文化过程的动态本质来否认"文化""传统"的存在，进而达到对"文化帝国主义"的否认。按照他的概括，所谓"文化帝国主义"就是"他们如何生活"威胁了"我们如何生活"。这没有什么不妥，"文化帝国主义"的确就是一种文化威胁了另一种文化。但是汤姆林森批评道，这样的"文化帝国主义""忽视了文化过程本质上的历史性质"，视两种文化"在空间上分开而在时间上'凝固'"，即是说，它"以一种纯粹空间—共时的方式"看待文化。汤姆林森认为，"'我们如何生活'从来不是一种'静态的'情形，而总是某种处在流动和过程中的东西"①。这也没有什么不妥，任何一种文化都是历史地形成的，并抵着过去而变化。问题只是在于，文化于时间上的"变"能否取消其空间上的"在"。跟随老赫拉克立特，汤姆林森相信，文化的变易将使我们无从对它进行"把握"或"界定"，所谓"文化""传统""民族"等不过是人的主观想象和发明。因而文化帝国主义所能威胁的绝不是作为实体的文化，而是"我们对于

---

① John Tomlinson, *Cultural Imperialism: A Critical Introduction*, p. 90.

一个文化上确定的过去的集体想象"①。既然没有文化的"存在"（existence）或者说"存在性的"（existential）文化，哪里还能有什么文化帝国主义。

在此我们实无必要展开对汤姆林森逻辑的仔细抉摘，我们只想简单地指出两点：第一，文化之"变"本身即前设了一个"不变"的文化；第二，"想象""发明"云云不仅不能取缔或削弱文化帝国主义，恰恰相反，它们是一种特殊的强化和肯定，因为有"人"去想象、发明，即是说，有这样一种"主体"的"存在"。

从解释学到文化取消论，汤姆林森表现为一个理论学术上的实用主义者，凡是有助于其证明全球化之后现代性者，不问来源，不问其是否相互协调，随时抓取，其逻辑的混乱、其内容的荒诞离奇、其思想的芜杂于是便不可避免。但是，相对于其论证过程的破绽百出，汤姆林森所论证的标的即他们意欲达到的结论倒是令人无法不深思、无法不想着怎样去接受。这个结论就是"从帝国主义到全球化"（此为《文化帝国主义》一书结语部分的标题），换用我们的话说，就是从现代性的全球化转向后现代性的全球化。

这是一个"新时代"的到来，汤姆林森指出，如果说"帝国主义"是20世纪60年代以前所谓"现代时期"的特征的话，那么自那以后"帝国主义"就被"全球化"取代了。汤姆林森辨别道：

> 全球化之有别于帝国主义之处可以说在于它是一个远不那么前后一致的或在文化上被有意引导的过程。帝国主义这个概念虽然在经济的与政治的涵义间游移不定，但它至少意指一个目标明确的计划：有意将一种社会制度从一个权力中心推向全球。而"全球化"的意思则是说全球所有地区以一种远不那么目标明确的方式所发生的相互联结和相互依赖。它是作为经济和文化实践的结果而出现的，这些实践就其本身而言并无目的

---

① John Tomlinson, *Cultural Imperialism: A Critical Introduction*, p. 92.

于全球整合，但它们还是生产出这样的结果。更关键的是，全球化的效果将削弱所有单个民族国家的文化一致性，包括那些经济大国，即前一时代的"帝国主义列强"。①

汤姆林森最终走向吉登斯的"失控的世界"。但是在他那里，"失控"不仅意味着"控制"于实际上的不可能，而且从根本上说是没有谁"有意"于"控制"、也没有谁（因为就没有"谁"这样一个主体的存在）可以行使"控制"。全球化的后现代性之维被汤姆林森以难以想象的极端性放大出来。

这或许还不是汤姆林森尽管荒谬绝伦但仍有启迪之处。他那荒谬得令人瞠目的全球化描述将我们彻底推抵后现代的境况和其理论境况，于此我们当然感谢他。所谓"启迪"者，其极致应是说为我们开启连开启者也不曾见过的景象，在这一理想的意义上说，汤姆林森的"启迪"之功可能更在于其以"全球化"取代"帝国主义"的意图。他的意图虽然只是落实在以后现代性的全球化取代现代性的全球化，但是我们可以由此"意图""取代"而达致一个更高远的超越，即一个不仅超越了现代性而且后现代性的"全球化"概念。既然我们不能抹杀我们自己的主体性存在或者我们有理性的意识和行动，既然另一方面我们又总是解释学地"辞不达意"、总是无法认识论地完全支配我们的意图和预料我们的行为后果，那么一个超越或"扬弃"了现代性与后现代性及其对立的"全球化"就是合理而必然的结论了。

五、"世界文学"还是"全球文学"？

我们从媒介全球化的案例引申出全球化的现代性与后现代性，并由此建立了作为一个哲学框架的"全球化"概念。运用、检验这一概念的确当性当然不是本文任务，但对于它所已然包含的跃如欲

---

① John Tomlinson, *Cultural Imperialism: A Critical Introduction*, p. 175.

出的之于媒介、文化、文学的意味，还是以既引之且发之为快，也权作一个自我检查。

第一，我们反过来将媒介置入哲学的"全球化"语境，可以发现，尽管我们无法否认媒介可能确乎就是全球化的先声或先锋，它要先于实际的经济、政治行动，如吉登斯的观点就将"通过卫星所完成的第一次成功的广播发射"①作为当代全球化的确切源头，但是从一个完整的媒介活动看，它既不是一个纯技术的亦非一个纯文化的问题。把媒介作为一个文本，其阅读需接受经济强力的决定性制约；媒介的出现总是盛装如前所谓的"强势幻相"。这就是它在后现代的阅读中所挥之不去的现代性阴影，何况资本主义更无时不在刻意杜撰其经济且文化的优越性呢？问题在于，只要我们一刻不放弃以经济成就为衡量社会发展程度的标尺，我们就不得不忍受资本主义文化优势性的神话，因为浅显的逻辑是，既然资本主义文化能够创造其优越的物质文明，那么作为其创造者的文化当然也是优越无疑的了。于实际生活我们不能拒绝发展，在弱肉强食的社会和国际社会，不发展无异坐以待毙，而发展也不过是对必死的推延。发展是人类的宿命，我们迟早将自毁于对发展的无尽追求。或许就是一种幻想，我期待有朝一日所有人、所有政府都试图通过限制发展来拯救人类。现代性的后果一如这样的"发展"，好在作为其后果的包容性的"全球化"并非一味地支持"现代性"。

第二，如果将"文化"置于此一"全球化"视野，我们将看到一个不可避免的"文化全球化"。必须强调，即便重复，这是我们以上所充分界定了的"全球化"概念之下的"文化全球化"，即是说，其间当然有文化的同质化，有政治和意识形态的预谋，于此我们不能否认"文化帝国主义"的忧虑和控诉，但毋宁说它更是文化间联结的形成、强化或者无穷多样的联结可能，不以任何人的愿望

---

① A. Giddens, *Beyond left and Right: The Future of Radical Politics*, Cambridge: Polity, 1994, p. 80.

为转移。

　　与文化的情况相仿佛，文学本来就是文化的一部分，特殊也不太特殊，第三，如果我们从"全球化"的观点看待全球化时代的文学，我们将得到一个"文学全球化"或"全球化的文学"。这不是绕口令游戏，我们想更确定地指向我们所意谓的"全球文学"。它不是马克思和恩格斯所宣称的"一种世界的文学"。在《共产党宣言》中我们读到："各民族的精神产品成了公共的财产。民族的片面性和局限性日益成为不可能，于是由许多种民族的和地方的文学形成了一种世界的文学。"①为着分析的方便，兹抄录其德文原文如下："Die nationale Einseitigkeit und Beschränktkeit wird mehr und mehr unmöglich, und aus den vielen nationalen und lokalen Literaturen bildet sich eine Weltliteratur."②在此无论其来源（aus）如何，"世界文学"（此为中译本"世界的文学"的缩写形式，下同）最终在性质上都是单数的、同质的，甚至还可设想其为一种实体。由于这样的"世界文学"是伴随着资本主义全球化的"物质生产"而来的一个现象，我们就可以视之为"现代性的后果"，或者"现代性的诉求"。颇具幻想色彩的是，作为共产主义者的马克思和恩格斯将"世界文学"想象成是由无数的民族的和地方的文学而"形成"的一个新的共同体，其中原先的"片面性和局限性"、原先的"民族的和地方的"身份被克服了，而共同拥有一个"世界文学"的新身份。这种观点暂时未予强调：其一，"世界文学"在很大程度上就是帝国主义经济列强对其民族或地域的文学的世界化和普遍化；其二，尽管如此，其它民族的和地方的文学的抵抗，而且这种抵抗的持续性，将使"世界文学"永远停留于一个未竟的计划。于是其三，要形成这样一种"世界文学"的认同是困难的，没有人能够认

---

　　① ［德］马克思、［德］恩格斯:《马克思恩格斯选集》第一卷，北京：人民出版社，1995年，第276页。

　　② Karl Marx, Friedrich Engels, *Werke*, Band 4, S. 466.

同一种不确定的存在。在这一意义上,应该说"世界文学"是一个不太恰切的概念,它只意味着平面性、无限平面的铺开,意味着普遍性、遍无不及的推展,意味着统一性、将各种差异统合为一体:权威中译本将原文"bildet sich"翻作"形成",并将"aus"相配为"由",这就尤其突出了如此取向的"世界文学",因为在汉语里无论是"形"还是"成"都是变化的终结,终结于一静态的形式之中。而"bilden"一词在德文中虽有"形"成的意思,但也有淡化了其语源上"形相"意义的"产生""出现"等用法[①]。我们倾向于以"全球"取代"世界"、以"全球文学"取代"世界文学":"全"已经包括了"世界",而"球"则呈现出立体的、动感的、旋转的、解中心的趋势,这样的"全球"就是我们全球化时代的文学的特征。[②]

在我们所谓的"全球化"的时代,"民族的和地方的文学"的当代危机,将不再只是被"文化帝国主义"、被经济强权的文学所同质化,例如"西化"或"美国化",那是某一民族或地方的文学的胜利;或许将愈益显得重要的是,所有民族的和地方的文学都被相互改造,永无终点地改造下去。对"民族性"的张扬,其结果当然不会是对"民族性"的坚守和发扬,而是对"文化帝国主义"性质的"世界文学"的抵抗。就像这样的"世界文学"之不可能一样,"民族文学"也终将成为明日黄花。一切文学都将进入我们所谓的"全球化"之中,也就是说,它们将成为"球域性"的,既是全球的,又是地域性的。这既包括文学也包括对文学的批评和研究,如米勒所见到:

---

① 例如有权威英译本就采用了这一淡化"形相"意义的理解:"[F]rom the numerous national and local literatures, there arises a world Literature."(Karl Marx and Frederick Engles,"Manifesto of the Communist Party", in Karl Marx, Frederick Engles, *Collected Works*, vol. 6, Moscow: Progress Publishers, 1976, p. 488.)

② 马克思尚有意蕴更为丰富的"世界文学"概念,需要我们学界的继续开掘和阐释。

在全球化时代中，文学研究既包含全球性因素也包含地域性因素。一方面，虽然几乎每一种理论都来自特定的区域文化，却无不寻求阐释和方法的有效性。理论在翻译中旅行。另一方面，无论用任何一种语言写成的文学作品都是独特、特殊、自成一类的，文学作品拒绝翻译，拒绝旅行。在理论和细读的必要结合中，文学研究以一种可被称作"全球区域化"的方式兼备地域性与全球性。①

无论专致于进攻性的"全球化"，抑或奋起于防御性的"地域化"，其结果都将是"球域的"。我们终于还是那句老话，就其有意为之而言，"全球化"或者"地域化"都是现代性的，它们是构成现代性运动之不可相互或缺的两个方面；但就其不可控的后果而言，"球域性"则又是后现代性的。

从全球化到"球域化"，恰就是我们一直在论述着的将大一统的全球化转变成为多元共生、生生不息的动态全球化。但是，"球域"这一新创词在简明全球化运动中"全球化"与"地域化"之张力方面确有优长。根据汤姆林森在其《全球化与文化》一书的介绍，学界多有人从"解域化"（deterritorialization）或"解地化"（delocalization）、"移地性"（dis-placement）的角度把握全球化。②无论这些措辞的侧重点有何不同，对于我们有意义的是，它们都将"全球化"与"地域化"对垒起来，突出了全球化的本质特征；更进一步，这从而也就为我们研究全球化对文化的影响提供了线索。

"文化"一词就其语义原始来说与土地有关，意指在一定的土地上耕作、培育、修造和教化，因而"文化"最先一定是"农业文化"，与此相对立，游牧没有"文化"或根本就不是"文化"。也

---

① ［美］J. 希利斯·米勒：《土著与数码冲浪者——米勒中国演讲集》，易晓明编，长春：吉林人民出版社，2004年，第116页。

② John Tomlinson, *Globalization and Culture*, p. 106.

是在这一意义上，吉登斯将"地点"以及对地点的依赖作为前现代社会即农业文明的基础之物，而现代性或现代性全球化的特点则是"脱域"（disembedding），他解释，该词"指的是社会关系从相互作用的地域语境中'抽离出来'及其跨越了无限之时空距离的重新组织"[1]。汤姆林森盛赞："对于理解现代性之内在的全球化本性，以及更宽泛地讲，对于把握全球化的文化经验，这都是一个重要的观点。"[2]或许同样是在这一意义上即在地域性之于文化的基础性决定上，如歌德以轻蔑的口吻说："民族文学在现代算不了很大的一回事。"[3]这种对地域文化的蔑视代有传人！在当今的文化论战中，如阿里夫·德里克所发现，"人们常常根据文化观念将地域范围的文化特征视为落后的标志，然后以此为借口来迫使他们向全球化和民族化的文明'开放'"。德里克反对这样的观点，他坚持"文化是一种以地域为基础（而不是以地域为界限）的现象"[4]。确乎如此，所有的文化都是地域性的，立足于某一特定的时空点，过去我们称之为"历史性"或"历史局限性"。原因很简单，文化是人的创造物，而人的创造活动一定都发生于具体的时间、地点；或者哲学地说，如果将"文化"作为一种理论的观视，那么它必须有一具体之视点。我们可以变换视点，但永远不可能不要视点。胡塞尔的"先验自我"尽管不够那么主体间性，但也只能是任其"唯我论"去了，否则就会造成对人本身的取消。

既然文化是地域性的，而"全球化"无论在其现代性或者后现代性维度上都是"解域化"的，那么"全球化"对"文化"和文学的影响就是对作为其基础的地域性的影响。就其现代性维度言之，

---

[1] Anthony Giddens, *The Consequences of Modernity*, p. 21.
[2] John Tomlinson, *Globalization and Culture*, p. 55.
[3] ［德］爱克曼辑录：《歌德谈话录》，朱光潜译，北京：人民文学出版社，1978年，第113页。
[4] ［美］阿里夫·德里克：《全球主义与地域政治》，少辉译，载韩少功、蒋子丹编：《是明灯还是幻象》，昆明：云南人民出版社，2003年，第176页。

全球化在其早期阶段即初期的资本主义之主要目标就是解除农民与土地以及更一般的意义上人与确定地域的联系，根据工业生产的需要重组这种传统的关联及其方式。想一想英国工业革命"羊吃人"的历史，托马斯·哈代笔下因现代生产格局之出现而致流离失所的农民，西方现代文学的"乡愁"以及"异化"等主题，海德格尔对久被遗忘了的"栖居"（Wohnen）的呼唤，那是终有一死的人在大地上的存在方式，最后再掂量一下孟子所言"五亩之宅，树之以桑，五十者可以衣帛矣"在前现代社会环境之于伦理而政治（孝悌、王道）的重要性，那么"土地""地点"或者"地域性"对于人类的深长意味当不难致解。许多人认识到，"地域意识是人类存在的一部分"①。或者，"人性的基本特征之一就是人与地域的意义关系"②。地域既有自然的基础，更兼人为的创造，例如，汉语的"家"和德语的"Haus"即同时双关着自然与人文的意义，具体言之，"家"乃"居处之所"，即《说文》所谓者，"家，居也"；但又是居所的延伸或提升，是"家"之所居或所出之人，因而成一社会单元；或许在造字之初，"家"即具此双重涵义。建造一座房屋，同时就是创造一种"家"的感觉；扩大而言，人们在此"地域性"中找到安全、归属、认同以及团结的形式。前现代社会当然并不缺乏流动性，如宦游、商旅、征伐等，且不说其范围有限，就其目的而言，也尽是为了家园的荣光，如"光大门楣""光宗耀祖"之类。前现代也不缺乏城市，但那是"城堡"或扩大了的"山寨"，是流动的"终点"，而非流动的"中心"。资本主义的"异化性"改变了前现代的"流动"观，流动不是为了家园、为了人，

---

① ［美］阿里夫·德里克：《全球主义与地域政治》，少辉译，载韩少功、蒋子丹编：《是明灯还是幻象》，昆明：云南人民出版社，2003年，第172页。

② ［英］迈克·克朗：《文化地理学》，杨淑华等译，南京大学出版社，2003年，第138页。译文略有改动。接此克朗援引了雷尔夫的一段话，乡土亲情溢于言表："做人就是生活在一个充满许多有意义地方的世界上，做人就是拥有和了解你生活的地方。"（E. Relph, *Place and Placelessness*, London: Pion, 1976, p. 1.）

而是为着资本的扩张,为着全球资源的征用,这于是就产生了"世界主义"的虚假意识形态或幻相,它无视国家主权,无视其它文化的特殊性,将自己的价值作为普世的准则。不了解这一点,我想,就不可能读懂资本主义文化。正如《共产党宣言》所揭示,"世界文学"乃是现代性资本主义生产的某种文化后果。

撇开意识形态批判的视角而进入其后现代性之维,可以说,全球化之"解域化"创造了一种新的方位感,如吉登斯所描述:"地点变得日益地**影影绰绰**(*phantasmagoric*):也就是说,场所完全被与它们相距遥远的社会影响所穿透,并依此而被建造。结构场所的不单是在场出现的东西;场所的'可见形式'掩藏着那些决定其本性的远距关系。"① 由于全球通信技术,保罗·维瑞利奥(Paul Virilio)甚至声称,"我们正在观看的不是'历史的终结',而是'地理的终结'"②,所谓**"此地不再存在;一切都成了现时"** ③。于"此时此地",应该指出,维瑞利奥忽略了,"现时"(now)并非"历史",从历史的链条(过去—现时—未来)中所截取的任何一段都将无复为"历史",按照我们的理解,信息传递的即时性不仅终结了"地理",亦同时终止了"历史"。不过尽管如此,维瑞利奥仍以其偏执一端而提醒了我们"地理"与"历史"即空间与时间之间的一在俱在、一损俱损的相互依存关系。因而我们也可以从一个方面说,全球通信即对时间的取消就是对空间、对地域感的取消,当然反之亦然。其实时间并没有被彻底取消,维瑞利奥只是谨慎地说"准即时的"(quasi-instantaneous)④,就如我们说"趋零距离"一样,因而其"地理的终结"及其所必然包含的"历史的

---

① Anthony Giddens, *The Consequences of Modernity*, p. 19.

② Paul Virilio, *The Information Bomb*, trans. Chris Turner, London and New York: Verso, 2000, p. 9.

③ Ibid., p. 116.

④ Ibid., p. 9.

终止"只是提示地域之间更加密切的连接和相互作用,即吉登斯较为平和的观点:此地的感觉为彼地所塑造,在场的为不在场的所决定。

这是一种新的"方位"感:一种此地与彼地的混合感,一种全球与地方的混合感,或者简言之,一种"球域"感。经验证实,当今即使不亲身周游世界,在本地你就可以产生一种"球域"感:你在家里看电视,一方面是外部世界的涌入,另一方面是你内部世界的飘出;你在麦当劳用餐,这是一个具体的地方,可它是连锁店,也存在于其它的城市、乡野;你在打电话,在网上聊天,在发电子邮件等,你在此地的感觉已经被远距化也就是说被解域化了,由此你就有一种"球域"互动而"球域"浑然的感觉。在全球化语境,如果不避大词,可以说,斯克莱尔(Leslie Sklair)所谓的"跨国实践"(transnational practices)无时无处不在发生着:"当我们购买某件进口商品时,我们就是在进行一次典型的经济跨国实践。当我们接受那些具有跨国利益的人们的影响而投票或支持某一条款时,我们就是在进行一场典型的政治跨国实践。当一个全球商标为我们、我们的朋友和其他我们并不直接认识的人们建立起一套意义时,我们就是在进行一项典型的文化—意识形态跨国实践。"[①]我们身在此地就已经越界了或者被越界了,那么究竟哪里才是一个我们独自拥有的领地?我们不在此地,因为它不再是从前那样真实地给予我们,而我们又未能移足彼地,彼地只在感觉之中,只在仿佛之中。亦此亦彼,又非此非彼,这直要我们顿生"日暮乡关何处是,烟波江上使人愁"的千古喟叹了!

既然我们的感觉是漂无定所、似"此"而非,或者换一说法,那么它就是一种无中心的感觉。麦克尔·哈特(Michael Hardt)和安东尼奥·奈格里(Antonio Negri)用"帝国"而不是"帝国主义"描

---

① Leslie Sklair, *Globalization, Capitalism and Its Alternatives*, Oxford: Oxford University Press, 2002, p. 8.

述"全球化"的新状态①。按照他们的描绘,"帝国主义"的流程是这样的:"国家的领土边界划定了权力的中心,统治由此中心而被施向其外的他国疆域……帝国主义确实就是欧洲民族—国家的主权越出其自身疆界的一个扩张。最终,世界上几乎所有的领土都可能被瓜分掉,整个世界地图都可能被标上欧洲的颜色:红的是英国领土,蓝的是法国的,绿的是葡萄牙的等。"②换言之,"帝国主义"就是从自我出发或以自我为中心的向外扩张。一边是"宗主"国,一边是"殖民"地,无论哪方都不缺少中心感:前者是"南面"的积极的中心感,后者是"贡献"或抗"贡"的消极的中心感,被剥夺了中心的中心感。与此不同,"帝国不建立领土的权力中心,不依赖固定的疆界或界线。它是一个**去中心的**和**解域化的**统治机器,这一统治机器在其开放的、扩展着的疆域内,日益加强对整个全球领域的整合作用。帝国通过其调控性的指令网络行使对混合身份、弹性等级制和多向交流的管理。帝国主义世界地图明显的国家色彩,已经化入和杂进帝国全球的彩虹之中"③。"帝国"是一个没有中心的世界,其中"**美国不是,而且真的也没有哪个民族国家今天可以组成一个帝国主义计划的中心**"④。这种由"帝国主义"到"帝国"的转变,这种出现于政治和经济秩序上的"去中心"趋势——哈特和奈格里暗示,这归根结底源自上引所强调的"解域化",对于我们重大的是,已弥漫至语言文化层面。以英语为例,当它成为"帝国"语言时,它就不再只是隶属于某一文化的语言;它被"普遍"地使用着,为此它所付出的代价是,从其原初的地域以及地域文化的乡土中游离出来。既然仍在"使用"中,那么它就不能总是

---

① 有学者指出:"的确,对于哈特和奈格里来说,全球化即是帝国。"(Tony Schirato and Jen Webb, *Understanding Globalization*, London: Sage, p. 32)

② Michael Hardt and Antonio Negri, *Empire*, Cambridge, MA: Harvard University Press, 2000, p. xii.

③ Ibid., p. xii-xiii.

④ Ibid., pp. xiii-xiv.

高悬在"普遍"之中,所有的"使用"都是具体的使用,都是一个"再语境化"过程。事实上,当今的英语早已是许多的变体,印度英语、澳大利亚英语自不必提,就是中国的语言学家也在为"Chinglish"正名。英语的"帝国化"过程,同时就是它的弥散化;"英语"帝国化了,"英语"也最终消失在其帝国化之中——英美人将无以为"家",海德格尔的语言之"家"。

现在,再深入一层说,即使我们最日常的生活体验似乎都在潜移默化地经受着"帝国"的牵引和重塑:"在中心与边缘或者与其消失之间",阿莱斯·埃尔雅维茨发现了"一种被改变了的关系。在一浅显的层面上,这改变被反映在一个相当普遍的感觉之中,即每个人都在边缘。生活在赫尔辛基或斯德哥尔摩的人们常常觉得'事情'真实地发生在他处:例如说,在巴黎、纽约、布达佩斯、圣保罗、东京、旧金山、伯克利,或者在北京;而生活在那些城市的人们同样有此感觉:对他们也一样,即是说,那想象的中心、其'欲望'的对象不在他们所在的地方。唯一的解决办法是全然抛开中心观念,使我们自己习惯于这一事实:不再有单一的中心,也不再有或许不久前一直如此的仅仅的两三个中心"。进一步,埃尔雅维兹看到由此经验而致的文化境况:"知识世界和全球文化被不可逆地去中心化了,被肢解、被播撒了。"[1]对于以美学为业的他,其紧要之处在于,"就如同在帝国中的情况一样,今日美学也没有中心,或者更准确地说,具有各自不同的中心"[2]。当然这种无中心感绝不意味着美学就失掉了自己的言说立场,而是说其立场如果是立场性的,即地域性的,那么它就需要以某种方式与全球性相交接、相协商:一方面是"美学的地方化和区域化",另一方面则是"这样地方的区域的(和民族的)传统的普遍化,这种普遍化将它们带

---

[1] Aleš Erjavec, "Aesthetics and/as Globalization: An Introduction", in *International Yearbook of Aesthetics*, vol. 8, 2004, Ljubljana, p. 6.

[2] Ibid., p. 7.

入国际的（全球的）框架或参照域"[①]。一个"球域"的美学正在浮出历史的地表，并将注定成为未来的美学光辉。

"球域化"是我们对美学的结论，也当然是对文化的结论。其实在我们所限定的"全球化"的哲学语境中，说"全球文化"或者"球域文化"都是一回事情。最后我们想重申，"全球化"将宣布"民族文学"的终结，同时"一个世界文学"的终结。我们由此将进入一个不确定的文化空间，但它又确实有待我们去确定，站在自己的脚下，以自己的方式。

（原载《文学评论》2006年第5期）

[①] Aleš Erjavec, "Aesthetics and/as Globalization: An Introduction", in *International Yearbook of Aesthetics,* vol. 8, 2004, Ljubljana, p. 9.

作为"文化"的全球化

——如何理解全球化的文化构成

  阅读提示：在国际范围内的理论界都倾向于将"全球化"视为"文化"，但是，究竟在什么意义上我们可以如是观之？本文提出：第一，如果"经济方式"是成立的话，那么依照英国文化研究的"文化"定义，"经济的"也必然地就是"文化的"。消费社会之"商品的符号化"是对经济本身之文化性的突显和当代阐释。第二，如果说文化总与某种地域性相关，那么作为"解域化"的全球化就势必与文化相关涉，它是文化间的相互越界和冲突，因而第三，各种文化对其合法性的竞争性主张，它们无不诉诸一个超越自身而普遍和绝对的"自然"。不过，全球化也可能将我们引向对文化及其所依赖的"自然"的反思。

  目前在国际范围内的理论界都倾向于将"全球化"视为"文化"，但是，究竟在什么意义上我们可以如是观之？对此，我们尚缺乏一种系统的观点。笔者不揣冒昧，尝试在对各家观点的分析研究中，力争打造出对于"全球化作为文化"这一命题的一个综合性的观察模式，并揭示其中所存在的主要问题。

一、"经济方式"和"商品的符号化"

虽然就其实质而言，全球化是资本主义生产固有的逻辑，布罗代尔因而才宣称资本主义在欧洲一开始就是跨界的或者说世界性的，它内在地就有对垄断性的追求，这即是说，全球化根本上就是经济全球化，为经济所驱动，以经济为直接目的，但是经济作为人的活动另一方面又是文化性的，甚至如果依照英国文化研究所采取的一个人类学的"文化"定义，它以文化为"生活方式"，那么经济本身即是"文化"，并且由于经济活动在人类生活中所居的核心位置，它最基础，最日常，最必需，因而它或许应被看成最基本的文化存在形态。从英国文化研究的理路上说，如果说有作为"文化"的"生活方式"，那么也必定存在着作为"文化"的"经济方式"，而且这"经济方式"当毫不减损那"生活方式"之文化性的纯度和烈度。

常见有学者将"经济全球化"与"文化全球化"相提并论，如果不是出于对文化的强调或为着某种论述的方便，这在内容上、在形式逻辑上毫无意义，因为简单说来，经济即文化。杰姆逊大概不知道这一点，所以我们才见他有那个流传颇广的说法，"经济的文化化"与"文化的经济化"。

这当然是从波德里亚那儿学来的，不过波德里亚的着眼点是消费社会里的"商品"，或者说"商品"在消费社会被赋予的与其在生产社会所不同的新特点：一方面物品要被消费，即变成"商品"，它必须首先成为"符号"，成为"物符"，因为它要取得意义；另一方面，所有的符号无论其是否由物品变来，如艺术品，都可以被当作商品出售。用波德里亚的原话说："现今消费——假如这一术语具有一种不是流行经济学所给它的意义——精确地界定了**这样一个阶段，其中商品被直接地生产为符号、价值/符号，而符号（文化）则被生产为商品。**"①在此波德里亚所谈论的粗看似乎是如一本权威教科书所概括的，"不仅所有的商品都是符号，而且所有的符号都是商品"②，或许更简洁的说法是，"商品的符号化"和"符号的商品化"，但这绝非意在证明"消费社会是一个什么都可以拿来出售的场所"③，若此波德里亚就只是在重复马克思关于资本主义将一切都变成金钱关系的那个著名论断。④波德里亚想做得更多，他要更进一步揭示金钱关系的实现需要经由一个符号关系的步骤，通俗地说，首先将欲出售之物变成另有意指的符号，然后才能将它变成金钱。消费的决定性特征因而就不是"符号的商品化"，而是"商品的符号化"，不是"商品的政治经济学"，如在马克思那里，而是"符号的政治经济学"，更准确地说，是"商品作为符号的政治经济学"。对于波德里亚而言，符号被生产为商品即"符号的商品化"，在我看来，只是为着给出"商品的符号化"所发生

---

① Jean Baudrillard, *Pour une critique de l'économie politique du signe*, Paris: Gallimard, 1972, p. 178.

② ［美］乔治·瑞泽尔：《后现代社会理论》，北京：北京大学出版社，2004年，第84页。

③ 同上。

④ 波德里亚可不愿意这么做，让他感到兴奋的是他自己所发现的从"一般等价法则"(la loi de l'équivalence générale) 向"符码法则"(la loi du code) 的转变，是"向着**符号的政治经济学**的转变"，他明确地区别说："这不是一个简单的所有价值的'商业卖淫'问题(此观点归根结底是浪漫的，它来自于《共产党宣言》的一个著名段落：资本主义践踏一切的人类价值，艺术，文化，劳动，等等，以赚取银子——此为指向牟利的**批判浪漫主义**)。它涉及的是所有价值在符码的霸权下向交换/符号价值的转变。这种符码，也可以说，是一种控制和力量的结构，它比剥削结构要更微妙、更极权。"(Jean Baudrillard, *Le miroir de la production, ou l'illusion critique du matérialisme historique*, Paris: Galilée, 1985, pp. 136-137) 转换成我们的语言说，波德里亚是刻意将他的"商品的符号化"与《共产党宣言》批判于资本主义的将一切的"符号的商品化"区别开来。不留心这一点，就会把符号学的波德里亚与经典的马克思主义者相混淆。

于其间的一般背景即资本主义商品化生产的总体情况;并且,如果从"商品的符号化"角度看,即如果将符号化作为一切物品之成为商品的前提,那么任何"符号的商品化"即任何既有符号之成为商品,则均需接受一个"再符号化"的改造程序,该符号将被重新结构,其能指—所指关系被重新调整,能指依旧是那个能指,而所指已被悄然置换。以艺术品为例,当其作为艺术品时,其使用价值就是审美价值,当其被拍卖时,即当其作为商品时,其价值就几乎与它真正的审美价值一无干系了,它往往被竞拍者或收藏家注入了他们个人的与艺术旨趣相外的种种意指,诸如对财富的拥有、对时间性的拒绝、对名望和成就的分享以及对个人品位的炫耀等。

波德里亚关于消费社会商品特性的所有描述,都是将"经济"作为"文化","经济"本身即是"文化"。由此说来,我们根本不能像杰姆逊那样,从"商品的符号化"和"符号的商品化"导出"经济的文化化"和"文化的经济化"来。由于经济本身即是文化,"经济的文化化"之措辞便成了同义反复的废话。需要指出,波德里亚的"商品"(marchandise)一语就其未完成态说是"物品"(objet),而其完成态则是严格意义上的"商品",即被符号化了的"物品",这时它已经不再是仅有使用价值的"物品"而是更具符号价值的"商品"了。波德里亚未予严格区分,理解的混乱如在杰姆逊当是不可避免。我们不想纠缠于如此的小节或细部,波德里亚更严重的问题是,由于将生产与消费相对立,它们代表了资本主义发展的两个阶段,粗疏但概要地讲,"生产方式"的19世纪和"消费方式"的20世纪[①],那么好像是处于以"生产"为中心之

---

① 乔治·瑞泽尔的一个概括性描述值得借鉴:"消费所取得的核心位置表明了资本主义一个深刻的变化。19世纪,资本家全神贯注于对工人的调控,而对消费者则基本上不管不问。20世纪焦点移向了消费者,他们不再被允许对是否消费、消费多少或消费什么行使决定。"([美]乔治·瑞泽尔:《后现代社会理论》,北京:北京大学出版社,2004年,第82页)但波德里亚关于生产与消费的划分,其力量与其说是时期性的,毋宁说是理论上的,因为例如早在19世纪中叶的英国伦敦,奢侈性消费就已蔚然成风。

阶段的资本主义经济就无文化性可言，至少比较于"消费"资本主义是不怎么具备文化性，这是波德里亚刻意突出消费社会之独特性所必然付出的理论代价。历史地看，资本主义经济不是后来才演变为一种文化，它一开始就是一种新的文化；而若是逻辑地说，既然承认先于"消费方式"的"生产方式"存在，那么它就如威廉斯的"生活方式"一样理所当然地归属于"文化"的范畴。不苛求于波德里亚，他毕竟在人类学的"文化"视角之外，为我们放大了经济活动在消费社会的"文化"属性，我们因而就可以断言，当今的经济是愈来愈显出其固有的文化属性了。对于人们的理解力而言，任何事物的本质都要有一个显现的过程。经济的文化本质当然也不外之。

既然经济的即文化的，那么以经济为主导的全球化当然也是文化的全球化。我们知道有宗教上的传教士，有文化的传教士，如果将经济方式作为一种文化方式，那么可以说，也有"经济的传教士"，这不在比喻的意义上，反而这甚至是在严格的字面意义的对经济作为一种文化方式、作为一种神秘的教义及其背后的神明的称谓。经济绝不仅仅是生产和交换的一种物质性活动，它是被实践出来的一种精神活动，是人类建构其生命意义的一种最本质的表现形式。就此而论，"经济基础"同时就是"上层建筑"乃至"意识形态"；"社会存在"如果它不是纯粹的、自然状态的存在，而是社会性的、被社会化了的存在，那么同样道理，它也是"社会意识"，是"社会意识"的存在性样态。这当然不是要否定"上层建筑""意识形态"或"社会意识"的相对独立性，必须承认，正是由于它们之抽身于"经济基础"并因而能够返观后者，将其作为一种被镜像、被反思的对象，经济实践才得以具有更高程度的自觉性、目的性，进而文化性即作为意义生产的场所。但众所周知，这只是社会分工的历史结果，而无伤于对经济做整体性的文化观照。

二、解域化和文化间性

经济全球化的文化性首先来自于经济实践本身所赋予的文化内蕴。约翰·汤姆林森写过一部关于全球化与文化关系的专著,虽于此基本上未曾触及,而我们是觉得一项致力于从"文化"角度把握"全球化"的研究仿佛理应将此列入其议事日程,但其于"文化"和"全球化"的界定并在此界定中对二者关系的阐发则在另一条路线上揭开了全球化之内在的文化性或深刻的文化后果。

这些定义,单独来看,其实都不怎么新鲜,甚至或有可能使人产生一种熟腻的疲惫:所谓"全球化"就是"解域化"(deterritorialization),就是"复杂联结"(complex connectivity);而"文化"则是那总与一定的地域性相关联的日常生活实践。然就是这些皮相的老生常谈却在一个理论之相勾连中将他带入了隐藏于全球化深处的文化奥秘:他发现,全球化,"其文化影响的关键点在于地方性本身的转型"[1],"解域化是……全球联结的主要的文化影响"[2]。他的意思是,全球化以其解域化而必然地重塑了文化体验所依赖的地方性,于是全球化就一定与文化相关,可以进一步说,全球化本身即是文化性的。

但是接此我们必须强调和引申汤姆林森这里不太在意或者说在其先前的《文化帝国主义》一书为他所反对和嘲讽的一个关于文化主体性的理论:全球化既然作为一种"解域化",终究是具有"解域化"的行为主体的,如果不单纯是那个"文化帝国主义",应该也包括反抗"文化帝国主义"的被殖民者的反作用力量。汤姆林森原本是不承认什么文化主体如民族、国家等的存在的,追随B.安德森(Benedict Anderson),认为那不过是虚构、想象和发明。而现在,他是终于看见了:"有一个简单而重要的事实,作为人类我们

---

[1] John Tomlinson, *Globalization and Culture*, Cambridge: Polity, 1999, p. 29.

[2] Ibid., p. 30.

都是**被肉身化的和被身体地定位的**。在这个基本的物质意义上,文化与地域的联结永远不能被完全切断,地域性作为我们生命世界的物理环境将持续对我们行使它的要求。"[①]这是一个根本而重大的转变——承认地域性的不可解除性,也就是承认了主体性与地域性的相始终。这是因为,地域性可远不只是庸常所以为的我们的立足点,我们的活动场地,我们的"身外之物"等;地域性通过不断地与我们发生种种交换活动,最终将内化为我们最本己的存在。可以认为,地域性是我们的肉身性和主体性,是我们的文化身体和文化主体。一句话,地域性就是我们的文化本体论。

由此,全球化便可以被更准确地描述为以地域性为其根本的各种文化之间的主体性竞争过程。哪里有"解域化",哪里就有"再域化"(reterritorialization);而无论"解域化"或者"再域化",其中都必定充满各种力量的矛盾、斗争和相互施加影响的努力。全球化之作为文化性的实质恰在于不同文化之间所发生的种种关系,对抗性的或协商性的;更明白地说,全球化的文化性恰在于它的"文化间性",在于汤姆林森所谓的"文化影响"(cultural impact),即在于它的影响性,其越界影响和相互影响;虽然对汤姆林森或许已经是不言而喻的了,但他似乎仍是不够重视或者不能重视,因为他曾经在根本上是拒斥于此的,这样我们就仍需强化和伸张全球化的主体性方面:在很大程度上,即使说不是全部,越界的经济就是越界的文化,经济的主体也是文化的主体。

"文化间性""主体间性",我们不怀疑,这些概念的提出是为了在不同的文化之间、主体之间建立对话性和交往性的关系,但这只是一种理想的状态。凡对话或交往之进行,必涉及两个前提性假定:第一是对自我身份及其特殊性的确认,第二则是对自我之局限的意识从而对他者的开放。当前解域化所引发的剧烈的文化冲突当来自于前者,即来自于自信、自我确证和自我中心的文化主体

[①] John Tomlinson, *Globalization and Culture*, Cambridge: Polity, 1999, p. 149.

意识，而绝非是对他者的理解、对其异质性的德里达意义的"宽恕"，包涵了"先行给予"的宽恕。

三、"自然"作为文化的合法性

全球化或者说就是解域化引发了文化间的冲突，如果说作为解域化的全球化内在地就是文化性的，那么我们也可以略嫌极端但仍然合理地说，全球化本身即意味着文化冲突。汤姆林森之文化地界说全球化在继续启发我们由汤姆林森出发、由汤姆林森前行：文化冲突既是全球化的显在形式，更是它自身的内在构成或本质存在。进而文化冲突也必然涉及文化的自我辩护，即前述全球化的第一种假定。

自我的确立依赖于对超于自我的一个普遍合理性的诉求。找不到一个合理性的支撑，自我的建构将是脆弱不堪的。这外于自我的合理性不可能出自于"文化"，因为"文化"显系人为，是二级的和派生的。德国文化哲学家李凯尔特指出："自然产物是自然而然地由土地生长出来的东西。文化产物是人们播种之后从土地里生长出来的。"[①]基此自然与文化之本原性对立，李凯尔特意在发展"文化"作为"价值"的思想："在一切文化现象中都体现出某种为人所承认的价值，由于这个缘故，文化现象或者是被产生出来的，或者是即使早已形成但被故意地保存着……价值（wert）是文化对象固有的……所以，如果把价值和文化对象分开，那么文化对象也就会因此而变成纯粹的自然了。"[②]对于我们来说，这"文化"与"价值"在本质上的同一性，或是二者在实践的传统中的统一性，即意味着"文化"不能援引"文化"来为自身的存在辩护；那么，"传统"呢？这要看是在哪一意义上的"传统"了：如果视"传统"为

---

① [德]H.李凯尔特：《文化科学和自然科学》，涂纪亮译，北京：商务印书馆，1986年，第20页。

② 同上书，第21页。

某种"精神价值",那么"传统"就远不是自明的;而若是将"传统"作为在一切集团内部为多数人的认可的"生活方式"或"习俗","习"久而成"俗",即"文化"取得了物质性的形态,在此"传统"的自我辩护在主观上则已经逸出了作为"精神价值"之承载物的"传统"而以为"天人合一"了,即这种辩护形式上诉之"自然"而实质上则是那被文化化了的"自然"。但问题是,一个被文化化了的"自然"就纯粹是非自然甚或反自然吗?我们暂不管它,因为它太复杂了,太有争议了,李凯尔特在其既相对立又相联系的意义上对"自然"和"文化"的界定,"文化"高于"自然"但又本于"自然",多多少少触碰到"文化"合理性自古以来就如此的论证方略,即总是对一个悠远的"自然"的溯认。

前现代神化"自然",现代性似乎祛魅"自然",其实那是现象的"自然",在作为规律性、普遍性的意义上,"自然"仍是其最终的依据。以当代世界一个最基本的价值"自由"来说吧,其论证在启蒙哲学家例如卢梭那里就是以"自然"为不可继续解释的,即绝对的本体论的。请看他的名言:"人是生而自由的,但却无往不在枷锁之中。"[1]人的"自由"也包括"平等"[2]是与生俱来的,是生命存在的本然状态,是所谓"天赋人权"。生命具有无上的权威,我们可以由它来解释一切,而它自身却是无需解释的,它是自明的,如斯宾诺莎所说的"自然",是以其自身为原因的。这是卢梭格言所表达的基本意思,而联系于其法语原文的分析将向我们揭开卢梭所言的"生"与"自然"的同义,与生俱来的权利就是从无需证明的"自然"那里得到承诺的权利,"自然"的无可问辩的权威保证了从它那儿所得到的权利的无可置疑:

L'homme est né libre, et par-tout il est dans les fers. [3]

---

[1] [法]卢梭:《社会契约论》,何兆武译,北京:商务印书馆,1963年,第6页。

[2] 卢梭又言:"每个人都生而自由、平等"(同上书,第7页)。

[3] J.-J. Rousseau, *Oeuvres complètes*, Ⅲ, Paris: Gallimard, 1964, p. 351.

其中"né"是汉语所不习惯的一个思维"被生",即生命是被给予的,但这个被动式中实质上又不存在施动者,生命是生命的自我呈现,因为这个"生"就是"自然",是自行作为的。在法语中,"生"的原形为"naître","自然"是"nature",二者共有一个拉丁词根"na"。而在拉丁文中,"生"是"natus","自然"是"natura",相似性则看起来更多一些。这种"生命"与"自然"的同源性暗示了它们在原初上的同一,它们根本上就是同一个东西。其它如"纯真"(naïf)、"民族"(nation)都与"生命"或"自然"具有微妙而可见的千丝万缕的联系。

全球化作为现代性通常即采取卢梭这样的合法性论述。一切原本属于西方文化传统和理想的东西,都被说成是本之于自然的,具有普遍的有效性。"文化"尽管由"自然"而来,如李凯尔特的定义所指示,但它毕竟经过了人的"耕作",因而便不再等同于"自然"。文化间的相异性由此而生。全球化使相异的文化相遇、相冲突,而与文化冲突必然地相伴生的则是援之于"自然"的自我申辩。如果说全球化本身即意味着文化冲突,那么它同时也是意味着对"自然"的不同阐释间的竞争和斗争。

这是全球化之残酷的现实,我们不得不正视,但是我们也怀有一个美好的梦想,就是全球化最终将把我们带向对我们自身文化及其所依赖的"自然"的反思,对他者之"文化"和"自然"的容纳和尊重。

(原载《马克思主义美学研究》2008年第1期)

重构文学和文化的普遍性
——以"世界文学""共同文化""文化霸权"等概念为中心

阅读提示：文学和文化的普遍性既是一个老问题，又是一个新问题。以启蒙运动所开显的理性为开路先锋，西方现代性无论在文学抑或文化上都追求一种普遍主义理想。进入全球化时代，这种普遍主义受到特殊主义或多元文化主义的挑战。如果文明/文化间不想一直争斗下去，如果人类不愿意任其"全球村"分崩离析，那么就需要守住共同的底线，而这一底线即是理性主义所允诺的普遍性。但在由西方所主导的现代化过程中，所谓普遍性实乃西方性或西方地域性的一个"美言"（不信）。当今时代需要普遍性，但又不是西方的普遍性，因而重释并重构普遍性就成为一项时代大任。以文学为例，马克思以来的"世界文学"话语就经历了一个从普遍性定调到特殊性改写的过程；再以文化为例，它首先意味着差异，但这一差异在一种文化内部则实为一种有边界的同一,与葛兰西"文化霸权"和威廉斯"共同文化"同义,而在诸文化之间,此差异则只能表现为一种差异共在状态。没有任何一方可以独自居有普遍性,因而文化间的普遍性就是文化间的关系。无论文学也好,文化也好,其普遍性都应当被理解为既坚持自身又接纳他者的文学间性和文化间性。

在法国后结构主义之后再来谈论文学和文化的普遍性,其最好的结果将不过是被鄙夷为陈词滥调,而最坏的可能将是被指斥为对个体的压制和规训,它是权力的话语或话语的权力。普遍性不可能来自于人的个体性自身或个体性的主体,因为每一个体都是不同于其他个体的,我们不能期待单纯在话语层面达成一种主体间性。有效的普遍性不仅是一种共识,而且是关于"某物"的一种共识,是关于真理的一种共识,但是恰恰在"某物"的揭示上,在"真理"的言说上,后结构主义认为,主体性让客体、真理和他者远遁。在后结构主义那里,"文本之外无一物"(德里达),所有存在都是文本的存在,符号的存在,一切"所指"都是一种无尽的能指"延异",而真实永远在话语之外。于是,"文本之外无一物"也可以反向表述为"文本之内无一物",文本就是透明的符号,文本就是互文。对于本体论差异的个体来说,对于总是不及物的能指来说,外在世界是不可触碰、接近和把握的,因此所谓的"普遍性"要么是一种个人的玄想,要么是一种话语的效果,而且如果说并非所有的个体都能够取得让他人也认可和信服的"普遍性",那么能够居有"普遍性"的便只有权力话语了。这种关于真理的权力话语既是对个体的暴政,也是对真理的虚构。当代哲学及理论在放逐了个体和真理之后,"普遍性"就随之变得声名狼藉了。①例如,在欧美的社会政治生活中,它甚至成了人们避之唯恐不及的一种"政治不正确",一种新的禁忌。

如何避开"政治不正确",且又能坚持文学和文化的普遍性?即是说,如何"正确"坚持文学和文化的"普遍性"成了21世纪文学理论和文化理论的一个难题。无论文学的普遍性,抑或文化的普遍性,都不是可以随便讲通和讲好的题目。我们希望能够通过对先贤时俊既有论述的梳理和质询,来使我们的工作变得相对容易一些。当然,我们不是在他人那里寻找现成的答案,而是在他人那里寻找可能促使我们获得正确答案的灵感。

一、文学的普遍性:拉森对歌德和勃兰兑斯的综合超越

对于文学的普遍性问题,丹麦国际知名文学理论家斯文德·埃里克·拉森(Svend Erik Larsen)②教授在其近著《文学与全球化经验:无边界文本》③做有值得关注和了解的探讨。无涉于哲学史的玄

---

① 有学者正确地指出:"数十年来,至少在被称作西方的这一阔大而模糊的文化空间,普遍主义一直是被拒斥的。对'差异'或'特殊性'的价值重估,尤其是在后现代主义的思想时段,导向了一种对普遍主义正面价值的支吾其词。普遍主义总是或多或少地被认为直接表达了对于他者的一种控制过程,一种迫使他者性臣服于同一的过程。"(Omar Acha, "The Places of Critical Universalism: Postcolonial and Decolonial Approaches in Context", in Concha Roldán, Daniel Brauer & Johannes Rohbeck (eds), *Philosophy of Globalization*, 1st edition, Open Access, De Gruyter, 2018, p. 96.)

② 斯文德·埃里克·拉森,1946年生,丹麦奥胡斯大学文学教授,其学术和理论成就主要集中在以下四个领域:一是语言哲学,尤其是符号学,研究符号体系之如何生产并表征文化和意识;二是现代都市化过程中的文学与文化;三是文学在塑造现代基本观念中的作用;四是在"世界文学"总名下的文学与全球化。可以看出,拉森持久地关注文学与文化的关系,即是说,文化乃其文学研究之不变的主题和指归。在对文学之文化功能的发掘和理论化方面,拉森堪称世界范围内一座不可绕过的山峰。

③ Svend Erik Larsen, *Literature and the Experience of Globalization: Texts Without Borders*, trans. John Iron, London: Bloomsbury, 2017.

奥，拉森是在歌德和勃兰兑斯关于"世界文学"与"民族文学"及其关系的争执中找出间隙而侧身进入文学普遍性的问题的。让我们渐次展开其探索的行程。

不忌惮于多元文化主义时势的潜在指控，拉森直接亮出自己的观点："文学具有普遍性，这是由于文学被称赞有潜能跨越个体差异与文化、民族的边界而表达对于所有人来说都是共同的东西。因此，一种世界文学是可能的。这种文学能够用某种特殊的民族语言来讲述普遍存在的人类境况，因此，对任何人来说都可以通达，这无关乎语言差异、翻译以及其他文化交流形式。"[1]同样道理，"伴随着民族文学史的发生，一种总体性的、比较性的文学研究出现了，其目的是去研究民族文学之间的联系，揭示为所有文学所共享的普遍性特色，以及发展一个适应这种研究的概念框架"[2]。

首先，拉森赋予"世界文学"及其研究以普遍性，这尤其符合马克思在《共产党宣言》中所提到的"世界文学"及其性质："资产阶级，由于开拓了世界市场，使一切国家的生产和消费都成为世界性的了。……过去那种地方的和民族的自给自足和闭关自守状态，被各民族的各方面的互相往来和各方面的互相依赖所代替了。物质的生产是如此，精神的生产也是如此。各民族的精神产品成了公共的财产。民族的片面性和局限性日益成为不可能，于是由许多种民族的和地方的文学形成了一种世界的文学。"[3]在民族文学与世界文学之间的较量中，马克思将未来给予了"世界文学"，而将过

---

[1] Svend Erik Larsen, *Literature and the Experience of Globalization: Texts Without Borders*, trans. John Iron, London: Bloomsbury, 2017, p. 283.

[2] Ibid.

[3] ［德］马克思、［德］恩格斯：《马克思恩格斯选集》第一卷，北京：人民出版社，1995年，第276页。这里将"Weltliteratur"翻译为"世界的文学"大概是为了对应或照应前面的"民族的"和"地方的"，好处是突出了这种新文学的世界性质，但缺点是破坏了该词原有的紧凑性，它在原文中本来是一个单词。中译者未能考虑这一点，也未予理睬在文学研究界是早已接受了"世界文学"这一紧凑形式。

去留给了民族和民族文学。即使单从其描述和定性"民族"的用语如"片面性"(Einseitigkeit)、"局限性"(Beschränktheit)以及与"文明"(Zivilisation)语义相对立的"野蛮"(barbarisch)来看,我们也完全能够体味到其对狭隘的"特殊性"的唾弃和对开放的"普遍性"的欢迎。无论马克思对于"民族文学"的态度如何,赞成抑或反对,再或者既有赞成亦有反对,即是说,纵使存在这样的争议,也不妨碍其对文学普遍性的预言和憧憬。而如果这一点是确定无疑的,那么剩下的问题就只能是如何理解特殊的民族文学与普遍的世界文学之间的关系了。对此,马克思应该是有所暗示的,例如当其畅想"各民族的精神产品成了公共的财产"时,他大约是已经摸索到在民族文学内部或许隐含着能够让其他所有民族分享的精神财富。民族文学,或者说,一切地域的文学,既然作为文学,即作为一般意义上的文学,均不乏可共享的普遍性。从民族文学到世界文学,不过是共享范围的扩大罢了。在其本质上,文学原本即赋有普遍性。

拉森没有提及马克思的世界文学论述,其理论后援是歌德关于世界文学与其晚年助手爱克曼的谈话。若是比对一下马克思与歌德关于世界文学的言说,他们的重点和口吻竟是惊人地相似。当马克思宣布"民族的片面性和局限性日益成为不可能"时,他的文学愿景是超越了这种片面性和局限性的世界文学;当歌德褒贬分明地指出"民族文学现在无足挂齿;世界文学的时代则风鹏正举"[1]时,他期待的是他多次添加在"世界文学"前面的修饰语"普遍的"(allgemeine)所传递的信息[2],即他所称的"诗是人类的公共财产"[3]。为了更加突出其所追求的普遍性,歌德甚至提出以某一民

---

[1] Johann Peter Eckermann, *Gespräche mit Goethe in den letzten Jahren seines Lebens 1823-1832*, Berlin: Aufbau-Verlag. 1956, S. 278.

[2] Vgl. *Goethe Werke*, Bd. 12, Hamberg: Christian Wegner Verlag, 1963 (1953), S. 361, S. 363.

[3] Johann Peter Eckermann, *Gespräche mit Goethe*, S. 278.

族即古希腊人为典范,并明确将中国的、塞尔维亚的文学以及卡尔德隆人或尼伯龙人排除在外,其他民族和他们的文学仅具参考的价值。拉森留意到了这一点:"但在[前引]这些纲领性的文字背后,歌德仍然坚持,是古希腊人制定了标准。他们拥有一种可以超越任何历史、语言、文化和民族之局限和差异的表达的力量。"[①]我们未必要追随理论时潮如后殖民研究去批评歌德的世界文学观明显带有欧洲中心主义的色彩,但是完全有理由提出这样的学术质疑:既然世界包含了众多的民族和国家,那么世界的文学就只能属于全世界,而绝非由任何一种民族文学来代表和规范。歌德称他在中国小说与他的长诗《赫尔曼与窦绿苔》及英国理查生小说之间发现了许多类似之处,如果所言不虚的话,那么在此情况下,不知歌德将会判定谁是典范、谁又不是呢。歌德显然不能自圆其说,对此不必穷究。我们赞赏歌德的是,他提出"世界文学"概念的意旨在于引领德国人乃至整个欧洲人克服民族文学的狭隘和局限,并由此走向世界文学的交流与共享,而这一点则是当时许多充满"学究式自负"(pedantischen Dünkel)的德国人所不能企及的。歌德的胸怀和视野都是超前的和世界性的。

拉森倾向于正面阐发歌德"世界文学"的积极意义。如果说歌德难以摆脱欧洲中心主义之嫌疑,那么拉森则为其辩护说:"歌德绝非只是孤芳自赏。他间接表达的是,当我们去理解一个我们自己无法亲身经历的全球语境之时,总是存在着一个本土的、个人的出发点。我们将这个出发点用作一种必要的、增补性的经验。"[②]根据伽达默尔的观点,解释学的"前见"是不可避免的,它是解释得以进行的首要前提,是解释活动的必由之路,我们不能在主观上施之以褒贬,并存之或废之;而假使说它真的有错的话,那么伽达默

[①] Johann Peter Eckermann, *Gespräche mit Goethe*, S. 278, p. 282.

[②] Svend Erik Larsen, *Literature and the Experience of Globalization: Texts Without Borders*, trans. John Iron, London: Bloomsbury, 2017, p. 282.

尔为它指明了一条"视域融合"的出路，即在与其他视域的对话中达到自我的校正和完善。拉森以歌德《东西合集》的书名来阐说这一道理："在该书的书名中，他首先提到了自己的家园，**西方**，但这并不意味着该诗集是他本人的某种投射，相反，是向他自己提出的一个挑战。每一种地方文化，携带着其自身的语言，都是进行全球观察的一个合理的出发点。这才是书名和该书中'西方'一语的功能。任何地方性，无论其规模和方位如何，都会在被外部所挑战中结出硕果。"① 歌德主动地将自己从"西方"抛向一个为"东方"所挑战的位置，他不惧挑战，也渴望挑战，因为这种挑战能够将他带入综合和超越了东西方局限的"世界文学"及其所指示的"普遍性"之中。拉森归纳说："这就是歌德之自我反思的批判性本质。"② 诚然，地方性或传统文化是我们无法随意选择的本体论存在和宿命，但如歌德这样的对自我的批判性反思则可能将我们带向自我的更新，从而更大的成长和成就。

视其为对歌德世界文学话语的一个对立面，拉森引入丹麦文学史家和批评家格奥尔格·勃兰兑斯的世界文学观。在拉森，如果说歌德对于世界文学之"普遍性"寄予厚望，此之谓文学的未来，那么勃兰兑斯对世界文学之"特殊性"则情有独钟，它是文学得以风行世界的生命。关于这两人的分歧，拉森评述说："勃兰兑斯不再关注于民族文学之上的世界文学所具有的普遍性内容，而歌德则是将其置于舞台中心。一种写出来、能够被任何地方的人快速直接理解的文学可能恰恰为此而'丧失活力'……，这无非是因为它在任何地方都不扎根。如果有什么被写出来，是为了当作世界文学来销售，那它极有可能是与我们了无干系的东西。"③ 难道世界文学只是漂浮在民族文学之外的某个地方吗？难道成为世界文学就一定要以

---

① Svend Erik Larsen, *Literature and the Experience of Globalization: Texts Without Borders*, trans. John Iron, London: Bloomsbury, 2017, p. 284.
② Ibid.
③ Ibid., pp. 284-285.

放弃民族文学为代价吗？反过来，民族文学真的只是属于生产此一文学的那个民族吗？坚守民族文学真的就是禁止其出口他国吗？一句话，世界文学与民族文学不共戴天吗？

拉森接着正面介绍了勃兰兑斯的主张："也许更接近实际的是，世界文学首先必须被看作一种本土文学，它只是恰巧被用一种语言写出来，然后暂且地、多多少少带有偶然地获得了全球性的传播。因此，一些小语种文学虽然不怎么为外人所知，但在本质上它们则赋有一种产生世界文学影响的潜力。勃兰兑斯于此想表达的是，世界文学的面向实际上是在内部开启的，而非在民族的和本土的文学之外。"①这看来是完好地回答了关于世界文学与民族文学关系的如上质疑：世界文学内在于民族文学，反过来说，民族文学包含了世界文学，但勃兰兑斯的本意将更是说，民族文学既为世界文学的起点，亦为其终点，没有离开民族文学而独立存在的世界文学，因此世界文学只是对民族文学本来就含有的一种世界文学潜能和功效的实现。

直接阅读勃兰兑斯《世界文学》（英文版），我们会得到作者关于世界文学与民族文学关系更多的和更真切的信息。文中勃兰兑斯似乎通篇都在诉说一种民族文学之成为世界文学的困难，如称诗歌绝对不可翻译，散文虽看起来可译但实际上仍然不可译，而且"作者语言愈好，他会失去得愈多"②，但是小语种作家偏偏还必得经由这种途耗性的翻译方可走向世界，大语种如德、英、法则能够以其原始语言而收获超国界的读者。再者，世界声誉并不一定跟品质优秀挂钩，平庸的作家照样可以在国外爆得大名，因为低素质的读者在哪个国家都不在少数，他们是群氓，无法进入精品的堂奥，

---

① Svend Erik Larsen, *Literature and the Experience of Globalization: Texts Without Borders*, trans. John Iron, London: Bloomsbury, 2017, p. 285.

② Georg Brandes, "World Literature" (1899), in Theo D'haen, César Domínguez & Mads Rosendahl Thomsen (eds), *World Literature: A Reader*, London: Routledge, 2013, p. 25.

而一般来说，"最精致的作品都是不可理解的"①，因此所谓"世界文学"并不总是那种值得羡慕的、不可企及的范本。最后，勃兰兑斯指出了一条民族文学家通向世界文学的道路，即立足本土、聚焦当地、使用母语、为同胞而写，"循此方式，他将一步一步地走向为世界而写，如果他有才华于更伟大的事业"②。勃兰兑斯在此所谓"更伟大的事业"是指有超出本土及其文化限制的视野和雄心。脚踩在民族的大地上，仰望世界的星空，践行兼顾地方与世界的"全域主义"（cosmopolitanism）③，这便是从民族文学中抒写出世界文学的正确方式，这便是"未来的世界文学"④图景，即"越是在其中显出民族的印记，越是充满异质，将越是变得迷人，只要它仍然能够像艺术和科学那样持有普遍的人性方面"⑤。相反，"那种直接为世界而写作的东西将几乎不可能成为真正的艺术作品"⑥！这就是拉森所看到的那种无根的世界文学。如今时代及其精神风尚已然发生改变，如果说当歌德畅谈世界文学的时候，"人文主义和世界公民精神仍然是受到普遍的款待。但在19世纪的最近数十年，一个愈发强烈、愈发好战的民族主义已把这些观念抛在身后。当代文学变得愈益富于民族性。但我绝不是说，民族主义与世界公民相互排斥"⑦。勃兰兑斯似乎又回到了歌德的起点即民族文学，这其中包含了他对世界文学负面的洞察，但他并不是完全拒绝世界文学，而是

---

① Georg Brandes, "World Literature" (1899), in Theo D'haen, César Domínguez & Mads Rosendahl Thomsen (eds), *World Literature: A Reader*, London: Routledge, 2013, p. 26.
② Ibid., p. 27.
③ "cosmopolitanism"通常翻译为"世界主义"，但其中"世界"一词无法传达"cosmopolitanism"所内涵的"宇宙"大全与"城邦"个体之间的内在张力，于是笔者便以（整）"全"和（畛）"域"之组合勉力而为。
④ Georg Brandes, "World Literature" (1899), in Theo D'haen, César Domínguez & Mads Rosendahl Thomsen (eds), *World Literature: A Reader*, p. 27.
⑤ Ibid.
⑥ Ibid.
⑦ Ibid.

说以民族文学为出发点,并始终携带着民族文学的生命和特殊印记而走向世界文学。

勃兰兑斯对于我们的启迪是,即便其以民族文学为出发点,且从不放弃民族文学的本体存在,但他仍然认为民族文学包含着世界普遍性,即拉森所谓"在内部"的普遍性。这恐怕是勃兰兑斯作为一位民族主义学者关于全域主义研究在其情感许可范围内所能容纳和接受的极限。

歌德是用世界文学来克服民族文学的局限,而勃兰兑斯是要用民族文学去充实世界文学,虽然穷究起来,二者在理论上并无本质性区别,他们都认为在本体论层次上世界文学与民族文学同在一个文本,只是前者说这个文本必须包含世界精神,而后者说这个文本不能没有民族个性,他们刻意突出自己之所见,但并不否认对方之所见也是一种存在。而如果说他们都未特别重视对方之所见,那么我们也就不能期待他们谁会同时审视世界文学和民族文学及其关系,并由此而做出能够彼此说服的阐述来。这一缺憾为将歌德和勃兰兑斯尽收眼底的拉森做了珍贵的弥补,尽管还不太充分:

> 世界文学不是一组特定的文本,而是文学的一个维度。这一维度是由我们的阅读方式所带来的,即是说,在阅读文学时,我们超越了地方性框架,将其联系于不同的和具体的语境,以及其他的文本和文化现象,因此,也就是如勃兰兑斯所指出的,我们跨进了一个异质性的语境。当文学被以此方式所接近时,它就变成了一种全球思维的认知模式,打开了窗户、大门和障碍物,让来自更广大世界的风吹进每个人的特殊的地方性。[1]

可以看出,拉森世界文学观的新颖之处在于:其一,将"世界文

---

[1] Svend Erik Larsen, *Literature and the Experience of Globalization: Texts Without Borders*, trans. John Iron, London: Bloomsbury, 2017, p. 285.

学"不是作为某种实体性的文本，不是具体的这本书或那本书，而是一种思维方式，一种透视角度；其二，将"世界文学"作为一种对话、比较和传播的概念，即是说，如果不把本土文学置于与其他文学的关联之中，便没有什么"世界文学"，进一步说，也没有什么"本土文学"，它们二者是相对而言、而生的。

从拉森这一更新了的世界文学观念看，我们可以继续加强和补充说：其一，歌德将世界文学与古希腊人及其文学相捆绑就是犯了普遍主义的错误，没有任何一种文学可以号称代表了人类的普遍性，过去所谓的"普遍性"其实只是一种个体之间、民族之间、文化—文学之间的"间在"状态，是它们之间的相互认知、接纳、宽容与"和而不同"的共在。其二，我们也不能将马克思的在民族文学之中发展出来的世界文学错误地理解为一种全新的、独立于民族文学的文学样式，而是民族作家在获得世界视野之后所创作的将其民族特性结合于世界的，并最好是也得到了本土之外的读者所接受的文学，这也包括原先属于某一民族或地区的，但后来获得了世界性接受的文学。因此，其三，世界文学是一个不断被创造、被发现的亦即动态的、无限开放的范畴，世界文学的动力学不仅取决于各国读者之生活状况和趣味的变化，更取决于其视角或视角间的关系的变化，简言之，世界文学意味着一种动态的主体间性关系。其四，当勃兰兑斯坚持文学的民族性和本土性时，我们也应该看到，这种民族性和本土性也不是一种本体性的存在，而是在话语中的存在，是在他者话语中的存在，归属于一种观念的辩证法。其五，在谁是地方、谁是普遍的问题上，毋庸讳言，存在于话语政治学和权力游戏，借用马克思的术语说，在世界上占统治地位的民族的文学就是世界的文学，虽然并不总是这样，但常常就是这样。例如在美国和中国大学课堂所教授的世界文学总体上多是大国的文学。

尽管我们有兴趣于民族文学和世界文学之间的关系，但这里显然不是深入探讨此一关系的适宜场合。以上通过梳理拉森对歌德、勃兰兑斯世界文学观的评述和发展，我们的目的只在于证明世界文学的普遍性乃是一般意义上所谓的文学的普遍性，因为文学的普遍性在一国之内是它对所有民众的感召力，在国际上，则是对异质语境之读者的共情作用，而"世界文学"这一概念的优势在于它能够同时满足我们对文学普遍性在国内和国际间的期待。谈论文学的普遍性当然不能放过文学的经典性或经典文学、优秀传统文学，但在全球化时代，文学的普遍性不再只是表现在一国的历史长河，且越来越表现在与全球读者或受众的关系。一个不具有国际性的经典文本，其经典性或普遍性将大打折扣。

二、文化的普遍性：差异性同一，文化霸权，共同文化，文化范型/完型

我们再谈文化的普遍性，这个问题应该比文学的普遍性难度更大，一个简单的原因在于我们既有的共识是：包括文学在内的一切美的艺术都可以得到全人类的欣赏和接受，甚至有说法认为，音乐是世界性的语言，而文化则是民族的、地域的、特色性的。坊肆"文化冲突"的喧闹不绝于耳，但"文学冲突"则少有听闻，更甭提"音乐冲突"了，如果文学间或音乐间有冲突，那也一定是基于文化或利益的冲突。在当前世界，不只是在冷战以后，只要提到文化，让我们最先想到的总是差异、多元、边缘、性别、地方、后殖民、对抗或抵抗等"文化政治"或"差异政治"，甚至是久已为现代性生活所遗忘的"忧郁的热带"和"野性思维"（列维-斯特劳斯语），是原始文化，是人类学家的田野。

然则，如果我们将考察视点从诸文化之间移入一种文化之内部，或者说，从国际返回国内，即在一个国家或民族内部，那么其文化总是代表着超越了政治、经济和各种权力机制的更高级别的整合性概念，而且即使缩小到一个文化内部看，言及文化也是指它对许多亚文化乃至于反文化的统属。

因此对于那种绝对的差异观，这里就需要做出必要的修正。差异并非与认同对立，差异是彼此之间由比较和对照而显现的差异，然就其自身看，差异却意味着相对于他人的自身的统一性，没有自身统一性的文化不足以谈论与其他文化之间的差异。**差异是有边界的同一**，尽管有边界，但它仍然是同一。举例说，当塞缪尔·亨廷顿感受到西方文化在面对其他文化的挑战而来的危机时，其应对策略是强化西方文化的认同，而这认同则是将西方文化与其他文化区别开来，凸显西方文化的差异性："西方文明的价值不在于它是普遍的，而在于它是独特的。因此，西方领导人的主要责任，不是试图按照西方的形象重塑其他文明，这是西方正在衰弱的力量所不能及的，而是保存、维护和复兴西方文明独一无二的特性。"[①]在当代社会语境，任何追求和标榜差异的思潮和运动，都在于强化自我的认同，如族裔身份、性别身份、阶级身份等。同样道理，我们对中国特色的强调在另一方面看，也是在锻造一种文化身份或认同，加强文化自信。如今我们甚至不能说差异的另一面是同一，因为**差异本身即是同一**。称文化是差异性，也等于说文化是同一性，文化的功能和力量在于造成不同程度和层级的同一，由此可以大体上说，文化的本质即在于追求同一和普遍性。不能凝结在一起、形成一定的同一和普遍性的文化就不能称之为文化。

任何意识形态都包含着某些文化的因素，其实也可以反过来说，任何文化，就其形成过程和表现形态而言，都有意识形态的参与、推助和强制。葛兰西有"霸权"（egemonia, hegemony）（或译"领导权"）一说，一般人认为其意在文化地、柔性地引导和领导，即是说其特点是非暴力性，是"广大群众给予基础统治集团(引注：统治阶级)所强加给社会生活的总体指导以'自发性'（spontaneous）同意；这种同意是被统治集团因其在生产世界的位

---

① [美]塞缪尔·亨廷顿：《文明的冲突与世界秩序的重建》，周琪等译，北京：新华出版社，1999年，第360页。

置和功能所拥有的威望（和随之而来的信心）而'历史地'造成的。"①此处，葛兰西确乎是在谈文化在打造意识形态过程中的特殊方式，如"自发性"（而非强迫性）、"同意"（而非服从）、"威望"（而非权力）、"信心"（而非傲慢）、"历史地"（暗示有传统和习俗的力量）等用语所显示的。但更多的文献阅读则会证明，文化性，即被统治阶级对于统治阶级的价值、规范、信仰、趣味以及偏见的"自发性同意"，其实仅仅是葛兰西"霸权"概念的一个方面；应当说，葛兰西更在意的是"霸权"的另一面，即通过文化手段和在文化层面上达成统治阶级对整个社会的"统一"。常识是，目的重于手段。一位美国学者正确地提醒我们："依赖一个单一的'定义'是会造成误导的。为葛兰西说句公道话，我们必须首先认识到，霸权概念如果不是与统治概念相与理解，那它就没有什么意义。对于葛兰西来说，同意和暴力几乎总是共在，无论是由其哪一个来主导。"②由此而言，意识形态与文化是相互包含的和叠合的，意识形态有多少强制，那么文化也同样有多少；而文化有多少自发的同意，意识形态也便有多少。指出文化的意识形态内渗，我们意在凸显即便在文化这一貌似温情脉脉的领域也仍然有着暴力的存在。这就是说，文化的普遍性也可以经由暴力而实现，带有某种强迫的性质。应当承认，文化的普遍性不是一个从属阶级愿意不愿意的问题，而是由统治阶级集团借助文化之手在强力推行和建构这种普遍性。

我们再以威廉斯的学说来例示文化的普遍性。与葛兰西的"霸

---

① Qtd. in: T. J. Jackson Lears, "The Concept of Cultural Hegemony: Problems and Possibilities", in *The American Historical Review*, vol. 90, no. 3. (Jun., 1985), p. 568. This passage originates from Antoni Gramsci, *Sections from the Prison Notebooks*, ed. and trans. Quentin Hoare and Geoffrey Nowell Smith, New York: International Publishers, 1971, p. 12. Gramsci's special term "fundamental group" refers euphemistically to "class".

② T. J. Jackson Lears, "The Concept of Cultural Hegemony: Problems and Possibilities", in *The American Historical Review*, vol. 90, no. 3. (Jun., 1985), p. 568.

权"概念相仿佛，威廉斯有过"共同文化"一说。这一概念首先是描述性的，即对文化性质和行状的一种描述。在其《共同文化的观念》（1968）一文，威廉斯开篇伊始即从自身的特殊经历中提升出一个一般性的文化定义，虽然此处他并非刻意这么做："文化乃是我与其他许多人所共享的一种特殊的经验。"①威廉斯这里"特殊"一语是说文化总是体现在个人的感性体验之中，也就是他所谓的"情感结构"或"共同情感"，无论其融合有怎样的抽象，但都一定落脚在生活实践和日常经验之中。而"共同文化"概念则是侧重在文化的共同性或全体性上，其存在形式暂且不论，对此威廉斯讲得十分清晰："无论从一般意义上说，抑或限定在艺术和信仰这个角度看，意义和价值的创造都不仅仅是关涉于某一特殊的阶级或集团。这样的创造不能只是保留给少数人，纵使他们多有天赋；甚至在实践上，也未曾如此地保留过：一个民族于某一特定时期之特定的生活形式的意义，似乎来自于他们全部的共同经验，来自于该民族之复杂的总体的表达。如果确乎如此的话，那么意义和价值就是被广大地而非局部地创造出来（人们首先要拿来的应是语言这个例子，语言不是个体的创造，诚然某些个体扩展和深化了其可能性），然后人们必将谈论文化共同体这一普遍的事实。"②文化的共同性或"文化共同体"是一个客观的存在，任谁说到文化就一定是预设了其共同性和在一定范围内的普遍性。

在威廉斯，"共同文化"，除了作为一个描述性概念之外，还更是一个规范性的概念，被其珍视为进行文化分析和批判的理想、标准和工具。这是说，"共同文化"一方面是我们应当追求的远大目标，而另一方面也可以被用于审查和批判在现实世界无处不在的、让人无法容忍的对其共同性的漠视和破坏。这便是威廉斯的

---

① Raymond Williams, *Sources of Hope: Culture, Democracy, Socialism*, London: Verso, 1989, p. 32.

② Ibid., pp. 34-35.

逻辑:"意义的创造是所有人都介入的活动,如果此言不谬的话,那么任何社会,在其最显著的文化中,要么压制所有团体的意义和价值,要么未能将表达和传播那些意义的可能性传递给这些集团,都将注定是令人震惊的。"①文化的共同性或文化共同体是理想的光芒,也是批判的锋芒。具体于威廉斯个人来说,其关注点是在英国绝大多数创造意义和价值的人却被关闭在"教育体制"之外,他们不能接触到他们先辈所创造的完整系列的意义,同时也被从"整个传播结构"中排挤出去,无法以任何适当地方式参与变革和发展意义的进程,一言以蔽之,他们被拒绝进入他们本来应当在其中的"文化共同体"。②

前文称威廉斯的"共同文化"与葛兰西的"霸权"相仿佛,这首先说是威廉斯本人对"霸权"的看法,他把"霸权"读解为一个文化概念:

> 霸权不只是被明确表达、位居上层的"意识形态",也不只是此一意识形态的那些通常被看作是"操纵"或"灌输"的控制形式。霸权是横跨整个生活的全部实践和期待:出自我们自身能量的诸多感受和行为,我们能够形塑自身和世界的感知。霸权是一种活的意义和价值的体系,这些意义和价值既是构成性的,也能够去构成对象;当其在实践中被经验时,它们便表现为相互之间的确认。这样霸权就为社会中多数人构造了一种现实感,一种绝对感,因为对于社会中多数成员来说,在其生活的大多数领域,他们是很难超越其被经验的现实的。这就是说,霸权在其最强烈的意义上乃是一种"文化",但是这种文化也必须被看成是特定阶级的活的统治和从属。③

---

① Raymond Williams, *Sources of Hope: Culture, Democracy, Socialism*, London: Verso, 1989, p. 35.

② See ibid.

③ Raymond Williams, *Marxism and Literature*, Oxford & New York: Oxford University Press, 1977, p. 110.

如果我们没有忘记威廉斯那个综合性的"文化"定义，那么这里经其阐释的"霸权"概念，可以看出，包含了他先前"文化"定义之所有的构成要素：整体的、生活的或感性的、生产意义的、意识的和无意识的等。例如说，文化可以是意识形态，但它不只是那种漂浮在空中的意识形态，而是植根于日常生活实践的、甚或作为无意识存在的意识形态。因而如果将文化仍然定位为意识形态，那么传统的意识形态概念就必须扩大，让其不仅包含意识形态话语，也包括意识形态国家机器，更要包括意识形态生活实践。但与先前文化定义大为不同的是，威廉斯将葛兰西"霸权"所内涵的强制性的"统治"也一并写入其文化定义，突出了其前期有所忽视的文化领域内部控制和抵制的阶级斗争，而这样一个被"霸权"所改版的文化定义，就是我们现在所讨论的"共同文化"概念。这一共同文化是斗争的文化，也是追求在"统治"和"同意"意义上的文化。

威廉斯的"共同文化"当然是全社会所共享、因而具有普遍性的文化，但他还是担心有人将其误解为统治性"霸权"的文化，于是便特别警告说不能把"共同文化"（common culture）与"同一文化"（culture in common）相提并论："如果把共同文化设想为这样一种情境，在其中所有人都说着同一件事情，都看重同一件事情，或者在对文化的平常取用中，所有人对如此之多的文化财产都拥有同等的所有权，那将是有危险的。……对于共同文化的这种观点或许可以较为妥帖地描述为'同一文化'，但这种主张无论如何都是不切实际的。"①在威廉斯，一个社会不可能只有一种意义，只有一种价值，而只有"对于价值和意义的一种相与决定"②，即在协商中达成一致，因此"共同文化"不是同质结构，而是复合结构或多元一体，或用其文化研究同仁斯图亚特·霍尔的术语说，是"在异之

---

① Raymond Williams, *Sources of Hope: Culture, Democracy, Socialism*, p. 37.
② Ibid.

同"(commonness in difference)①，再或用他们的杰出传人、美国劳伦斯·格罗斯伯格教授新近的说法，是"差异统合"(unities-in-difference，或译"在异之统")②。

由于对"共同文化"中所包含的差异、矛盾和斗争的强调，威廉斯在引入葛兰西"霸权"概念时便波澜不惊地又反过来对它做了人民性的或民主性的改造。如果说"霸权"概念重在"结构化"(structuration)，那么"共同文化"则以"能动"(agency，或译"能动性")为基本；进一步，如果说二者都在坚持，或消极言之，并不放弃"社会之作为一个整体"③或文化整体，那么这在葛兰西是自上而下的，是统治阶级与有机知识分子的意识形态合谋，而在威廉斯则是自下而上，是人民大众对于意义和价值建构的积极参与。对于葛兰西那种从"霸权"自上而下地达成的统一，威廉斯明确表示了其坚意的拒斥："我并不认为我所意谓的共同文化有任何可能只是经由一个特定集团（在任何这样的情况下，十之八九就是统治阶级）的少数人的价值之向其他人的延伸行为便可以轻易地形成。如果某种现存经验的片段，被以一种特殊的方式表达出来，并被简单地延伸到即教诲于其他人，然后他们就共同地拥有了它，那么这样的东西并不是共同文化(尽管它有可能被称之为同一文化)。"④这等于毫不含糊地宣称葛兰西的"霸权"文化根本算不得"共同文化"。葛兰西所谓的"霸权"，无论他怎么强调其文化

---

① Stuart Hall, "The Multi-cultural Question", Pavis Papers, Faculty of Social Science, Milton Keynes: The Open University, p. 5.

② Lawrence Grossberg, "In Defense of Critique in Desperate Times", in Matthias Wieser & Elena Pilipets (Hrsg.), *Medienkultur als kritische Gesellschaftsanalyse: Festschrift für Rainer Winter*, Köln: Halem, 2021, S. 25.

③ Stuart Hall, "The Multi-cultural Question", Pavis Papers, p. 5.

④ Raymond Williams, *Sources of Hope: Culture, Democracy, Socialism*, pp. 35-36.

方面，被翻译者和阐释者特意冠以"文化"（cultural）①一语，本质上仍不过是统治阶级的文化向被统治阶级的单向传输和殖民。那一"'自发的'同意"也不过是统治阶级文化控制所预设的效果而已，与人民群众的真实意愿说不上有多少联系。而威廉斯的"共同文化"则是一个人民性和全民性的概念："一个民族的文化只能是其所有成员在生活实践中创造出来的东西：共同文化不是少数人的意义和信仰的一般延伸，而是对这样一种情境的创造，在其中人民作为一个整体参与进意义和价值的表达，参与进随之而来的在此一意义和彼一意义、此一价值和彼一价值之间的决断。"②

这可以理解为威廉斯在与葛兰西划清界限，也可以理解为威廉斯在纠正对葛兰西的误解，但是若是对读威廉斯在其《马克思主义与文学》中对葛兰西"霸权"概念的专论，那么这将更宜理解为他在用自己的"共同文化"重组葛兰西的"霸权"，使其充满各个阶级对于意义和价值的争夺，例如他说："一个活的霸权总是一个过程。……它被持续不断地更新、再造、被辩护和被修正。它也持续不断地遭遇完全不是来自于其本身的压力的抵制、限制、更动和挑战。因此我们必须在霸权概念上添加反霸权和替代性霸权等概念，这些概念都是实践所具有的真实的和持续的要素。"③但是，就威廉

---

① 查阅英文版《狱中札记选》（Antoni Gramsci, *Selections from the Prison Notebooks*, ed. and trans. Quentin Hoare and Geoffrey Nowell Smith, New York: International Publishers, 1971）显示，葛兰西总共有两次使用过"文化霸权"（cultural hegemony）一语（Ibid., p. 208, p. 258），另有两次使用过近似的术语"知识霸权"（intellectual hegemony）（Ibid., p. 131, p. 160），余则均为"霸权"（hegemony）。再核查意大利文版《狱中札记》（Antonio Gramsci, *Quaderni del Carcere*, Volume primo, Quaderni 1-5, Giulio Einaudi editore, Torino 1977 [1975]）发现，葛兰西确有若干次使用"culturale"以及"intellettuale"和"spirituale"等语形容"egemonia"的情况。这说明，葛兰西其时尚未认真使用"文化霸权"一语，但不可否认葛兰西已经是自觉地赋予"霸权"以一种文化的意义。

② Raymond Williams, *Sources of Hope: Culture, Democracy, Socialism*, p. 36.

③ Raymond Williams, *Marxism and Literature*, pp. 112-113.

斯这方面说，无论他如何突出"共同文化"或"霸权"文化内部的矛盾和斗争，也无论他怎样为工人阶级争取在全社会意义建构中的发言权，他终归是没有放弃葛兰西"霸权"所包涵的文化整体性和统一性："霸权总是一个积极主动的过程，但这并非意味着它只是各种主导特点和元素的一种复合体。相反，霸权总是一种对于那些从另一方面说是分离的、甚至是全然不同的意义、价值和实践之多多少少称得上适当的组织和连接，将它们具体地整合在一种有意味的文化和一种有效的社会秩序之中。"① 万流归海，所有的分离或距离，所有的差异或异议，所有的自我或他者，都将最终汇聚成一个文化或一个社会，而一种健全的文化或社会也必须能够容纳这些离心的力量，使之与向心的力量形成生产性的张力。这就是威廉斯所追求的"共同文化"。

也许我们不需要借道威廉斯和葛兰西来证明文化的普遍性，因为人类学家通过田野作业更有说服力、更直观地证明了文化从来就是作为一个整体而存在的，例如露丝·本尼迪克特的"文化范型"（cultural pattern）② 论就认为所有的文化必然会趋向于形成一种独特的"范型"，我们也可以接着发挥说：文化即范型，范型即文化，因为是文化铸造了范型，而范型又使得文化显出自身。本尼迪克特是这样说的："真正地把人们维系在一起的是他们的文化，即他们所共同拥有的观念和准则。如果一个民族不是去选择一种诸如共同血统遗传那样的象征，不是把它变成一个口号，而是毋宁把注意力转向将其人民团结起来的文化，强调其主要的优点，同时也能认识到在一个不同的文化中可能有不同的价值发展出来，那它就会用现实主义思维去取代那种误导而危险的象征主义。"③ 文化是一种范型化的力量，一种结构化的力量，因而是一种团结和凝聚诸多个体的

---

① Raymond Williams, *Marxism and Literature*, p. 115.

② 人类学界也经常把"pattern"译为"模式"，而笔者则更倾向于"范型"，以突出其范导性含义。但考虑到国内学界既有之习惯，有时也从俗称之。

③ Luth Bennedict, *Patterns of Culture*, Boston: Houghton Mifflin, 1961 [1934], p. 16.

力量。

与"文化范型"概念相关,本尼迪克特还反复使用她糅合了格式塔心理学素材而铸造的新术语"文化完型"(cultural configuration)来描述一种文化的形成。弗朗茨·博厄斯看到了个中之深意,他在为本尼迪克特《文化模式》所做的序言中挑明说:"本尼迪克特博士称文化的天然性能(genius)为其完型。"[1]这也是说,文化的本质是"完型",它有此能力将各有其存在的、杂乱无章的个体纳入文化或社会,从而构造出一个共同体。博厄斯随后还进一步揭示了本尼迪克特"文化完型"的特点,而这个特点也是文化的特点:"它不是历史性的,而是就其作为一个总体的完型而言,只要它还在持续着,它就对那仍然臣属于它的诸多变化方向施加限制。与文化内容方面的变化相比较,完型经常具有显著的恒定性。"[2]文化作为我们的生活,其具体内容日日都在更新,但一旦其"完型"固定下来,它便具有了非历史和抗变化的特点。文化的特点是惰性的,其变化是缓慢的,故而有"文化基因"一说。

需要注意,无论"文化完型"也好,"文化范型"也好,在本尼迪克特其实并无本质上的区别,例如她在解释"文化完型"时称它"给存在以范型,并制约着处在那些文化之中的个体的思想和情感"[3]。不过对于我们更重要的是,本尼迪克特还特别指出,"文化完型"理论不仅适用于原始文明,而且即使在发达社会也有同样强烈的和有意味的表现。[4]这也就是说,文化完型是文化存在的一般情形或规律。回到前面的说法,文化即范型,范型即文化。再进一步说,文化不是个人层面上的东西,它是集体性的、民族性的、普遍性的。

---

[1]　Franz Boas, "Introduction" to Luth Bennedict, *Patterns of Culture*, p. xvii.
[2]　Ibid.
[3]　Luth Bennedict, *Patterns of Culture*, p. 55.
[4]　See ibid., p. 56.

余论

　　为了证明文化的整体性和普遍性，我们没有直奔人类学家那里寻求援助，而是在马克思主义者葛兰西和威廉斯这里盘桓不去，这是因为后者既坚持又克服了文学和文化的阶级性，即是说，文学和文化的阶级性和超阶级性同时存在，或者说，阶级性是可以转化为超阶级性。

　　我们首先要承认文学的阶级性和立场性，但进而还必须懂得，历来文学之所以要站在某一立场上为某一阶级发声、代言，不是因为要固守此立场，并翻过身来，去压迫那一压迫着他们的阶级，而是反对压迫本身，反对任何形式的压迫和人间不公，因而即使阶级的文学，其目的也是为了争取一种超阶级世界的出现。马克思和恩格斯多次申明，无产阶级的终极使命就是消灭阶级本身。对某一阶级的压迫和不公，不只是对于此一阶级的压迫和不公，而是对自由和公平这样超阶级的普遍原则的践踏和破坏。是这一普遍原则保障了某一阶级的反阶级压迫的合理性和正义性。如果一种阶级的文学能够获得全社会的共鸣，那么这一文学就不再是阶级的文学，而是代表了普遍原则在这一阶级解放中的实现。历来文学对阶级剥削和压迫的控诉，对于弱势群体和"悲惨世界"（雨果）的怜悯和同情，实乃是基于或寻求一种更高的正义。如果说普遍性可层级划分的话，如同一阶层人群的普遍性、地域的普遍性、民族的普遍性、国际的普遍性、人类的普遍性、万物的普遍性、乃至神学的普遍性等，那么文学总是以某种或隐或显的方式指向最高级别的普遍性，尤其是经典性作品无不在印证这一点。

　　有文化内的普遍性，也有文化间的普遍性，如果说前者是前全球化时期的文化的状况，那么后者则指的是进入全球化以来的所出现的"世界文学"。但必须即刻声明，无论是文化内的抑或文化间的普遍性，都不代表着黑格尔那种追求绝对的无差别的同一①，而是相互认识、相互连接、和而不同，其中个性和差异性仍然存在，但它们已经建立起了星丛共在的关系。这是一种新的"世界文学"观，当然也是一种新的"世界文化"观。

现代性的普遍主义的失败，同样，后现代差异政治或文化政治的特殊主义对世界的撕裂，于是就有了"文化间主义"（interculturalism）的应对，都让我们在界定普遍性和特殊性的关系时慎之又慎。对此，本文仅仅是要求一切差异性之作为本体论存在的平等关系，进而在这样的存在论关系中寻找认识论的差异性链接，最简单地说，无论是普遍性或者特殊性，都必须在"间在"的基础上进行建构。根据间在论②，一个主体既是意识性的主体，同时又是实际存在的个体，因此主体对于客体或他者的认识就处在其"能够"与"不能够"之间，而且永无完成和闭合。后马克思主义理论家厄内斯特·拉克劳曾讲述过一个有趣的悖论，让我们真切体会到，一切主体都不过是"半主体"，一个半截子主体，即绝非充分意义上的主体：

> "历史是一个无主体的过程。"也许如此吧！然而我们又是怎么了解到这一点的呢？难道此一论断之可能性不正是其欲回避的东西吗？如果历史作为一个整体是一个经验的可能客体，那么除了一个绝对知识的主体之外，谁能充任如此经验的主体呢？③

主体这一绝对的现代性概念，或者说，主体在现代哲学中的设置，原本上就是一个自相矛盾的构想，它本身包含着某种使其自我取消

---

① 这是哲学史对于黑格尔的一般观点，但实际情况要复杂得多。黑格尔在世界本身与其理念之间有犹豫、有摇摆。

② 参见金惠敏：《间在论与当代文化问题》，《社会科学战线》2022年第1期。

③ Ernesto Laclau, "Universalism, Particularism, and the Question of Identity", *October*, vol. 61 (Summer, 1992), p. 83.

的东西，拉克劳继续揭露说：

> 我是一个主体，准确地说是因为我不能是一个绝对的意识，是因为有某种构成性的相异之物面对着我。因此，一旦客体主义作为认识论的障碍消失，那么就有可能将大写主体之死的全部意涵发展出来。在这一点上，后者意味着一种寄寓其自身的秘密的毒药，其第二次死亡的可能性：大写主体之死的死亡，即主体的重生是作为其自身死亡的结果；具体的有限性的增殖，其局限性是其力量的源泉；达到一种认识，即各类主体之所以存在乃是由于本以为可以被大写主体进行弥合的沟壑而实际上却是不能够弥合的。①

主体之所以不能接通客体，根本原因是它本身也有肉身而非一纯粹之精神，一上帝之全能视角，但正是其一方面作为身体的存在，在认识论中被作为局限性的东西，倒是成为其行动的力量或此力量之所由出。没有无所不知、无所不能的主体，大写主体是一个现代性神话，所有主体都是有限主体，都是具体的个体。大写主体如果确乎存在的话，那它只可能是有限主体之间的一种关系。施此理论于普遍主义和特殊主义之关系，我们将趋向于这样一种认识：普遍性不是凌驾于特殊性之上的神明，而是出自于特殊性自身的一种链接的欲求；不是说特殊性是普遍性之具身化，而是要反转过来，普遍性是特殊性的分泌物。普遍性并不高于特殊性，因为它就存在于诸特殊性"之间"。据此，我们似乎应该放弃"普遍性"一语，因为它总给人一种高高在上的联想；如果为了节约用词而给予保留的话，那么我们可以把所有的"高于"云云都理解为一种超出自身"现在"之所"是"的与他者的链接。所谓主体之"现在"是与其"未在"即未来之在相对而言的。如果说主体的"现在"已经包含

---

① Ernesto Laclau, "Universalism, Particularism, and the Question of Identity", *October*, vol. 61 (Summer, 1992), p. 84.

了与他者之既定的关系,那么"未在"则表示未来与他者建立联系的可能性。

(原载《理论月刊》2023年第4期)

第三编

全球知识的再界定
——费瑟斯通和他的新百科全书计划

　　阅读提示：2006年6月由费瑟斯通领导推出的"新百科全书计划·导论卷"被证明是全球知识界的一个重要事件，同年9月围绕该书在开封河南大学召开的"挑战全球知识"中英论坛也被证明是中国知识界的一个重要事件。应费瑟斯通之请，笔者评论了该书的哲学创意，着重引申和发挥了如下思想：第一，全球化不是"球域化"，而是"互域化"；第二，现代性全球化之根本错误是将时间性凌驾于空间性之上；第三，"物自体"应当改写为"物彼此"；第四，真正的"全球知识"应该是一个各知识间无限协商的过程。

　　弗里德里克·杰姆逊曾经悲观地预言，在一个后文字的时代里，任何大型的集体计划都是不可能的。他说的是一个以多元主体为特征的"后现代"时代，但恰恰是在这样一个时代，且其本身堪以"后现代"命名的，由迈克·费瑟斯通（Mike Featherstone,

1946— ）所主持的"新百科全书计划"，竟煌煌然由Sage出版公司推出了它的"导论"卷：篇幅有616页之巨，撰写者有百人之多，几乎来自全世界的每一个角落，内容涉及当代世界观念的所有主要图景，从"元概念"（如"分类""语言""时间""空间""身体""媒介""网络"等）到"元叙述"（如"文明""时间性""启蒙""民族""市场"等），再到"场所与机构"（如"大学""医院""博物馆""图书馆"等），一派"百科全书"的盛大气象，况且，这仅仅是其第一卷！本书主题如其标题所示，是"挑战全球知识"（Problematizing Global Knowledge，或可直译为"问题化全球知识"），按照让-弗朗索瓦·利奥塔在其《后现代状态：关于知识的报告》的著名界定，反全球知识的知识毫无疑问就是"后现代"知识。"后现代知识并不仅仅是政权的工具。它可以提高我们对差异的敏感性，增强我们对不可通约的承受力。它的根据不在专家的同构之中，而在发明家的误构中。"[①]而所谓"后现代"，"简化到极点"，就是对"元叙事的怀疑"[②]。如此说来，问题就是：是杰姆逊的预言落空了，还是费瑟斯通的庞大计划将被证明是不成功的，如果它出现在后现代时代且本身还是后现代性质的？但是如果说杰姆逊错了，即是说在所谓"后现代"时代，一个哈贝马斯的现代性计划尚未完成因而仍然有效，那么费瑟斯通的"反全球知识"之后现代性企图也将是如堂吉诃德大战风车那样的脱离现实的幻觉和有悖常理的疯癫。

非也，费瑟斯通的大书是编成了，出版了，如我们所看见的那样，因而情况就只能是我们的问题化出现了问题：在一个全球化时代，我们不能将自己局促于现代性与后现代性之间简单的二元对立模式，而必须在一个更高的综合中予以超越。实际上"全球化"一

[①] ［法］让-弗朗索瓦·利奥塔尔：《后现代状态：关于知识的报告》，车槿山译，北京：生活·读书·新知三联书店，1997年，第3—4页。（利奥塔尔今通译为"利奥塔"）

[②] 同上书，第2页。

语已经为我们昭示了超越现代性与后现代性及其对立的新道路。

一、"知识"首先就是"全球知识"

"全球的"或"全球知识"在费瑟斯通的语汇中首先就是"普遍主义",它是"普遍而通用的知识——对所有时代、所有地区的人都行之有效"[①]。在这个意义上,"全球知识"又是启蒙运动以来一直被奉为知识典范的"百科全书"以及在背后支撑着它的理性主义精神。如果说辞书提供标准的语义,那么百科全书则是对世界的规范阐释。在启蒙哲学家看来,对世界的阐释只有正确与错误之分,而不会有别样的知识,这是因为,他们深信,自然是唯一的,本质是唯一的,相应地,理性也是唯一的,即唯一正确地反映自然或本质的能力,反之就是蒙昧或迷信。于此由康德所开创的德国观念论哲学,其实并无多少进步,它只是在一个更复杂、更精致的层次上再次肯定了理性的普遍主义特征。

不过,重复总是意味着被重复者的永恒性和真理性。我们需要这样的"百科全书",通过它我们才能统一认识、协调行动,成为一个"共同体"。费瑟斯通发现,无论是狄德罗等人的"百科全书",抑或随后的《大不列颠百科全书》(*Britannica*),都具有"团结"和"社会化"的功能:前者"可被视为对于欧洲市民社会之建立的一个重要的介入,在这个社会里出现了自由讨论、对话、宽容和文化权力的问题"[②]——尽管费瑟斯通在此所着重的是它对专制政治和宗教迷信的颠覆作用,而我则愿意将此理解为一种"再社会化"的功能,即由于它而形成了现代社会的观念架构;毋需再绕着圈子发挥,后者"对于传记和历史的聚焦……意味着它不仅可被当作一部艺术和科学的辞典使用,如早先的百科全书那样,而且它

---

① Mike Featherstone *et al* (eds), *Theory, Culture and Society, Special Issue on Problematizing Global Knowledge*, vol. 23, no. 2-3, March-May 2006, London: Sage, 2006, p. 2.

② Ibid., pp. 6-7.

还把百科全书调校为创造民族文化和传统的一个新的方法"。在此"百科全书的功用从选择和呈现有价值的知识扩展到促成民族想象的形成"①。

在中国甚至整个东亚地区,例如韩国、日本,这种凝聚社会、构建民族身份的功能主要不是由百科全书而是由历史和神话来承担的。当然中国也有相似于西方百科全书的"类书",但它只限于对既往图书或知识的分类和编排,如果说其中也有"社会化"的功能的话,那么与狄德罗等百科全书派的战斗精神相比,它是含蓄的、敦厚的,如春雨之润物,温细无声。孔夫子对于往圣有"述而不作"的说法,如果说西方于知识尚"作",而在中国则崇"述",后世的"类书"即隐然禀承有孔老夫子所确立的祖述而非发明的知识传统。

或许在历史与百科全书之间做出区分并不特别关键,有意思的是它们所分别承载的"知识"却都具有社会化、民族化和国家化的功能。"知识"之所以能够发挥出这些实际性的功能,究其原因,来自于它所具有或者毋宁说它被相信具有的超越性因而普遍有效性:在前现代是神的超越性,在现代是人性的超越性,人为自然立法,人内在地具有规范性和普遍性。撤除普遍性的保证,知识将不再是知识,而只能流于柏拉图的"意见"状态。

这也就是说,所谓"知识"必然是"全球知识",例如以"辞书"或"百科全书"以及"历史教科书"形态所呈现的可靠知识。

二、"睹视"(vis-à-vis)与"面对面"(face à face)

但是随着全球化的愈益推进,"全球知识"以及对其全球性即放之四海而皆准的信仰便出现了深刻的合法性危机。全球化如果

---

① Mike Featherstone *et al* (eds), *Theory, Culture and Society, Special Issue on Problematizing Global Knowledge*, vol. 23, no. 2-3, March-May 2006, London: Sage, 2006, p. 7.

在纵坐标上寻找，它是对传统的现代化，而从横坐标看，它则是对非西方世界的西方化。前者涉及的是主体自身内部的问题，是"旧我"与"新我"的关系问题，而后者则被引入了一个陌异的"他者"，是以形成了一个自我与他者的新的张力场，不是胡塞尔—哈贝马斯的"主体间性"，不是彼此能够认出对方的"睹视"（vis-à-vis），而是列维纳斯—德里达的主体与他者间之不可相互抽象的即熟视而无"睹"的"面对面"（face à face）。

必须在这两种坐标之间做出严格的区分，否则将是理论和现实的灾难。启蒙运动以来的现代性西方思想在后果上最严重的失误就是对两者的混淆，确切地说，就是将传统与现代、新与旧之线性进步观平移到并不在此时空序列的其他文化。依照这种观点，只有一种世界史，一种不断进步的历史；只有一种文明，一种从低级走向高级的文明；只有一种知识，一种真理战胜了谬误的知识。以这一现代性思想为基础，殖民主义者或帝国主义建立起对于其他历史、文明和知识的优越感从而予以驯化和征服或美其名曰"解放"和"启蒙"的特权，因为相对于他们自身的发达状况，他者无非就是原始、史前、野蛮、愚昧和无意识的活化石。

由于不将他者作为他者，殖民主义的或帝国主义的全球化就是单一性的全球化，其中只有时间而无空间，只有历史学而无地理学；换言之，在此空间和地理的存在，他者的存在，其价值不过是为了验证时间之勇往直前的历史性推进力量。我们不想贬损殖民主义全球化表现于地理上的拓展，但这只是看得见的表面现象，在例如所谓"地理大发现"之背后隐藏着一个作为发现者的主体性意识以及一个消极的被发现者，即一个时间的领跑者和一个被时间所抛弃的落伍者。时间性是全球化的本质，是所以全球化之最内在的哲学依据。

不过来自于他者顽强的反约简，其反文化化的物理性存在，其总是位处某一地理场所，赋予全球化与时间一维相对抗的空间维度。全球化如果不是仅在时间维度上的空洞推进，如果不是殖民味十足的"发现"，那么它就还是与他者、空间和地理的"相遇""协商"、交往和对话，即反向的他者也在改变着主体，时间也在接受着空间的充实，历史也在成为地理的历史。费瑟斯通一方面看到全球化使我们愈来愈生活在"一个世界"，联系在强化，时空在压缩，一个"地球村"在形成，仿佛"我们彼此都生活在对方的后花园"①，但是他更愿意将此全球一体或全球一家描述为"全球**变易**（global *variability*）、全球**联结**（global *connectivity*）和全球**交往**（global *inter-communication*）"②等。显然在他看来，全球化不是同质化、标准化、制式化，而是一种差异性的交往，是霍尔试图建构的"在异之同"（commonness in difference）③，是如安吉拉·麦克罗比由此所推导出来的一个强有力的论断：所谓"普遍性"应当被理解为"一个协商的、无终点的过程"，"一个责任、认识和协商的切点"。④

揣摩费瑟斯通对于"全球文化"的界定，构成其基础的即是这样一种对于"全球性"或"普遍性"的动态的和不确定的理解："一个正在形成着的全球文化……绝不能被看作是被放大了的民族国家的文化，它提供一种包罗万象的整合性文化，尽管也存在着产生于民族国家的各种各样的全球化计划，或者文化的和宗教的运动。准确地说，我们最好还是将全球文化设想为一个场域，在那儿许多文化形式都被宣示出来，积聚着，碰撞着。"⑤或可如此臆度，在"一个场域"中的共处，可能就是"全球文化"即使不是全部的

---

① Mike Featherstone *et al* (eds), *Theory, Culture and Society, Special Issue on Problematizing Global Knowledge*, vol. 23, no. 2-3, March-May 2006, London: Sage, 2006, p. 387.

② Ibid., p. 2.

③ Stuart Hall, "The Multicultural Question", Pavis Paper, Faculty of Social Sciences, Milton Keynes: The Open University, 2000, p. 5.

④ Angela McRobbie, *The Uses of Cultural Studies*, London: Sage, 2005, p. 30.

⑤ Ibid., p. 390.

也是其主要的内涵,"全球"对于"文化"除了表示"范围"即"联系"而外,再不能给它强加任何更多和更本真的性质。

三、从"物自体"到"物彼此"

费瑟斯通不是哲学家,霍尔、麦克罗比当然也不能算是,但费瑟斯通和他们对于"普遍性"——在当前表现为"全球性"的空间性而非时间性、地理学而非历史学的重新阐说却无疑具有重大的哲学史意义。

普遍性不再是形而上学之本体及其出显或作用,它在时间中创造出整个世界并赋之以时间性,而自身却在时间之外,它是绝对的、永恒的、不可改变的,上帝是它的人格化,柏拉图的"理念"、亚理士多德的"形式"、康德的"理性"、黑格尔的"绝对"以及胡塞尔的"先验自我"是它不同时期的命名。普遍性不再是被康德从前门逐出而又从后门迎入的"物自体",而是我愿意称之为的"物彼此"(things-each-other)或"物关系"(things-in-relation),这里"彼此"和"关系"解构了普遍性作为"物"的实体性和因而的绝对性,于是"物自体"不再是"物",而是结构或超结构上的"相关"。由是观之,那个备受欢迎的"主体间性"概念就不能只是作为一个"交往理性"的概念,一个认识论的概念,而应该是本体论的或存在论的。在这一被本体化了的意义上,所谓"主体"就是主体间性,一主体为其他主体所介入、所干预,所占有因而所构成;离开了这种"彼此性"(each-other-ness)便没有任何意义上"主体"或"自我",无论是在身体的意义上或者是在文化的意义上。

在当代文化理论中,"混杂性"(hybridity)不只是文化所表现出来的特征,而且也是它的存在论构成;进一步说,由于这种存在的"混杂性"总是意味着不停地混杂着,那么处在"混杂"过程中的文化本质上也就是一种动态性的"物彼此",即一种关系了。

"文化"不是文化，而是"文化间性"。霍尔肯定了这一点："混杂性不是指混杂的个体，那类完全成熟的例如'传统人'和'现代人'等主体。它是一个文化翻译的过程，是不可知的，因为它从未被完成过，而是止于其未决状态。"①德里达、霍米·巴巴、厄内斯特·拉克劳、保罗·吉尔罗伊等均是这一观点的积极倡导者：意义在被"延异"，主体、身份、文化等都不是一劳永逸的，它必须参照"他者""缺席"或"外部"而获得其自身的存在。

这不难解，因为文化本质上并不是物质性的；难的是将物质性的东西解说成关系或功能。化学家这样做了，他们认为一物所以为该物，乃决定于其特殊的分子结构。中医对身体的解释或许更为典型，它使用"五脏六腑"这种西医解剖学的概念，但它们并不对应于什么具体的身体器官。有医生指出："中医学的'心'不是西医'心'；'肝'也不同于西医的'肝'；'脾'更完全与西医的'脾脏'无关。中医的'脏腑'是功能性的概念。"②这是否意味着对于物质世界的解说也可以是多元而有效的？

全球化突显了我们与他者的相遇，各种文化形式间的相遇。如果我们固守于自我，自我的时间、历史，以及在此基础上的进步观，那么不可避免的全球化必将成为人类的世界末日。与此不同，中国政府基于儒家"和而不同"的理念而提出的"和谐社会"或"和谐世界"（尧典早有"协合万邦"的表述）将为如何全球化提供一套不同于西方政治之单一全球化的新思路。霍尔的"在异之同"，按照他的本意，或许更是中国的"和而不同"，这就是说，"同"不是绝对的普遍性，而是费瑟斯通所谓的各种文化形式在"一个场域"中的相互"协商"，在此"协商"中，既有各方的主

---

① Stuart Hall, "Conclusion: The Multi-cultural Questions", in Barnor Hesse (ed.), *Un/settled Multiculturalism, Diaspora, Entanglements, Transruptions*, London and New York: Zed Books, 2000, p. 226.

② 区结成：《当中医遇上西医：历史与省思》，北京：生活·读书·新知三联书店，2005年，第115页。

体性表达,即"商"所提示的,又有它们之间的相互沟通和承认,如此就是"协"。

四、全球化应改写为"互域化"

费瑟斯通熟谙"和而不同"这一国际性的当代思想成果,及其于政治、文化和哲学方面的深长意味,但不同于其他思想家的是,他借此而迅即转向对"全球知识"的再界定。

对费瑟斯通而言,并无必要去全盘否定知识的普遍性或全球性,而是如何在对"全球知识"这一概念的保留中对它做出新的阐释,并因而得到一个新的"全球知识"概念,因为全球化毕竟首要地是一个客观存在的和有目共睹的既定事实。

他批评对于知识普遍性的幻想,指出任何知识都是"特定地点的产物,从历史上看,是欧洲或'西方'的产物"[①]。因而"地方化欧洲"的呼声就不只是一种义愤之词,在一个全球化的视野中,欧洲或西方无论在全球化过程中曾经发挥过或仍然在发挥着多么无与伦比的主导作用,但无法确认的是,它过去是惟一的全球化力量,实际上一直就有他者参预其中,否则,就不是全球化了;也不能预言,它将永远扮演过去那个主宰者的角色。从法国年鉴学派的"长时段"(longue durée)理论来看,例如开封在宋代就曾经是无可置疑的全球商业中心,它在文化上的全球性胸怀竟奇迹般地融化了犹太人,他们在世界其它任何地方都以对自身文化身份的执守而闻名。今天的中国经济尽管有诸多的不完善,但在调适中正坚定不移地融入和改变世界经济体系,以至于可以说,没有中国经济就不是真正意义上的世界经济。这随后也势必带来在"全球文化"形成中的中国要素和色彩。如果说既往的全球化可能如罗兰·罗伯森所描述的是"球域的"(glocal),的确,至少在形式上全球化一直是

---

① Mike Featherstone *et al* (eds), *Theory, Culture and Society*, Special Issue on Problematizing Global Knowledge, vol. 23, no. 2-3, March-May 2006, London: Sage, 2006, p. 2.

作为"全球性"的西方（the West）对那作为"地方性"的"其它"（the rest）的普遍性整合，但不可逆转的大趋势则是全球化将愈来愈不是"球域化"，它是一种殖民主义或帝国主义性的全球化，而是"互域性"（inter-locality）或"超域性"（trans-locality）。

这当然绝不是说，如费瑟斯通所承认的，介入全球化的"每一民族都有同等的能力影响其他民族"①，任何时候都不会出现这种力量的均衡，而是一种不可究问的超验伦理，若强问之则有宗教的原罪说，在神面前人人平等，但这不过是人们情愿如此的一种信仰，等于什么也未证明。人生而平等，扩大而言，各民族生而平等，与老弱病残、愚昧落后甚至野蛮都无关系，这是无需论证的天地良心。费瑟斯通对"全球知识"的空间化、语境化多多少少也是在说着全球化即"互域化"或"超域化"这一道德形而上学的不刊之论。基此，所谓"全球知识"就应当成为互域的或超域的知识，尽管在历史上乃至在当前的，例如世界银行和WTO等组织那里，它是被有意或无意地放大了的西方知识。

费瑟斯通据以挑战"全球知识"的另一论点是：由"长时段"观之，任何知识都具有"流散的特点"（diasporic character），"在任何文化或者任何时期，跨文化的借取和嫁接都本质地存在于其形成之中。"②他例举了从中国、阿拉伯和南亚而来的知识如何进入欧洲知识的形成过程，毋庸复述，这已经是妇孺皆知的历史常识了。而"今天，知识共同体更加流散和流布，理论更加迅疾地旅行于不同的文化圈"③，换成我们的语汇，知识是愈益地"互域化"或"超域化"了。看"新百科全书"导论卷的编撰体例，先是主要辞条，接着配以德里达意义上作为"增补"的辞条，前者一般表现为以西方为主导的"全球知识"，而后者则是来自于不同文化或区域的知

---

① Mike Featherstone *et al* (eds), *Theory, Culture and Society, Special Issue on Problematizing Global Knowledge*, vol. 23, no. 2-3, March-May 2006, London: Sage, 2006, p. 3.

② Ibid.

③ Ibid.

识，但是他们并不构成一种普遍与特殊的或"球域"互动的二元对立关系，而是意味着知识的未完成态或无尽头的开放性。这就是"新百科全书计划"所以为新的原因，即知识从来不是封闭的、完满的、普适的，而是位于某一点，但由于他者知识的闯入，这一点又是不稳固的。知识的形成是空间性的扩大，亦是时间性的更新。"新百科全书计划"以此编排方式呈现了知识形成的动态过程即其原生态。

可能略嫌悖论的是，为了挑战"全球知识"，一方面说任何知识都是地域性的，它是静态的，另一方面却又说从其形成上它便是"互域"或"超域"的，是动态的，即永远无法固定于某一具体之点。对此，费瑟斯通似乎并未觉察，自然也就未曾协调。我以为，其实，这正是全球化最内在的悖论，如我们在本文一开始就指出的，全球化既是现代性，又是后现代性，是对现代性与后现代性及其二元对立关系的扬弃。这里，现代性是指全球化主体对于其立身之点的自信、固执和目标明确的推进，而后现代性则是对主体身份的还原性解构，对其能够实现自身的怀疑。费瑟斯通以其对知识性质和形成过程的揭示而支持了这样一个崭新的"全球化"概念。

既然如此，对于费瑟斯通来说，在"全球知识"一语中寄身的"全球"就有了两方面的涵义：第一，它是普遍主义的同义词，第二，它同时又是反普遍主义的，是对知识之多样、复杂、混合、流动等品性的强调。对于前者，它是要挑战的；而对于后者，则是要着力倡导的。通过挑战走向一种解构的"全球知识"的建构。

（原载《江西社会科学》2006年第12期）

在异之统的知识生产
——西方现代知识话语的形成和新变

  阅读提示：综合考察康德、海德格尔、埃利亚斯、狄尔泰、曼海姆以及格罗斯伯格等人的知识论可以认为，所有知识的形成都是有规则的，因而知识的形态也必然是成体系的，但这种体系又不能是封闭的，它需接受历史、经验、社会与他者或异质的修正和更新，而被修正和更新的知识，既然作为知识，则又是能够返回或被纳入原先的系统，从而实现知识的更新，即是说，新的视野的获得或视野的扩大。知识从来就是动态性的，在系统和反系统之间通过"间在"对话而不断地循环和在循环中发展。

  关于知识的重要性，积极方面的说法最著名的有英国培根的"知识就是力量"（*Scientia Potestas Est*），而从消极方面言之，20世纪德国社会学家埃利亚斯的一个观点虽然不一定有这么知名，读来倒也是振聋发聩："没有食物或保护身体免于暴力的能力，人类族群就不能生存下去，而没有知识，人类族群也同样是不能生存下去。"①法国后现代哲学家福柯穷其一生可以说都在进行"知识考古学"工作，其目的无非是揭露给人以"规训和惩罚"的知识之形成机制。继承了其导师海登·怀特和斯图亚特·霍尔之精神衣钵，美国文化研究领军学者和理论家劳伦斯·格罗斯伯格于其最近的一篇文章中也在强调说："知识和观念很重要，好的知识和观念对于引导社会变革潮流的任何努力都很关键。而坏的故事则造成坏的政治，因为知识教导和构型战略和策略。"②

西方人一向重视知识及其种种作用，亘古如斯，以上所举仅仅是其中的几个显例。当然，我们中国人亦不外之，例如孔夫子便是"入太庙，每事问"，甚至"学诗"也有为了"学识"（"多识于鸟兽草木之名"）的考虑。

一、知识：从康德认识论的"先天"到海德格尔存在论的"先见"

知识何以对于人类是如此重要？西方哲学回答说是因为它背后暗藏着先天（先验）的法则，其先天性是说这些法则存在于经验之先，决定了经验之可能及其合法性。康德将此"先天"给予了时间、空间、因果性等直观范畴或形式，是它们保证了知识的普遍有效性。海德格尔对康德的这一"先天"做了现象学和存在论的解读或接读：其一，它们"使事物自身之显现对我们成为可能，也使事

---

① Lawrence Grossberg, "In Defense of Critique in Desperate Times", in Matthias Wieser & Elena Pilipets (Hrsg.), *Medienkultur als kritische Gesellschaftsanalyse: Festschrift für Rainer Winter*, Köln: Halem, 2021, S. 25.

② Quoted in the editors' "Introduction" to Norbert Elias, *On Civilization, Power and Knowledge: Selected Writings*, ed. & with an introduction by Stephen Mennel & Johan Goudsblom, Chicago & London: The University of Chicago Press, 1998, p. 27.

物之显现为在**这里**和**那里**、**这时**和**那时**一类的存在物成为可能"①；其二，这些法则具有"非对象化"的特点，它们可以生产出对象，而自身却在对象之外，即作为促成对象形成的外部动力。康德确有如此的诱导："不含质料的纯粹直观形式，其本身并非对象，而是对象（作为显象）之纯粹形式条件"②。对此，海德格尔谓之为"先见"（Vorsicht）；与此密切相关，其三，这种"先天"之知识是"此在"的"一种基本结构"③，他解释说："在先行的观看中，空间关系并非作为对象被把握，而是以非对象性的方式被给予我们。只要我们存在着，我们永远是已经存在于空间之中，不是将如此的空间当成一个对象，甚或作为一个主题。"④

显然，海德格尔给康德的认识论做了一个其"基础本体论"的大手术，而这一手术的逻辑后果便是他在《存在与时间》中将"先在""先有""先摄"作为阐释活动的基础和前提，没有先行具备的这些工具，任何阐释都是不可想象的："将某物之阐释为某物，这本质上是以先有、先见和先摄为基础的。阐释绝非对某给定之物所进行的无前提的领会。如果说特殊的具体的阐释例如那种精准的文本阐释喜欢引证'前人成说'（dasteht），那么早前那个'前人成说'也不过就是在阐释者视之当然和无需争辩的前意见。这种前意见必然存在于每一阐释的起始处，总是与阐释一道先已'被设定'，这也就是说，在先有、先见、先摄中被先行给出。"⑤阐释是**有以阐释**，是有规则、有逻辑、有先在和"现"在或"实"在的阐

---

① Martin Heidegger, *Phänomenologishce Interpretation von Kants* Kritik der reinen Vernunft, GA, Bd. 25, Frankfurt am Main: Vittorio Klostermann, dritte Auflage, 1995, S. 115.

② Immanuel Kant, *Kritik der reinen Vernunft,* 1, Frankfurt am Main: Suhrkamp, 2000, S. 306.

③ Martin Heidegger, *Phänomenologishce Interpretation von Kants* Kritik der reinen Vernunft, S. 129.

④ Ebd., S. 128.

⑤ Martin Heidegger, *Sein und Zeit*, Tübingen: Max Niemeyer Verlag, 2001, S. 150.

释。康德在讲授逻辑学时提出，任何事物都有其运行法则，无论我们是否能够意识到，他举例说："人们不了解语法也说话；而且不了解语法而说话的人，实际上有语法，并且是在按照规则说话，但他并没有意识到这些规则。"[1]

由康德所发现的这种**规则无意识**现象可以认为，海德格尔将前者之"知性"转变为他本人的"此在"或"此在"的基础性存在，绝非无根无据的随意发挥。康德承认过既然有显现，那就必然是有某物在显现，而对此，海德格尔的现象学则仅仅是说，有规则、有知性参与其中的显现仍然是显现，且是同一物之显现，在物自体与其现象之间并无什么知性的断裂。

二、知识与传统、历史和社会

康德知性范畴的设定固然不无道理，但对于普通人而言还是过于抽象玄虚和莫测高深了。这些范畴于人们的日常生活能有什么效用呢？康德知性范畴的意义或许只在于告诉人们认识或知识的构造是有"法"可依的。不是不能承认康德知性原则的存在，但必须说其存在总是具体之存在，或者说，存在于具体的人类活动之中。因而，为了更贴近地观察和诠释人类社会的发展变化，就需要寻找那些位于具体层面的"知性"，具体的规则、具体的原型、具体的价值、具体的组织系统等，它们必须与社会活动发生具体的联系。这样的"知性"，如果谁愿意，也可以隐喻性地名曰"文化基因"。

与作为哲学家的海德格尔趣味相一致，作为社会学家的埃利亚斯重新解释了康德知识的先天性，这就是先于个体的知识传统。一方面，他承认作为一种自然天赋，人类确实拥有对事件进行综合或连接的潜在能力，但在另一方面则坚持，"他们所建立起来的一切特殊的连结以及他们在其交往和反思中所使用的一切相应的概念都

---

[1] [德]康德：《逻辑学》，载《康德著作全集》第9卷，李秋零主编，北京：中国人民大学出版社，2010年，第10页。

是学习和经验的结果，这不仅对于每一人类个体如此，而且对于一个漫长的人类世系亦复如是，他们把知识一代又一代传递下去、学习下去"①。显然，埃利亚斯不太属意于将康德之先天范畴作为某种与经验无关的、超脱的纯粹精神结构，而是转过身来对它们进行历史化、传统化和社会化的处理，即将其作为学习、经验和实践的产物。他以时间为例，指出对时间的认识或计算在人类史上有一个不断变化的过程，古人不论，即便在近代以来就有从牛顿时间向爱因斯坦时间的更迭，除此之外，他还设想在未来高度个人化的社会里，兴许还可能出现以个人的生命阶段来给社会政治事件计时的新情况。不过，这前提是每个人由于经历不同而一定具有不同的时间体验。

早在社会学家埃利亚斯之前，哲学家狄尔泰就已经将康德的"先验"置于"经验"之中，将无时间性的"时间"置于具体的、流动的"时间"之中。他一方面同意康德对于使认识成为可能的那些先决条件的假说，但另一方面又严厉批评康德的先验性是"死板的"，他认为这些先决条件是历史地形成和变化的，是"活生生的历史过程的组成部分，它们发展着，并有自身的历史"，而且反过来说，"历史之充满活力的过程甚至还影响着我们进行思想的那些表面上看来是僵硬的和死板的条件"。②如果说康德坚持的是"纯粹理性"，那么狄尔泰则是"历史理性"，即认为所有理性都是历史性地变化和发展的。我们知道，狄尔泰将其毕生的哲学事业描述为"历史理性批判"③。但他并非与康德绝然对立，而是既坚持康德所假定的先验形式，且亦要求将这些形式向历史开放，接受经验的挑战和修正，在先验与经验的互动循环中一步步逼近事实或真知。

---

① Norbert Elias, *On Civilization, Power and Knowledge: Selected Writings*, p. 254.
② 参见［英］H. P. 里克曼：《狄尔泰》，殷晓蓉、吴晓明译，北京：中国社会科学出版社，1989年，第240页及之后。
③ 参见［美］鲁道夫·马克瑞尔：《狄尔泰传：精神科学的哲学家》，李超杰译，北京：商务印书馆，2003年，第1、164页。

对康德先天性知识论的集大成式批判是据信早由马克思启动①、舍勒对其命名,但直到20世纪30年代才羽翼丰满起来的"知识社会学"思潮或流派。其主要思想是反对知识的先天性以及逻辑演绎性,而认为一切知识都是后天的和经验性的,与知识生产者的社会存在密切相关,如其杰出代表卡尔·曼海姆所界定的:"作为一种理论,它试图分析知识与存在之间的关系,作为历史—社会学的研究,它试图追溯这种关系在人类思想发展中所具有的表现形式。"②这简单说就是,知识社会学致力于研究一定的社会存在是如何造成这种而非那种知识(内容)和知识形式,或者说它致力于寻找知识的社会性根源,建构知识的社会决定论。曼海姆这显然是针对康德的背反:"认识过程实际上在历史上并不根据内在法则发展,该过程并不只是跟随'事物的本质',或'纯粹逻辑的可能性',它也不是受某种'内在的辩证法'的驱使。相反,实际思想的出现和结晶,在许多关键方面受各种各样超理论因素的影响。这些因素与纯理论因素相反,可以被称作存在的因素。"③因此有学者正确地将曼海姆知识社会学的首要论题归纳为:"知识出现为两种主要形式:第一种形式是政治知识和人文社会科学知识,它'受制于存在(seinsgebunden)',即是说,它'依赖于情境'或'与情境相关'。这种知识是'意识形态性的':它为其持有者的生存条件所决定。"④还有学者更是一针见血地指出,知识社会学的终极任务就

---

① 这是卡尔·曼海姆的论断:"知识社会学实际上伴随马克思而出现,他的深刻的富于启发性的洞察,深入到了事物的本质。"([德]卡尔·曼海姆:《意识形态与乌托邦》,黎鸣、李书崇译,北京:商务印书馆,2000年,第315页。)应该说,知识社会学的渊源比较复杂,马克思只是其来源之一,例如曼海姆接着就提到了尼采以及弗洛伊德等。

② [德]卡尔·曼海姆:《意识形态与乌托邦》,黎鸣、李书崇译,北京:商务印书馆,2000年,第269页。

③ 同上书,第272页。

④ Martin Kusch, "Philosophy and the Sociology of Knowledge", in *Studies in History and Philosophy of Science*, vol. 30, no. 4, p. 658.

是"对人类理性的社会学批判"①。这种将知识生产置诸存在情境的做法在我们看来应该是凸显了知识的社会客观性、从而其现实性和真理性，但在欧美社会学内部则恰恰相反，它被认为是剥夺了知识的真理性，是所谓的"社会学主义"②，迹近乎相对主义："一个历史主义的知识社会学导致相对主义，认为被接受为'真理'的东西乃是依环境而定的。"③所谓"依情境而定"也就是依情境而不定，即随情境之变化而变化。在战后一个时期的许多美国社会学家看来，曼海姆范式毫无疑问就是典型的相对主义，尽管他反复辩白其要义实乃对"关系性"（relationality）的强调。我们知道，"关系性"距"相对性"并不遥远，甚至也可以说，"关系性"必然意味着"相对性"。知识若是拘泥于某种特定的"关系"，结果必然是具体而有限的知识，即"相对"于此关系来说是正确的知识。而批判者则坚持，一切科学定理必定是超越时间地点，所谓"放之四海而皆准"，即便社会法则亦不能例外。

引经据典，读者或嫌转弯抹角了，我们的目的只在于说明，知识的形成是有规则的，因而知识的形态也必然是成体系的，但这种体系又不能是封闭的，它需接受历史和经验的修正和更新，而被修正和更新的知识，既然作为知识，则又是能够返回或被纳入原先的系统，从而实现知识的更新，即是说，新的视野的获得或视野的扩大。

---

① "社会学主义"这项帽子有多种描述，若根据舍勒，它说的是"通过社会学地阐释现代科学而贬低其价值"（见 Martin Kusch, "Philosophy and the Sociology of Knowledge, p. 663），即社会学对政治知识、意识形态知识或权力话语的研究是为了揭穿其虚假性。这可以解释曼海姆对于知识与社会关系的探究何以对于后来的文化研究、后现代主义和后结构主义话语、殖民性和后殖民性研究仍然保持为一个核心之关切（See M. H. [Behrooz] Tamdgidipp, "Ideology and Utopia in Mannheim: Towards the Sociology of Self-Knowledge", in *Human Architecture: Journal of the Sociology of Self-Knowledge*, vol. I, no. 1, Spring 2002, pp. 121-122）。

② Quoted in Martin Kusch, "Philosophy and the Sociology of Knowledge", p. 655.

③ Henrika Kuklick, "The Sociology of Knowledge: Retrospect and Prospect", in *Annual Review of Sociology*, vol. 9, 1983, p. 290.

三、信息对知识的挑战

20世纪以来,社会进入"信息爆炸"时代,尤其是进入21世纪以来,随着国际交往水平和互联网技术之日新月异的发展和提升,信息的湍流已经从"外爆"进入波德里亚所谓的"内爆"的新阶段,这种"内爆"摧毁了信息的深度或其真实与虚构的区分,只留下一维的即平面化了的信息。人们变成了为信息而信息,不是从信息中获得知识,而是从信息中获得对空虚的填补,获得情感的暂时愉悦,从而好像也是为了陷入更大的情感饥渴。失去了深度的信息,便不再具有任何的"意义"指谓①和认识价值。或许某一具体信息是有指谓的,但次第而来或者蜂拥而来的众多信息则使得原初各自的指谓变得无足轻重。信息的意义不再重要,重要的是信息能够带来娱乐。于是一个"娱信"(infotainment)的时代登场了!这种作为时代标志的"娱信",并不只是意味着信息兼有娱乐性,而是极端地宣称:"娱信"之外不再有"信息"。

作为知识的一种形态的信息何以最终背离了知识生产和传播的初衷?麦克卢汉的"媒介即信息"透露了其中的部分消息。如果说在康德知识的形成需要经由知性范畴的筛选和整合,那么在技术社会,知识的发布和获取则需要借助各种形式的媒介,而媒介又不是如我们想象的那样忠实于其本来的职能,不增不减其所媒介的内容,而是如同康德知性范畴的蛮横,一是不经此径便不可能产出知识,二是一旦经由此径,所生产的知识便被赋予了此径的本质和特色。这就是麦克卢汉所谓"媒介即信息"的深意:媒介不再是传递信息,而是构造、创造信息;进一步,如果说媒介只是传递信息,那么这样的信息也就是知识,就是真的知识,但如果媒介还要介入

---

① 波德里亚描述说,"内爆"根本上就是"意义的内爆",没有"因果",没有"差异",没有"间距"(gap),没有主客体之分,甚至连"维度"也不再存在(见 Jean Baudrillard, *Simulacra and Simulation*, trans. Sheila Faria Glaser, Ann Arbor: The University of Michigan Press, 2010, p. 31)。

知识的生产和传播，将其本身的特性强行注入知识，那么经此一番操作，知识多半就变成了信息。在其著名的《后现代知识状况》一书中，后来的利奥塔正是在这一意义上指证了因为新媒介的出现和普及而造成的知识（savoir）向信息（information）的滑落："由于各种仪器的规范化、微型化和商品化，知识的获取、分类、处置和利用等操作在今天已经发生了变化"；"在这种普遍的转化中，知识的性质不会不受触动。知识只有被转译为信息量才能进入新的渠道，成为可操作的。因此我们可以预料，一切构成知识的东西，如果不能这样转译，就会遭到遗弃，新的研究方向将服从于其最终成果变为机器语言所必需的可译性条件。不论现在还是将来，知识的'生产者'和使用者都必须具备把他们试图发明或试图学习的东西转译到这些语言中去的手段"。这种"信息技术的霸权带来某种必然的逻辑，由此生出一整套规定，它们涉及的是那些被人当作'知识'而接受的陈述"。[1]知识必须接受信息的逻辑强权，否则便无法存在下去。这就是利奥塔为我们撕开的残酷真相。那么，知识之信息化的后果是什么呢？或者说，信息又有什么特点呢？麦克卢汉由于将媒介作为人的器官的延伸，他看到的是每一媒介的感性后果，也就是原先感觉平衡的破坏和随之的重建，因而其信息便是美学性的。利奥塔有所不同，他关注的是知识的信息化促成了"知识为了出售而被生产，为了在新的生产中增值而被消费"，这就是说，知识"不再以自身为目的，它失去了自己的'使用价值'"而唯交换价值是图，成了一种"价值形式"。这种现象，利奥塔从知识主体的角度称之为"知识的外在化"（extériorité du savoir），即知识不再与主体自身的建造（教育）有关，不再内在于主体，而是蜕变为其

---

[1] [法]让-弗朗索瓦·利奥塔尔：《后现代状态：关于知识的报告》，车槿山译，北京：生活·读书·新知三联书店，1997年，第2页。依据此书法文版（François Lyotard, *La Condition Postmoderne: Rapport Sur Le Savoir*, Paris: Minuit, 1979）对引译有所改动，不做说明。

身外之物。①换言之，在我们看来，这可以叫作"知识的客在化"，即知识成了主体的外在对象。

无论麦克卢汉抑或利奥塔，都没有直接断言过知识的信息化必然带来其娱乐化，没有简单地宣布过信息即娱信，②他们说的是信息改变了或者屏蔽了知识之真实所指，即它的真理性内容，在麦克卢汉是信息把真实交给了新的感受性，在利奥塔是信息演变为价值形式而与其实际的使用价值无关，那么这实际上便是说知识的信息化为其走向娱信铺平了道路，因为消费时代的娱乐都是以真实性的丧失为代价的，唯有解除真实性的累赘，美的花絮才能升腾和飘浮起来。信息在利奥塔与知识的脱离，就是形象在波德里亚与现实的脱离，而我们知道，波德里亚曾经令人信服地论证过，是拟像即形象的空洞化造成了一种"泛审美化"的现象。在此需要即刻补充，利奥塔所发现的"知识的外在化"，即我们所称的"客在化"，亦即通常所言的"对象化"，也是美学文论中"形象化"一语的哲学称谓，例如海德格尔在其名文《世界图像时代》就是将图像化、形象化与分裂了主客体的对象化等而视之。除"娱信"而外，信息当然还有许多其他特点或后果③，在不同的视角中呈现不同的面孔，但与现实的切割而趋向于纯形式以及对象化、从而审美化，无论如何都是其中最醒目和最重要的一个。

事实上，在包括我们文学理论在内的整个人文科学领域，也一

---

① ［法］让-弗朗索瓦·利奥塔尔：《后现代状态：关于知识的报告》，车槿山译，北京：生活·读书·新知三联书店，1997年，第3页。

② 波兹曼曾借麦克卢汉"媒介即信息"这一命题发挥说，电视这种媒介形式本性上是适合娱乐的，而不适合讨论严肃的、有深度的问题："电视对话会助长语无伦次和无聊琐碎；'严肃的电视'这种表达方式是自相矛盾的；电视只有一种不变的声音——娱乐的声音。……换句话说，电视正把我们的文化转变成娱乐业的广阔舞台。"（［美］尼尔·波兹曼：《娱乐至死》，章艳译，桂林：广西师范大学出版社，2004年，第106页）

③ 参见［加拿大］罗伯特·K.洛根：《什么是信息》，何道宽译，北京：中国大百科全书出版社，2019年。

样存在着信息外爆,乃至内爆的喧嚣与骚动。新的学说和宣言此起彼伏、应接不暇,号称是新的资料和隐私被不断抖落出来,学术研究娱乐化、表演化、舆论化、情绪化、枕边化(即追求枕边书),著述中的注释和引文琳琅满目而唯独不见问题与主义。这些都是"信息",都是被各种动机或者根本就是无动机所推出的以"学术"为名的"信息"。当然这也并非说此类"信息"一无是处,我们的意思是要将那些杂乱无章的、无意义内涵的"信息"进行清理和整理,将其提升和转变为有意味的"知识"。学术研究的天职不是制造"信息",而是生产"知识"。在一切都被信息化了的现时代,人们尤其需要"知识",需要有体系的知识。

不过,我们也懂得,学术研究并非一开始就能进入"知识"的状态,我们应对局部的、零散的学术突进和探险致以最高的敬意,没有这些学术求索,将不会有"知识"的诞生。对先贤时俊的"信息"进行体系化重组,将其提升为"知识",这可能是对他们的劳绩和神思之最好的礼敬和传扬。

四、复数知识或多元知识

我们虽然将生产"知识"悬为最高之鹄的,但对"知识"一旦形成便可能导致的思维僵化也是要保持戒心的。如前所述,狄尔泰早就意识到了这种危险,他因而诉诸经验或生命体验来丰富、更新和检验既定的知识,让知识与经验循环起来,用马克思主义的术语说,让真理进入实践,让实践生出真知。知识没有终点,任何所宣称的"知识"都是有条件的知识。相对于更新的"知识",之前的"知识"(knowledge)可能就只算是"意见"(opinion)了。

如果说海德格尔、埃利亚斯和狄尔泰对康德知识论之规范之修订主要侧重在一种历史和一种文化之内部,那么进入20世纪,特别是冷战结束以后,即由全球化之迅猛推进而导致的世界之被不断整合与碎化的最近三十余年,知识的有效性和普遍性则是日益受到各种复数知识或多元知识的质疑和挑战，任何一种知识要想成为所谓之"知识"，成为全球之知识，就必须接受来自其他知识的检验、修订和链接。

英国社会学家费瑟斯通和费恩告诫说，虽然我们在知识生产中笃信不疑于创造一种"普遍而通用的知识，即对所有时间和地点的人都一样有效的知识"，但实际上"很清楚，这种知识不过是特定地点的产品，即从历史上说，是欧洲或'西方'的产品"。① 因此，依据美国印裔后殖民理论家迪佩什·查卡拉巴提（Dipesh Chakrabarty）的提法，这就有了"将欧洲省域化"（Provincializing Europe）的必要性以及合理性，即是说，不能继续将欧洲作为全球、全人类和绝对价值的代表，它只是一个地区、一个族群、一种价值、一种文化，是特殊的而非普遍的。查卡拉巴提呼吁："资本主义现代性的问题不能再被简单地认为是一个有关历史过渡(transition)的社会学问题……，它也是一个有关迻译（translation）的问题。"② 其实，更准确地说，资本主义从一开始便兼有从传统向现代转换与从西方到他方乃至全球这样两种过程，因而其相应的知识支撑从来都不纯粹是西方的，而是同时涉及对他者和异质的想象和实现。就其本质来说，资本主义必然是流动的和跨界性的，以自身为中心向全球扩张，但一个悖论性的后果则是其中心性的消失，所有的国家都变成了全球的一个地方。全球化时代没有中心，没有绝对的控制，而只有关系和相互作用。

在前引文章中，格罗斯伯格也谈到知识的跨界性，虽然他主要是指学科之间的对话性跨界，但其原则也同样适用于跨文化之间的对话："这样的对话不承认一种'本真的'理性形式，而是视之为对话自身的一个多元的、变动着的建构。这样的对话不追求同质

---

① Mike Featherstone & Couze Venn, "Global Knowledge and the New Encyclopedia Project: Introduction", in Mike Featherstone *et al* (eds), *Theory, Culture and Society, Special Issue on Problematizing Global Knowledge*, vol. 23, no. 2-3, March-May 2006, p. 2.

② Quoted in ibid.

性、统一甚或一致；相反它们包含了欢乐激奋的实践，一种致力于追求在异之统（unities-in-difference）的持续变化的异见。"[①]格罗斯伯格此处所言之"统"（unities）不是绝对的、唯一的"统一"，而是相对的、复数的、开放了各种可能性的"统一"，这样的"统一"与其说是"统一"，毋宁更贴切称之为"表接"（articulation）或"链接"（linkage）。

据此，如果说从前知识被规定为统一的、有形式的，那是排斥了杂多、杂质和异类的柏拉图意义上的统一或形式，那么如今的知识则被要求建立在差异性需求和体验之上的统一，是为差异性所修饰的统一，于是乎有多少种差异，便会有多少种统一（样式）。或许无法确定理性的原初形式是否只有一种，但可以看见的是理性具有无限多样的文化表达，而如果能够肯定这一点，那么对于那些与我们自身文化不尽相同甚或相悖的其他知识形式，我们至少应当采取宽容的态度，进一步，走向对我们自身知识的反思以及可能的拓展。"见贤思齐"容易做到，但练就"多元文化素养"可就难多了。

五、知识的变革性力量

在一个"学以致用"的中国文化语境中，也许我们还有必要不嫌重复地申明知识的功用。马克思也是持"学以致用"的态度，他告诫说，哲学家不能满足于解释世界，关键是改变世界，但他这样说并非要否定理论或知识的作用，我们知道，他冀望理论掌握群

[①] Lawrence Grossberg, "In Defense of Critique in Desperate Times", in Matthias Wieser & Elena Pilipets (Hrsg.), *Medienkultur als kritische Gesellschaftsanalyse: Festschrift für Rainer Winter*, S. 25.

众，从而转化成为改变世界的物质力量。①

如今没有谁再相信语言的魔咒般的乞灵力量，但语言本身所包含的行动性，如王阳明"知行合一"之所谓的，如奥斯汀"言说行为"之所表明的，以及语言所导向的行动和变革，也是人所承认的。而且即使迷恋语言游戏的后结构、后现代诸家也不是没有可能走出"语言的牢笼"（尼采语）的，他们没有一些人所批评的那么迂腐、那么书生意气，他们之所以醉心于语言批判、直击语言游戏，乃是为了反抗权力借由语言而行使的专制和压制，将生命、无意识和他者解放出来。嘲讽"结构不上街"其实是不了解结构的意图。结构主义者属于20世纪最激进的那批社会革命家，其与存在主义者的不同，也仅仅是所诉诸的工具不同而已，目的都一样。

举一个多数人较为陌生的例子，德国戏剧家海纳·穆勒（Heiner Mülle）被认为是后现代文学的一个代表人物，但他特别赞赏卡夫卡的一个说法，"文学是人民的事业"，而言及"文学"，穆勒指的是作为"语言"艺术的"文学"，于是他才会如此接续发挥说："文学通过参与语言运动而参与历史，这一语言运动首先体现在大众语言上而非纸面语言上。"② 显然，在穆勒看来，语言运动于社会运动没有间隔，不仅没有间隔，而且是一体不二，语言革命本身就是社会革命。

结语：走向在异之统的知识

一会儿说知识要"先天"形式，一会儿又说知识要落地为经验

---

① 这里浓缩了马克思的两个著名观点，一是"理论一经掌握群众，也会变成物质力量"（[德]马克思、[德]恩格斯：《马克思恩格斯选集》第1卷，北京：人民出版社，1995年，第9页），二是"哲学家们只是用不同的方式**解释**世界，问题在于**改变**世界"（同上书，第57页。黑体原有）。

② Heiner Mülle, "Reflections on Postmodernism", in *New German Critique*, no. 16, Winter 1979, p. 57.

和文化，并警告"知识"不能堕落为"信息"和"娱信"，最后还要求采取一个"多元文化素养"的知识观，这不是自相矛盾吗？

不错，这的确是矛盾，但在现实世界里，知识原本就是多元的、矛盾的，各行其"是"的，甚至关于"知识"是不是多元和矛盾的问题的认识也是多元的和矛盾的。于是法国汉学家兼哲学家弗朗索瓦·朱利安干脆要人们放弃立场和偏见，要做到"圣人无意"，即"不提出任何观念"①，因为"一切首先提出的观念已经是狭隘的观念：它一开始就会独霸一切，并在独霸一切的同时，让人放弃其他一切"②。他非常欣赏儒家的"执中"概念，即不执守于任何一个极端，但同时也注意到若是"执中"而不知"权"（变）③则仍然是执其一端，非智慧之"中"。④朱利安这一阐释自孔孟的想法固然高明，但任何一种变化，任何一次对变化的认知和作为视角的使用，都难以逃脱其作为"一端"的宿命。诚如海德格尔和伽达默尔所揭示的，任何阐释都是带有偏见的阐释，甚至也可以说，偏见是阐释之成为可能的先决条件。

因此，对于知识的多元和矛盾来说，可推荐的解决之道便不是"无意"，也不是"执中"，而是将各种知识置于间在的对话之中。勇于对话，既是知识的自信，也是知识的自觉，唯此，一个全球知识共同体才有望形成。这一知识共同体的特点乃是格罗斯伯格所谓的"在异之统"或孔子所谓的"和而不同"，其中每一种地方的知识既不丧失其自身，也同时将其自身及其特点呈现给共同体。

---

① ［法］弗朗索瓦·于连：《圣人无意或哲学的他者》，闫素伟译，北京：商务印书馆，2019年，第7—8页。（"于连"现已通译为"朱利安"。）

② 同上书，第8页。

③ "权"者兼具权衡和变通二义。朱熹在注释孟子"执中无权，犹执一也"时指出："权，称锤也，所以称物之轻重而取中也。执中而无权，则胶于一定之中而不知变，是亦执一而已矣。"（朱熹：《四书章句集注》，北京：中华书局，1983年，第334页。）

④ 参见［法］弗朗索瓦·于连：《圣人无意或哲学的他者》，闫素伟译，北京：商务印书馆，2019年，第32—33页。

凡呈现必为言说，必为话语，无论呈现的是多么特别的东西，因此还是那句老话，"差异即对话"①。再啰嗦一句，只要言及自身的特性，就已经考虑到身外的他者了。

（原载《福建论坛》2021年第10期）

---

① 详见金惠敏《差异即对话》（北京：中国社会科学出版社，2019年）一书的论述。

文明对话视域中的人文科学研究
——对汉学主义以及后现代主义论争的反思和批判

  阅读提示："汉学主义"作为对国外汉学的定性和批判是新世纪中国学术的一大景观，有较多的关注和较深入的讨论。但从对话论角度，尤其是将对话作为"个体间"对话即"间在"对话的观察还不多见。对话是个体之间的对话，不是主客体之间的对话。主客体之间没有对话，而只有认识。汉学主义批评要求剔除学术研究中的意识形态干扰而追求纯粹客观的知识，这在对话论看来就是一种实证主义的机械认识论。尽管其有效于自然科学，但施之于人文科学则是一种僭越。在人文科学领域，特别是其中的异域异质研究，以对话论模式替代反映论模式应当提上议事日程。这是学术发展自身的逻辑演进，也是全球化时代以文明对话取代文明冲突之大势所趋和天理所在。

  人文科学与自然科学究竟有什么区别？貌似经过著名学者巴赫

金的著名界定之后,在理论上已经不成其为问题了:自然科学处理的是无言的客体,因而研究者与其研究对象是一种主客体关系,而人文科学面对的是文本,是另一主体的言说和话语,因而人文科学在本质上就是主体间性的对话。简明言之,前一种关系属于认识论范畴,而后者则可归于对话论。认识论性质的自然科学追求对象本身的真实,其评价标准是符合论,符合者为真,不符者为伪,即是说,自然科学研究存在真伪之分;而对话论性质的人文科学,虽然其研究也有科学性的要求,即深入地贴近和知晓对象,但主要目的则在于对话:不是反映,而是反应、回应;不是"解释"、改造、控制、整合"对象",而是"理解"、尊重、包容、和合(和而不同)"他者",①这一他者永远葆有自身之存在,不是那种作为自我之投射的对象,因而精准言之,如此的对话便不再是胡塞尔"主体间性"意义上的对话,而是笔者所谓的以"个体间性"为基础的"间在对话"。

如果说巴赫金对人文科学的特性之强调和凸显,用于一种文化传统内部的研究,例如中国学者对自身文化历史的研究,对于当代社会的研究,对于一般性理论的研究,尚待进一步的推敲和厘定(对此欧美文化研究和批判解释学有不少发人深省的论辩②,但我们不太能够接受其对内部异质问题的声张),那么对于跨文明和跨文

---

① 巴赫金认同狄尔泰以"解释"和"理解"辨识自然科学和人文科学之方法论异同,并进而明确地分别赋予其"独白"和"对话"的性质,他说:"在进行解释时,仅仅存在一个意识,一个主体;在进行理解时,则存在两个意识,两个主体。对客体不可能有对话关系,因而解释已失去对话元素(除了形式—修辞学上的)。理解在某种程度上总是具有对话性。"(转引自[波兰]博古斯拉夫·祖尔科:《巴赫金观点系统中的人文科学》,周启超译,《社会科学战线》2016年第4期。相关论述亦可参见[苏]巴赫金:《人文科学方法论》,《巴赫金全集》第4卷,石家庄:河北教育出版社,2009年,第379页。)

② See Hans-Herbert Kögler, "A Critical Hermeneutics of Agency: Cultural Studies as Critical Theory", in Babette Babich (ed.), *Hermeneutic Philosophies of Social Science*, Berlin/Boston: De Gruyter, 2017/2019, pp. 63-88.

化的人文科学研究，进而言之，对于如今文明互鉴、文化对话视域下的人文科学研究，具有毋庸置疑的参考价值。

对话理论如今被广泛地使用于当代国内外政治、经济和文化、乃至当代社会的一切领域，其广泛和普及程度几乎取缔了该词原有的基本词义，而成为一种通用通行的新废话，所以研究对话本身或者运用已有的对话理论，都可能被鄙夷为一种老生常谈，一种无的放矢的空谈或废话，即便往好处说，对话亦不过是处在一种被熟视无睹的状态。我们需要唤醒学界的对话意识，但其前提工作不是重复而是更新已有的对话理论，即对话如果不是间在的，不是个体间性的，那么它就仍然未能跳出反映论的领地：纯粹话语层面的对话，即建立在主体间性之上的对话，例如在哈贝马斯那里，终究不过是一个所谓的"理性"之独白、甚至霸权。不假定个体的存在，就不会有反应性的对话，和而不同的对话，这即是说，对话中一定含有不可付诸对话的元素。

本文拟从间在对话论的角度，对在国内外争辩已有时日的"汉学主义"及其所依托的后现代主义进行反思和批判。其最终目的是在当今文明互鉴、文化对话总体语境中，在国内"新文科"建设的时代吁求中，将间在对话论引进人文科学研究，尤其是其中的异质研究（即对其他文明文化的研究，如西方汉学、中国的外国研究等），以达成一个从反映论模式向对话论模式的转换。

一、汉学主义的一个错误假定：意识形态与客观知识的对立

"汉学主义"是对国外汉学之根本"错误"倾向的一种批判。表面看来，这种批判似乎证据确凿、真理在握、义正词严，但仔细阅读下来，则会发现这种批判本身还是有待进一步批判的。笔者的观点是："汉学主义"批判的武器是源起于法国实证主义的机械反映论，以自然科学为其典范，但当被转用于人文学科时，尤其是具

有对话性质的异质研究时,便显出其僭越,因而无能和无效来。不消提起,任何理论都有其适用的边界,因为理论是视角性的,一方面是洞见,一方面是盲视。

学界关于"汉学主义"的讨论已然熙熙攘攘,也有论争文章的汇集①和专书的申述②,因此本文就不拟从头说起、不厌其详了,而是单刀直入,在其肯綮处下功夫。挂一漏万,在所难免,好在所遗所漏均在内行读者掌握之中。闲言少叙,让我们即刻转入正题!

"汉学主义"的命名者和阐述者发现西方汉学存在着根深蒂固的"汉学主义",他们甚至要在西方汉学与"汉学主义"之间划上等号。如周宁先生所称,"广义的汉学与其说是一门学问或知识体系,不如说是一种意识形态",他不是说汉学中存在着"汉学主义"的因素,这样说兴许还有部分道理,而是相反,决绝地坚持"汉学包容在汉学主义中",言下之意乃是说,汉学不过是"汉学主义"这一西方意识形态的"传教士"或传声筒,它没有什么"知识"的属性,而只有意识形态的毒性。或可承认汉学的知识性和学科性,但周宁则警告我们必须认清,这一学科只是在权力的支配下生产那种为权力服务的知识和话语。知识与权力狼狈为奸,相互确证、怂恿和强化。西方汉学本质上都是汉学主义,从早期阶段直到改换了其名称"中国研究",莫不如此,始终如此,即完全是西方殖民主义者对中国历史和现实的意识形态虚构和想象。③显然,周宁对汉学是本质否定(质)和全盘否定(量)的。

顾明栋先生试图与周宁的极端主义拉开距离,他先后给出"汉

---

① 顾明栋、周宪主编:《"汉学主义"论争集萃》,北京:中国社会科学出版社,2017年。

② 顾明栋:《汉学主义:东方主义与后殖民主义的替代理论》,张强等译,北京:商务印书馆,2015年。

③ 参见周宁:《汉学或"汉学主义"》,载《厦门大学学报》(哲学社会科学版)2004年第1期,第5—13页。

学主义"的五种①和八种②描述或定义，以尽可能包括和包容各种不同的言说，显示其作为学者的客观谨慎、综合以及温和。但实际效果是，他最终仍旧未能说服我们相信他真的提供了一种新版本的"汉学主义"。

顾明栋对"汉学主义"的基本理解依然停留在周宁的判断和批判上："从整体上看，它作为一个知识系统，建立在以西方为中心的种种观点、概念、理论、方法和范式构成的总体基础之上。其理论核心是以认识论和方法论的殖民化与自我殖民化为中心的一种隐性意识形态。"③西方汉学，无论其美化抑或是丑化中国，让顾明栋忧虑的是，它们都不能达到"对中国及其文化的客观认识与再现"④。通过对"汉学主义"的批判，顾明栋所要达到的目的是"尽量远离任何形式的歧视、偏见、主观性和政治干扰"，以便"尽可能客观公正地生产中国知识"⑤。但既然"汉学主义"的核心是永远无法摆脱或隐或显的意识形态及其控制和"干扰"，既然如其言之凿凿，"一切知识都是构建的叙事，而构建者都有意无意地受制于某种意识形态"⑥，那么完全符合中国本来面目的知识也就不可能如其所愿地生产出来。对顾明栋而言，远离"偏见"云云、尽可能"客观"等等也就只能作为一种主观努力而非实际后果了。于是，当其宣称"汉学主义不是汉学，而是异化了的汉学研究"⑦时，他无非告诉我

---

① 参见顾明栋：《什么是汉学主义？——探索中国知识生产的新范式》，载《南京大学学报》（哲学·人文科学·社会科学）2011年第3期，第118页。
② 参见顾明栋：《"汉学主义"引发的理论之争——兼与张西平先生商榷》，载《南京大学学报》（哲学人文社会科学版）2016年第1期。
③ 顾明栋：《什么是汉学主义？——探索中国知识生产的新范式》，载《南京大学学报》（哲学·人文科学·社会科学）2011年第3期，第118页。
④ 同上文，第123页。
⑤ 顾明栋：《"汉学主义"理论与实践问题再辨析——走向自觉反思、尽可能客观公正的知识生产》，载《厦门大学学报》（哲学社会科学版）2015年第4期，第11页。
⑥ 同上文，第4页。
⑦ 同上文，第8页。

们，非"汉学主义"的"汉学"实际上并不存在，而实际存在的汉学就只是"异化了的汉学研究"。纯净的、非异化或非对象化的、如其本然的中国和中国知识是可望不可即的，是本质上无法接近或得到的。由此而言，顾明栋便不得不返回周宁的论断：汉学不能不是"汉学主义"，同样，"汉学主义"不能不是汉学研究的主导性质。

要走出这样的理论窘境，就必须抛弃其中隐藏的康德式的本体与现象之间的二元对立认识论模式。可惜，顾明栋对此没有清醒的意识，因而也从不予承认。他执意将意识形态主控的汉学研究与追求客观知识的汉学研究一概称作"汉学主义"，用"汉学主义"反对"汉学主义"，从而取得对"汉学主义"的克服和超越[1]，但无论是哪种"汉学主义"都无例外地假定了一个以客观知识与主观阐释之间或者说客体与主体之间的二元对立为前提，前者是遮蔽了真实的世界，后者则是要对被遮蔽的真实世界进行去蔽，其念兹在兹的一直是"客观"（对象性）"知识"。那么，什么是"知识"呢？我们都知道，世界本身不是知识，事实不是知识，对世界或事实的认识才是知识，而认识是有主体的，知识作为此认识的结果也同样是有主体的，通俗言之，不存在离开人（个体和群体）而漂泊无依的知识。[2]因此，只要我们是在认识论的框架内谈论知识，或者说，

---

[1] 对于这种用同一个术语来表达相反的意指，估计多数读者会感到不知所云。这里是戏仿顾明栋的用词（非）逻辑，以凸显其问题所在。

[2] 关于"知识"的性质，学界基本的共识是，将其作为"意识与事实之间的一种关系"（Keith Hossack, *The Metaphysics of Knowledge*, Oxford: Oxford University Press, 2007, p. 7），因而单纯的认识主体（意识、意识个体）与事实都不能称之为"知识"。凡"知识"必为与"知者（knower）"相关联的知识，"与水和黄金不同，知识总是隶属于某个人"，隶属于"某一活生生的主体（some living subject）"，换言之，"没有可以不与任何主体相捆绑而自由晃动的知识"（见 Jennifer Nagel, *Knowledge: A Very Short Introduction*, Oxford: Oxford University Press, 2014, pp. 2-3）。在我们看来，一切知识都是经由解释学而来的知识，是含有主体性和个体性的知识。人只能在主体客体之间的"解释学循环"中获得"间在知识"。如此得到的知识既非纯粹主体性的，亦非纯客体性，而是中间性的，是巴赫金所谓的"事件"。

只要我们是谈及知识自身，那就一定难逃主客体二元对立模式，一定无法求取什么绝对客观的知识。对此，海德格尔的基础本体论和伽达默尔得其真传的哲学解释学做有经典性的论证，兹不赘述。

随手再拈一例，虽其新意无多，然在国内读书界较之周宁、顾明栋的"汉学主义"则受众更广，这就是文史专家葛兆光先生的"汉学外学"说。尽管其与海外汉学界过从甚密、知之甚深、并多有推介，但在知识论、方法论这类原则性的层面上并不对他们的成果表示认同，甚至并不视之为同行、同道，其态度是怀疑的和批判的："我们应该注意，外国的中国学虽然称作'中国学'，但它本质上还是'外国学'，所以我老是说，所谓'中国学'首先是'外国学'。因其问题意识、研究思路乃至方法常常跟它本国的、当时的学术脉络、政治背景、观察立场密切相关。所以我们第一步就应该把'中国学'还原到它自己的语境里去，把它看成该国的学术史、政治史、思想史的一个部分，不要以为他们和我们研究的是一回事。"[①] 转换为周宁和顾明栋的语言，葛兆光等于在说，由于所秉持的意识形态不同，"他们和我们研究的"即彼此的**研究对象**都不再是"一回事"了。更明白地说，虽然都在研究"中国"，都在进行以"中国"为名的课题研究，但海外汉学家研究的不过是"外国学"，而我们中国人研究的则是"中国学"。这里一个"外"字便将海外汉学的研究价值击得粉碎。他们的研究与中国"事实"无关，套用尼采的话，他们的研究没有"事实"，只有"阐释"，他们费力所得的无非是其意识形态先行置放进去的前见和偏见。有此根本性的否定，即便此外加之以多少具体的肯定，也将是无济于"事"/"是"了。

---

① 葛兆光、盛韵：《海外中国学本质上是"外国学"》，载《文汇报》（上海）2008年10月5日，第6版。

二、不能一以贯之的"汉学主义"理论

对"汉学主义"的批判,将海外中国学打入另册,其潜台词显然是已否定了所有的异域研究,包括例如在中国进行的外国文学研究、外国哲学研究、外国历史研究等,因为这些毫无疑问也都归属于中国意识形态的一部分,与外国本身无关。扩大言之,这潜台词进而还是对一切人文学科以及社会科学的否定,因为它们无不受到意识形态的影响,尽管这影响是深浅程度不一,但亦足以模糊和扭曲研究对象的真实面目。再扩大言之,这将最终导致对于汉学批判者、诘难者、否定者例如周宁、顾明栋、葛兆光等人本身之批判、诘难和否定的取消,因为他们无法证明自己对汉学的观察、研究和褒贬就一定能够免疫于意识形态的感染而与其他人有什么质的不同。借用佛家观点,"色即是空,空即是色"(《心经》),也即是说,当我们视一切皆空、无物永驻时,那么对空的一切思考和讨论也将沦为一种空或色(现象)了。所谓"受、想、行、识,亦复如是"(《心经》)者,盖此之谓欤。①笛卡尔看法与此不同,他认为,我们可以怀疑一切,但绝不能怀疑我们正在怀疑这一事实,即一定存在着一个思维的理性或主体,否则连我们的怀疑也将被怀疑掉了。

周、顾、葛三位都是学贯中西的当代大儒,他们绝不会天真到要取消一切、乃至自我取消的地步,或者说:他们既接受一切事实都是阐释、叙述、建构,在这一点上他们追慕、仰仗的是后结构主义或后现代理论,同时又承认还是有一个事实在那儿存在着,承认有世界本身的非我性存在,这是唯物主义的反映论或科学精神。

---

① 谈锡永指出:"佛家谓诸法自性空之理。此中所谓诸法,既包括所认识的客观事物现象,亦包括能认识的主观思想。知前者自性空,即断'人我'的执着;知后者自性亦空,即断'法我'的执着。"(谈锡永主编:《佛学经论导读:〈金刚经〉〈心经〉》,北京:中国书店,2009年,第166页)据此可知,色为现象,空是对色在观念上的否定。

关于后一方面，例如，葛兆光寻思，我们总不至于面对殷墟遗址而称其不过是一个"叙述"吧？！他坦承："说实在话，我并不认同后现代史学对真实存在的'过去'和书写出来的'历史'的模式和瓦解。"他坚信夏商周不是"外星人"的作品，坚信"历史不可能是文学式的'散文'"，这因而也就是坚信历史自身乃赤裸的历史的存在及其影响。①同葛兆光一样，顾明栋也是既要批判"汉学主义"对真实中国的遮蔽和发明，但另一方面又不能不对国际汉学同行们的学术贡献视而不见②，于是便顾不得逻辑上同一律的要求而鲁莽地赋予"汉学主义"以相互矛盾的多重含义。这就像用"好"来表示"坏"的意思，用词上经济则经济矣，但最终使得读者无法辨别其"好"究竟是真"好"、还是假"好"而真"坏"，失去了学术表达的严谨性。当然，日常生活中的活用或文学性的修辞则另当别论。

周宁对汉学因其为"汉学主义"即西方意识形态所充斥和挟裹而采取全盘否定的态度，从他2004年发表第一篇系统讨伐"汉学主义"的论文，至2011年将此文摘要性浓缩后再次发表③，这态度没有丝毫改变，但匪夷所思的是，周宁长期以海外中国形象学为研究课题，广义地说，是对海外汉学的研究，倘使这个汉学一无是处，那还有什么必要"为伊消得人憔悴"呢？！而如果说中国形象在汉学家的彩笔下还能显示出其在我们自我镜像中从未出现过的异样，对我们更清晰、更准确、更全面地认识自己有所参照，那么这样的

---

① 参见葛兆光：《思想史研究课堂讲录》，北京：生活·读书·新知三联书店，2019年，第93—95页。

② 实际上，顾明栋绝非用"汉学主义"将国外汉学研究一笔勾销，他曾真诚地称赞过一些汉学家的成就："高本汉、葛兰言、马伯乐等杰出的汉学家以其全新的研究方法对汉学作出了令人称羡的贡献。"（顾明栋：《汉学研究的知性无意识》，载《北京师范大学学报》[社会科学版] 2013年第3期，第26页）

③ 周宁：《"汉学主义"：反思汉学的知识合法性》，载《跨文化对话》2011年第2期。

汉学就不会一无是处，就不能赶尽杀绝。因此，能够发现，在不专门谈论"汉学主义"的别处，周宁则是悄然回到了一个学者当有的理性和客观。例如，他也承认"西方文化自身的开放与包容性以及自我反思与批判的活力"。再者，他更是反过来指出，对这一西方意识形态的后殖民主义批判"在那些后殖民或后半殖民的社会文化中，却可能为偏狭的文化保守主义与狂热的民族主义所利用，成为排斥与敌视西方，甚至现代文明的武器"。①可以读此为"夫子自道"，有自况、自省和自警的意味。但这与他对"汉学主义"花岗岩般坚不妥协的态度是有矛盾的、不相协调的，所幸他找到一个时兴好词，"必要的张力"，具体说，是后殖民主义与全球主义之间的张力，然而，问题在于这种"张力"是如何将矛盾着的二者连接起来，可惜他未能予以其一个清晰的回答。"张力"（tension）不是"断裂"（break），而是两种或两种以上的力量彼此有异，但又相互拉扯、难解难分的关系：其义一方面在"异"，一方面在"合"，缺少任何一个方面都不能称之为"张力"。因而，对于周宁来说，使用"张力"一语，就必须对其蕴含的两方面内容都有说明，但由于其"异"显而易见，那么人们迫切需要知道的便是其"合"了，即怎样"合异"，怎样"和（而）不同"。我们当然不会反对民族立场与世界意识，以及它们之间的协和、共生，恰恰相反，我们十分推崇世界主义的理念，笔者多次借用"星丛"一语来表达对"世界主义"的理解，但若是不能圆满地表接这两种相互矛盾的观点，那么周宁对待"汉学主义"的偏激姿态似乎就只能被目之以"为赋新论强标异"之类的写作策略罢了，算不得多么严肃，读者也只好姑妄听之了。

---

① 周宁、周云龙：《必要的张力——周宁教授访谈录》，载《社会科学论坛》2015年第1期，第107页。

三、视角或意识形态是研究者作为具体个体无法摆脱的自身存在

对于"汉学主义"论辩，通过以上的重述和分析，其实错误的既不是汉学研究、乃至其中的"汉学主义"，当然也不是如周、顾、葛等人通过对汉学研究的"汉学主义"定性和批判而要求的回到中国本身，只要论辩的双方能够各退一步，即承认任何研究都是视角性的、文化性的、意识形态性的，即使那种声称最客观的研究也都存在着不为其执行者所清醒地意识到的"前见"和"前结构"的影响，此其一也。再者，我们要涉入一个更复杂的问题，即如果说有意无意"汉学主义"或者"前见"和"前结构"是一种主观主义，那么要求对事物进行如其本然的再现则是一种客观主义。"客观"怎么可能沦为"主义"呢？诚然，强调研究的客观性表面上是为了规避任何类型的先入之见或局外阐释，而实际上对于研究对象来说，此要求亦不外乎一种先入之见或局外阐释，一种视角或"主义"，这是因为：其前提是假定研究对象作为物自体般的存在，而这个物自体却是一种纯粹理性的推论。

什么是物？康德的物自体是物本身吗？应该不是。所谓"物"乃是物的存在和存在方式，也就是物的出显/现象，此"出显/现象"不能只是理解为物的形式，依此则仿佛物还拥有离开其形式的内容即物本身，非也。物之所以被分解为内容和形式，或者本质与现象，不是因为其有一个独立的自身存在、而后再发展出一个现象性的存在，它就是一个浑然一体的存在。但不幸的是，理性错误地以为其所看见者为现象，看不见者为本质。看不见，那是主体的认识局限，不是物这方面的自设防线。对于物来说，真相和假象的区别唯在于其本质与现象之间是常规性或非常规性之连接，但无论怎样，在主体眼中的本质与现象于物本身则是连接不二的。

这说的是自然界的事物。作为人文科学研究对象的人类活动，除了要服从这一般性的规律之外，其通常所谓的"形式"和"现

象"同时还意味着与研究者之间所构成的一种关系,与其说我们生活在"传统"之中,毋宁说我们生活在对"传统"的解释和选择之中,甚至也可以说,我们生活在我们自己的观念中或一个意义交织的世界。人类活动的历史是由理念所指导的物质实践史,历史本来就包含了理念,也包含了其当代赓续者对此历史及其理念的理解和阐释。历史永远是带着对于历史的虚无主义而展开自身的,当有人称"所有历史都是当代史"时,其意即包含了"当代"对"古代"的取与舍,即使所谓"取"也不是照搬,而是抽取,将可取用者抽离其具体历史语境而移用于当代语境,是"古为今用"。因此,不仅自然科学不能将研究对象区分为本质与现象,人文科学就更加不能想象一个不带理念、阐释和抉择的纯粹本然的历史。如同"汉学主义"之作为一种主观主义,在对"汉学主义"的批判和否弃中,对返回事实本身的要求也同样是假客观之名的另一种主观主义。

在任何研究中,视角和"主义"都是我们人类无法摆脱的宿命。在自然科学中,它们表现为解题方式、实验工具和条件,如物理学家海森伯的测不准原理所揭示的。在人文科学中,潜入研究过程和方法论、从而妨碍其研究对象之呈现的还有话语、装置(dispositif)、意识形态和文化习俗等。顾明栋注意到"汉学主义"之作为"知性无意识""学术无意识""政治无意识"[①]等貌似悖论的现象或规律,在我们看来,这也是注意到视角的先天性,它不是可以随便甩掉的:它不再是从外部被嵌入的异物,而是早已内化为研究主体的结构和存在。因而,可以进一步断言,视角是存在性的,为人类的生命所本有:视角是人类的存在方式。俗谓"人是理性的动物"即含有理性归属于人之存在的意味,这也就是说,理性展开于人的存在之中,理性是人的存在方式。不消说,我们讨论的视角即是一种理性。

---

① 参见顾明栋:《汉学主义:东方主义和后殖民主义的替代理论》,张强等译,北京:商务印书馆,2015年,第六、七章。

顾明栋敏感于汉学"无意识",目光如炬,将无处不在、无时不有而我们却习以为常的"汉学主义"弊端和丑态都暴露出来,这无论对于海外汉学家抑或国内同行都是一种有益的提醒,帮助我们在研究工作中摆脱单一视角的局限,而趋向于多视角和交互视角。不过,遗憾的是,顾明栋(也包括周宁、葛兆光,还有其他许多学者)却没有意识到,其本人对研究客观性的要求,即一种客观主义也同样是一种视角,一种视角形式的生命冲动。亚里士多德在其《诗学》里早已说过,再现(mimēsis, representation)、求真、求知乃人类之天性,自孩童起便有表现,在这一点上,哲学家和普通人无异。① 接着这一思路,海德格尔顺利将认识论纳入存在论。

因此,在主张客观再现的顾明栋等学者那里,也同样存在着"主义无意识"或"视角无意识"。但这不是我们要批评顾明栋等人的地方,因为没有人能够完全做到客观、无立场、无视点,不用说,这也包括我们自己。我们也不拟揭露他们对自己的先在"视角"毫无自觉,而对他人的"视角"无限放大,仿佛他们已经掌握了上帝视角,而其他人则只有"习见""俗见""偏见"等。我们不在视角之有无、多寡、大小上纠结,我们只是为其惋惜:当他们了解到视角无意识而根深蒂固时便在理论上止步不前了。他们未能意识到这是人的"此在"性质使然,人的局限性使然,因而也未能看到我们与研究对象的关系不止是意识对意识、理性对理性、话语对话语的纯认识论关系,而是两个及以上个体之间的存在论关系。对此,无论胡塞尔的"主体间性"抑或哈贝马斯的"交往理性"都仅仅说对了一半;其完整的含义只能用"个体间性"来表达,因为所谓"个体"既意味着它的独一无二性,又表示此个体与彼个体之

---

① 安东尼·肯尼(Anthony Kenny)爵士的亚里士多德《诗学》新译本将其中的关键术语"mimēsis(摹仿)"翻译为更贴近亚里士多德褒义的"representation(再现)",而非在柏拉图那里带有贬义色彩的"imitation(摹仿)",也不采用懒汉做法的音译"mimesis"。参见 Anthony Kenny, "Introduction", in Aristotle, *Poetics*, trans. by Anthony Kenny, Oxford: Oxford University Press, 2013。

间既同一又有差异的关系，一个个体的存在是以另一个个体的存在为前提的，更简单明了地说，没有社会，便没有个体，二者区别而在，就像没有他者、便没有自我一样，因为任何个体或自我都必须通过与外部世界的联系和互动而建构其身份。

既然将研究主体与研究对象之间的关系定位于"个体间性"的存在论关系而非胡塞尔"主体间性"的认识论关系，那么对于这样的研究就不能再以认识论的标准来要求，而必须转变为以存在论视之。根据认识论的要求，研究的最佳境界是达到主体与客体的完美契合，主体得到客体的全部真相，最终目的当然是对于客体世界的控制和利用。而根据存在论的标准，主体不是面对一个死的、物质性的、不言语的客体，而是面对一个活的、精神性的、拥有自己话语的对象，这一主体严格说不能再以"客体"相称，而当以"主体"这一称谓相礼敬了，根据巴赫金的说法，如本文伊始所概述，这是人文科学之区别于自然科学的基本特点：如果说在自然科学中，研究者和研究对象之间的关系是认识论的主客体关系，那么在人文科学里，研究者面对的是文本，是一个言说主体，因而其与研究对象便构成一种新型的关系，即主体与主体之间的关系，一种对话性的关系。

知晓了人文科学的"个体间性"对话特征，汉学主义将汉学研究原罪化、污名化的问题所在便昭然若揭了：汉学主义执迷于"反映论"的思维模式不可自拔，没有自觉到包括汉学在内的人文科学，其根本特点不是正确地**反映**，而是深切地反应，以实证主义的标准苛责人文科学的准确性，这无异于缘木求鱼。① 人文科学是**人的**科学，是活生生的个体在研究活生生的个体，他们有理智，也有情

---

① 例如，在文本接受或文化传播过程中，常常发生的"误读""挪用""变异"等现象唯有放在"间在对话"的框架中才能获得其合法性、正当性和积极的意义。

感，而情感是不可拿理智来分解的，更不可以实用性相要求。①

四、反映论的变体：后现代主义和新实在论

看来，一个貌似稀松平常的对话论，也不是人人都能理解和掌握的。"汉学主义"的批判者没有其所倚重的后现代主义或后结构主义，在"汉学主义"所经历的失败中，其实也暴露出它们未曾窥入对话理论的堂奥：如果真的抓住了对话的要义，那它们就不会效法康德之在本体与现象之间划出一条理性不可逾越的鸿沟而宣称符号永远不可企及实在的世界，其所谓"文本之外无一物"（非唯德里达如是说，此为后结构主义之基本原理），即是说，任何意指无论如何延异、漂流都始终不能越出文本的限制，用尼采的话说②，语言是思想打不破的牢笼，因为语言的界限就是思想的界限。

德国新实在论哲学家马库斯·加布里尔一针见血地指出了后现代主义的康德阴魂："后现代主义不过是形而上学的又一个变体。"③虽然康德证实了现象及其规律的合理有效，相反，后现代主

---

① 当代法国哲学家米歇尔·塞尔甚至发誓说："我宁愿死在一个只谈理性的时代到来之前。"他道出其中的原由："一个无时无处不为理性所霸占的生活是无法让人生活下去的。"他悲观地看到，只谈"正确性"（rightness）的精密科学将毁灭一切无法验之为"正确"的东西，包括格言、俗语、信仰、神话、诗歌、悲剧等；它们一无"是"处，且亦一无"用"处，"不能生产任何东西，不能治病，也不能促进经济发展"，那就更无存在之必要了。(见 Michel Serres, "Literature and the Exact Sciences", *SubStance*, 1989, vol. 18, no. 2, pp. 3-34)

② 杰姆逊借用尼采的一段话作为其一本书的题记，这段话包含了"语言的牢笼"一语(见 Fredric Jameson, *The Prison-House of Language: A Critical Account of Structuralism and Russian Formalism*, Princeton: Princeton University Press, 1974, p. ifc)，但查阅德语尼采全集版原文，实则为"语言的束缚（sprachlichen Zwange）"(参见：Friedrich Nietzsche, *Nachgelassene Fragmente, 1885-1887*, KSA 12, hrsg. von Giorgio Colli und Mazzino Montinari, München: DTV, S.193)。

③ ［德］马库斯·加布里尔：《为什么世界不存在》，王熙、张振华译，北京：商务印书馆，2022 年，第 3 页。

义者否认符号和话语的真实指涉，但他们的共同前提则是对一个物自体的假定，而且，若是言及物自体，康德的现象也是无涉、无份的，其规律也是有限的。康德的现象就是后现代主义者的话语和符号，借助它们事物得以成为现象，然却不是与本体相关的现象。

新实在论对后现代主义的批判算是鞭辟入里，不过，这也并不是说新实在论因此就真正抓住了对话论的精髓，因为虽然其认定了"对于事实的思考与被思考的事实一样，都有充分理由被视为是存在的"①，尤其是将建构主义以为虚妄的观念、话语、视点和感受一概视为真实的存在，似乎终于打通了康德及其后现代继承人在本体与现象之间所设置的隔阂，然而，对于二者究竟具有怎样的关系，它尚未给出一个令人满意的解说。设若其真是打通了本体与现象的阻塞，那么它就不会放言："一切都存在，除了：世界。"②它界定"世界"为至大无外、包容万有的"整体"，因为这样的世界无处立足、存在："一切存在的东西都存在于某处——即使只存在于我们的想象中。"③而反过来说，假使世界能够存在于某处，那它就只是某一具体之物，无法包罗他物、包罗万象。再者，如果允许"世界存在于我们的思维中"，那么"我们的思维便无法出现在世界之中"，"否则就会存在一个处在我们的思维以及'世界'（在思维内容的意义上）之外的世界了"，④这就像"画了一切的画家无法在作画时将自己画进画中。画中的画家不可能与作画的画家完全同一。"⑤而如果说世界之外仍有某物（思维或思维主体）存在，那么世界便不成其为"天网恢恢，疏而不漏"的世界了：它将变成某物，众多事物中的一物。

---

① ［德］马库斯·加布里尔：《为什么世界不存在》，王熙、张振华译，北京：商务印书馆，2022 年，第 6 页。
② 同上书，第 1 页。
③ 同上书，第 12 页。
④ 同上书，第 77 页。
⑤ 同上书，第 75 页。

要之，加布里尔在"世界"和"存在"之间楔入看似无法解除的矛盾和悖论：其一，肯定具体的存在，就不能肯定超越性的世界；其二，世界若在思维之中，则思维必定在世界之外。这显然没有克服其所批判的康德和建构主义的本体与现象、主体与客体的二元论，缺乏对话性思维：它未能看到被设定为包容万物的世界，只是意味着万物之间的联系以及对此联系的想象，未能看到这样的联系是众多个别事物包括个人之间对话的产物：只有想象一个超越你我他或万物的"整体"／"世界"，彼此之间的联系才能建立起来，对话才能启动。若是封闭于自我的狭小世界里，而不去想象一个更广大的世界，那么对话根本无从形成，只能是各守本位、自说自话、老死不相往来。绝对的差异不能导向对话，只有关系中的差异才能形成对话。

从反映论与对话论相区别的角度观察，新实在论其实仍然是一种反映论，它设定了主客体之间不可移除的二元对立和彼此外位。若是没有这种主客体二元对立和彼此外位，我们在思维世界时，有什么不可能将世界和执行思维世界的主体一起包括进世界呢？！不放弃主客体二元对立模式，即便一时能够将观念、话语、视点和感受均视为真实存在，即便相信我们能够认识到自在的事实，那也不能坚持多久，它们终归是要被作为不能反映事物真实的主观幻相的。

将新实在论运用在文化问题上，就是文化多元主义或文化相对主义，文化之间彼此不通、各是其是、各美其美、相望无"事"。①

---

① 文化多元主义的基础是文化相对主义，而文化相对主义就是坚持"每一种文化都是自足的、自治的、独立的，但同时又是平等的"，即是说，"每一种文化都在自己的背景下才有意义"，因而对于不同的文化，"你要做的只是了解它的背景，然后弄明白人们正在做什么，为什么这么做"。文化只可以尊重、了解、乃至深描，但绝不能从外在介入、干预。应该承认："文化和价值既不是一成不变的，也不是某个特定的种族、宗教群体或社会阶层所固有的。它们可以通过政治和司法采取行动，通过经济和社会改革，通过开明政治领袖的努力以及通过学校、教会和大众媒体的教育而发生转型。"是的，文化是发展的、变化的，中国古人早有"移风易俗"一说，（转下页）

这一倾向在其"意义场"论中表现得更加清晰：由于不存在无所不包的意义场，"无数的意义场并不聚合为一个总体"，意义场各在其在、各守其位，彼此之间不可能建立"世界性"联系；而如果有人坚持人类终究还是能够"观察并创造"诸多"意义场之间的关联"，那么此关联也"总是只能位于一个新的意义场中"。①这就是说，人类只能龟缩在自己的意义场内，"意义可谓是我们的宿命"，"我们无法摆脱意义"，②因而即便我们能够想象异域和异质，但也是寸步不移于我们自身的意义场，结果，他者的意义要么不能进入我们的意义场，要么被我们自我化、内部化，也就是转化、消化和消逝了，即一切非我将归于自我。或许可以认为这是一个新的意义场，不再是那一旧我，但我们是在一个老的意义场内迎入他人的新的意义场，后者被拆解和整合进我们的意义场，我的主体地位在这一过程中不仅没有被削弱，反而是得以加强，且是加强了一个具体而个别的意义场，此时再行辨认意义场之新旧已经没有意义。这就是我们的意义宿命，即我们永远是在个人狭小的自我圈子里打转。显然，加布里尔的"意义场"论与"汉学主义"发明者

（接上页）但推动文化发展和变化的力量只能是身处这一文化内部的人民及其真实的需求和愿望。或许"有益的外部影响"也能够"起到帮助作用"，但外因必须通过内因而发挥作用，否则便会"在政治上不正确"。（参见［美］劳伦斯·哈里森：《多元文化主义的终结》，王乐洋译，北京：新华出版社，2017年，第3—12页）但随着当今国际流动性的加剧，从而文化全球村的形成，也就是说，当代人既生活在其世居的文化圈，也经常出入于其他文化圈，准确说，当代人生活在一个"文化的交互空间"，即"第三空间"，一种文化间性或一种新的文化便出现了。这种新文化不单独属于任何一方，但同时又属于进入其间的所有人，属于所有仍然自有其文化圈的人。这就是笔者所谓的"文化星丛共同体"（参见金惠敏：《文化自信与星丛共同体》，载《哲学研究》2017年第4期）。加布里尔的新实在论，因其否认"总域"即"世界"的存在，就不能够阐释和迎接这一新的文化空间的到来。其实，只要加布里尔将其"总域"理解为无处不在的关系，那么"世界"便不会不"存在"。

① ［德］马库斯·加布里尔：《为什么世界不存在》，王熙、张振华译，北京：商务印书馆，2022年，第197—198页。

② 同上书，第198页。

和批判者的盲目排外、自我中心如出一辙。其实，即使没有意义场论，只要株守主客体二元对立的反映论模式，文化（意义场）之间的对话便不会发生。反映论堵绝了在两个文本、或主体、或文化域之间的对话论。试想，在一个文明/文化对话时代，哪一种文明/文化可以立身于自我的主体性而判定其他文明/文化为"不正确"呢？文明互鉴、文化交流需要对话论，而非反映论，对话论导向"和"而不同、多元共存，反映论带来唯我独"是"、唯我独尊。反映论虽然古老，但它在西方现代性的改造和利用中，如果不是国际霸权主义的思想渊源，至少扮演着"帮凶"的角色。

余论

汉学主义，以及其所以之为支撑的后现代主义，还有试图克服后现代主义之话语建构性的新实在论，其中的一个共同点是守持主客体二元对立之思维模式，而主客体二元对立思维即是一种认识论思维。如果说这三者之间有什么不同的话，那么可以认为：汉学主义是天真而乐观的反映论，它相信有不带意识形态前见和客观而纯粹的知识；后现代主义是清醒而悲观的反映论，它不相信有任何能够反映客观现实的符号，一切都是文本和话语。新实在论稍微复杂一些，但终究难逃反映论的思维方式：它欲将存在和人类对存在的感受、认识和想象一并归作真实的存在，而不承认那个不可寄身于具体存在的总体性存在即所谓的"世界"，它坚称如此的"世界""不存在"，这好像是从主客体二元论回到了存在一元论，一举取消了反映论，但实际上它不过是将过去所谓的"主观"变成了其所谓的"客观"，然后又在"主观"之中剔除可超越于自身存在的即关于"世界"的想象。进而言之，如果将人类的所有存在算作一方，将总体性的"世界"算作一方，则可以看出，新实在论之忧心所在乃是总体的"世界"无法表征具体的"存在"，而这不正是后现代主义所发现的那个语言学的"再现危机"吗？新实在之拒绝

"世界"就如同后现代主义之拒绝"语言",因而它们都不能实现我们期待的那种再现功能。显然,新实在论最终仍跌倒在认识论面前。

汉学主义、后现代主义以及新实在论只有彻底抛弃其实证主义的反映论而转向间在对话论,才能克服其自身的理论矛盾,才能正确地看待人文科学之不同于自然科学的特殊性:它本质上是对话,是反应,而非反映,不是说对话中不存在反映,而是反映归属于反应,归属于对话。马克思早就告诉我们,关键的不是"解释"世界,而是"改变"世界。"解释"是对世界的认识,而"改变"则是人类与世界之间的、以行动所主导的关系。对话既包含认识,又同时落实于行动,因为我们既是精神性存在,也是物质性存在,我们是身心一体的存在。遗憾的是,汉学主义以及后现代主义将人类仅仅作为精神性存在,符号性存在,新实在论将精神性存在和物质性存在一并作为"实在",但仍留下一个无法归入"实在"的"世界",这一"世界"如果不是人类全部精神"世界"的话,那也是人类精神存在的一个重要特征,因为只有精神才能想象一个超越其自身存在的"世界"。新实在论对"世界"的排斥就是对精神职能的怀疑,这也是对认识论的怀疑,而对认识论的不信任则源自于认识论本身:认识论分裂了主客体,由此在主客体之间,它只能选择二选一,即要么是符合,要么是悖离。新实在论最终还是回到了它所反对的后现代主义。以笔者之愚见,新实在论最好不要宣称"世界不存在",而应该说"一切存在皆为世界",任何试图超越"世界"的努力都是"世界"本身的合理延伸。

"汉学主义"论争已有时日,似乎高潮已过,但学界对它背后的哲学支撑及其与文明互鉴和对话之时代大趋势的脱节尚未给予充分而有效的揭示。此乃笔者不惮"好辩"之名、爰成拙文的初衷。予岂好辩哉?"情"不得已也!

(原载《中山大学学报》(社会科学版)2023年第5期)

第四编

界定"后现代主义"

——从哈桑到杰姆逊

  阅读提示:"后现代主义"作为一个概念虽然难以界定,但许多理论家还是通过界定的方式表达他们对当代生活和文化现象的认识。本文简要评述了哈桑、奥尔逊、利奥塔和杰姆逊等人对"后现代主义"的界定和理解,并尝试将中国的现代化界定为一种"后现代的现代化"。

  虽然很难以"后现代"来界定我们现在所生活的时代,因为生活的复杂性拒绝任何单一的定义,但是可以肯定的是,缺少"后现代"这一视角将不能准确地理解出现于我们生活中的许多文化现象和思想观念的变化,例如在文学、绘画、舞蹈、音乐、电影、建筑、哲学和政治等领域一些新的探索和追求。对于曾以中国正在进行现代化而质疑"后现代"之合理性这一似乎是最有力的抵制,一个极有反讽意味的事实是,中国的现代化之特色如今被证明恰恰在于它是一种后现代的现代化,像"和而不同"与"天人合一"这样最具后现代意味的传统中国哲学概念已被改造进指导我们现代化实践的不同于西方现代意识形态的新的"社会""发展"观。哲学家郝大维早在1989年就劝告:"中国可以根据其自身后现代的过去,自由地反思当前现代化进程中的种种难题。"①进入新世纪,作为日益推进的中国现代化的一个必然后果,即作为对现代化种种问题的反思,后现代主义于中国现实中的存在已不再有多少争议了。

但是若真地究问起什么是"后现代"或"后现代主义"来,恐怕又很难从各种现象和思潮中抽象出一个公认的定义来。德国学者沃·威尔什指出:"'后现代'作为一个口号固然尽人皆知,但它作为一个概念,含义却既丰富又模糊。"②或许正是由于这一原因,一部名为《后现代主义百科全书》的辞典竟不收"后现代主义"这个核心辞条③,它根本不想给出一个准确的"后现代主义"定义,而是有意将其种种相呼应以及相矛盾的用法原生态地展示出来,由读者揣摩和取舍。这应该是一种合乎对象本身特性的做法,对于"后现代主义"这样一个反对定义的术语,勉强去定义,似乎不如对它描述一番更宜接近它的真实。现在让我们来历史地考察几种比较流行的观点吧。

美国学者伊·哈桑在《后现代主义概念初探》一文曾以与现代主义做比较的方式一口气列出了"后现代主义"的33个特征,如"反形式""偶然性""无序""缺失""弥散""反阐释/误读""反叙述/微观历史""精神分裂""差异—延异/踪迹""反

---

① [美]郝大维:《现代中国与后现代西方》,冯若春译,载《差异》第一辑,河南大学出版社,2003年,第44页。

② [德]沃·威尔什:《我们的后现代的现代》,章国锋译,载[法]让-弗·利奥塔等:《后现代主义》,赵一凡等译,北京:社会科学文献出版社,1999年,第45页。

③ Victor E. Taylor and Charles E. Winquist (eds), *Encyclopedia of Postmodernism*, London & New York: Routledge, 2001. 此书不收录"后现代主义"词条,也可能是因为体例方面的原因,但亦不尽然,例如威廉斯的《关键词:文化与社会词汇》是既收了"文化",也不落下"社会"的。

讽""不确定性"和"内在性"等。总括这些特点,他提出"后现代主义"的基本倾向是"不确定内在性"(indetermanence),分开说就是"不确性"(indeterminacy)和"内在性"(immanence)。所谓"不确定性"是指表现于整个西方话语领域如社会政治、认识体系、情欲系统以及个人的精神和心理的"一种废弃一切的普遍意志"。在文学批评中,像罗兰·巴特关于"作者之死"的宣称,沃·伊瑟尔以"空白"所建构的阅读理论,保罗·德曼以修辞(文学)对逻辑的中断和对反常指涉的纵容,杰弗里·哈特曼对"一种不确定性的阐释学"的召唤等,都属于这类瓦解一切"确定性"的冲动和努力。"内在性"与"超越性"相对立,它"表示人具有用象征符号进行归纳总结的思维能力,它能逐渐介入自然,通过它自己的抽象活动反作用于自身,而这一切又越来越直接地变成了它自身所处的环境"。哈桑称"语言"为"内在性",他的意思是,语言不是外在于我们而创造了我们的存在,而是内在地建构了我们和我们的世界。我们为语言所构成,结果是我们被封闭在我们自己被语言所构筑的世界里,远离真实世界,却以为自己就是整个世界。哈桑暗示,后现代主义的世界就是"文化"即"人化"的世界。由于一个外部参照框架如上帝、真理或物本身之不复存在,我们的世界便再无"确定性"可言,我们进入了一个以"不确定性"为标志的"后现代主义"的时代。①

哈桑并不是使用"后现代"或"后现代主义"等术语的第一人。如所周知,早在1870年前后,就有英国画家查普曼(John Watkins Chapman)将比法国印象派更前卫的一种画风称作"后现代

---

① 以上引文出自[美]伊·哈桑:《后现代主义概念初探》,盛宁译,载[法]让-弗·利奥塔等:《后现代主义》,赵一凡等译,北京:社会科学文献出版社,1999年,第111—129页。原文见 Ihab Hassan, *The Postmodern Turn: Essays in Postmodern Theory and Culture*, Columbus: Ohio State University Press, 1987, pp. 84-96,引文据此而略有改动。

绘画";1926年,"后现代主义"第一次在书名中出现①;1934年和1942年,两部诗歌选集的编者先后使用过这个术语;1947年,在汤因比的《历史研究》第一卷节本中也有闪现。②但是,据研究,在早期这些对于"后现代主义"的使用和关于它的争论之间很少有什么连续性。只是从20世纪50年代早期开始,"后现代主义"讨论才逐渐形成了自己的理论身份,即成为具有事件联系性和理论相关性或历史性和思想性的运动。这个理论身份或这场运动的主旨是对于表现于"现代主义"文学中西方文化的主体性、人文主义或人类中心主义、理性主义的反抗姿态。奥尔逊(Charles Olson)抨击在古希腊体系上发展出来的西方文化自居于"理性王国"而刻意排除人类真实的经验和生命的本真性。所谓的"理性"将人类的一切经验都无情地理智化了,将人类置于自然的对立面和主宰位置,贬后者为客体。为了回到原初的经验,奥尔逊倡议一种海德格尔式的诗意实践,在此实践中语言不再受控于一个工具主义的主体,而是越过这样的主体向原始的世界经验开放;抒情诗的作用,例如说,就不是主体的自我表达,而是借由它让真实自己说话、自我呈现。③

在使用"后现代主义"一语上,哈桑显然是一个后来者,但他在20世纪60年代的介入被认为使该词得以广泛传播,并使之于70年代早期仍然保持着足以引发新的论争的活力。④

利奥塔曾公开承认过哈桑对他的影响。不过比较来说,哈桑的

---

① Bernard Iddings Bell, *Postmodernism and Other Essays*, Milwaukee: Morehouse, 1926.

② 关于"后现代主义"一语的历史情况,米歇尔·科勒的论文《"后现代主义"概念史综览》(Michael Köhler, " 'Postmodernismus': Ein begriffsgeschichtlicher Überblick", in *Amerikastudien* 22〔1977〕, 1: 8-18)有权威的考察。

③ See Hans Bertens, *The Idea of the Postmodern: A History*, London & New York: Routledge, 1995, pp. 20-21.

④ See Hans Bertens, *The Idea of the Postmodern: A History*, London & New York: Routledge, 1995, pp. 37-38. 但该书作者也怀疑哈桑在1960年代真的使用过"后现代主义"一语,以及用它来指谓他所评论的那类文学作品。

影响主要在文学批评方面,而利奥塔,当然也包括哈贝马斯、罗蒂等,将"后现代主义"引入哲学版图,并将它推向整个知识世界。在这一后现代主义的"哲学转向"中,利奥塔的《后现代状态:关于知识的报告》(1979)无疑是具有里程碑意义的一个文本。它对"后现代主义"的界定即使算不上典范,那也是为许多人所称引和接受的。这个界定就是将"后现代"作为"对元叙事的怀疑",而积极地说则是"对差异的敏感性"和"对不可通的承受力"。在此所谓"元叙事"是指那些使西方科学或知识得以合法化的基本哲学理念,即启蒙运动以来所确立的那些理性主义法则,因而亦称"启蒙叙事","诸如精神辩证法、意义阐释学、理性主体或劳动主体的解放、财富的增长等"。[①]利奥塔并不笼统地反对"科学",他所怀疑的是"科学"为了合法化自身而求助的那些"元话语"或"元叙事"。由于科学精神和知识的普遍有效性在现代西方社会的深入人心,利奥塔将其揭露为虚构性的和意识形态性的"叙事""话语",便具有了巨大的社会震撼力,这从而还可能开辟对当代生活文化现象的新理解,尽管他本人可能并不怎么关心这一点。

非常清晰的是,当杰姆逊(Fredric Jameson, 1934—2024)在为利奥塔的《后现代状态》英文版撰写序言时,他有强烈的愿望将利奥塔的"科学""叙事"引向他所关注的社会文化问题。如他那篇著名的论文《后现代主义,或者,晚期资本主义文化逻辑》所表示的,"后现代主义"在他的语汇中就是"晚期资本主义文化逻辑"。资本一如既往,以其自身的增殖为目的,在晚期资本主义阶段,它令人绝望地占领了从前不能被商品化的领域即神圣的、精神的文化领域。文化被纳入经济的序列,因而就必须服从商品的逻辑。文化不能再是精英的、意义的、深度的,而必须适应资本的逻辑,即宜于流通和消费,因而当代文化的特色就是它的通俗化、平

---

① [法]让-弗朗索瓦·利奥塔尔:《后现代状态:关于知识的报告》,车槿山译,北京:生活·读书·新知三联书店,1997年,第1—4页。

面化和无深度，就是它的无个性、无特色，或者在各种时尚中所表现出来的伪个性、伪特色。这确实不同于现代主义者为标榜其个人风格而刻意编织的，例如晦涩和荒诞等。

"后现代主义"还有许多其他不同角度的论述和定义，例如福柯从话语构造主体的角度，德里达从符号之意义"延异"的角度，波德里亚从消费社会和图像增殖的角度，女性主义从性别差异角度，美国"建设性后现代主义"从神学角度，还有英国文化研究学派的、后殖民主义的、耶鲁修辞式解构论的、接受美学和读者反应批评的、新历史主义的、后马克思主义的等，但是在所有这些理论中，尤以法国"后结构主义"①从哲学上说最原创、最深入、最精密，因而最具可阐发性和启示性，这就是人们何以把它作为现代主义及其美学的核心理论来研究的一个重要原因。

（原载《洛阳师范学院学报》2007年第4期）

---

① 关于什么是后结构主义，可参见金惠敏：《结构主义与后结构主义异同辨析》，载《艺术百家》2016年第2期，第132—134页。

进入21世纪的后现代主义

——以美国文论家里奇和德意新实在论之论述为中心

阅读提示：后现代主义在世界范围内都是一个颇具争议性的话题。但任何有意义的争辩和讨论都必须首先搞清对手的真实意谓。但恰恰在什么"是"后现代主义的问题上，不少人已经是自说自话了。本文选取赞成后现代主义的美国理论家文森特·里奇作为一方，反对后现代主义的德意新实在论作为另一方，进行粗线条的梳理和简明扼要的评论。赞成方将后现代主义作为一种风格、一种哲学、一个时期，反对方概括其特征为反讽化、非崇高化、去客体化，两方各有胜景和洞见。在这虽看似不同的描述中，却存在着根本性的一致，即均将后现代主义作为一种话语建构主义，突出话语对实在的遮蔽和取代。这一点确为把握后现代主义的关键，例如说，不挣脱实在的牵制和限制，后现代主义哲学就不可能完成对主体性的解构，后现代主义艺术就不可能做到任意的拼贴。要之，后现代主义用话语颠覆了人类与世界的现代性关系。

尝试去界定"后现代主义"或许一开始就是一个错误，那些被公认的后现代主义者如波德里亚特别反对别人给他戴上这顶时髦的"桂冠"。再如福柯、德里达也从未公开承认过自己是后现代主义者。职是之故，所谓"后现代主义"便只能是对众多理论家的某些共同点的抽象，而非等同于某一理论家。具体到理论家个人，即便其主导倾向属于"后现代主义"无疑，但也并不能够因此就称他是典型的和标准的后现代主义者。我们只可小心翼翼地说，其思想具有较多的后现代主义因子。不存在纯粹的和彻底的后现代主义者。真正有所思考的理论家无一不是复杂的、多变的。

必须明确，当我们谈论"什么是后现代主义"时，我们说的不是某个顶着"后现代主义"头衔的具体的理论家，而是他那些与其他有此头衔的理论家大体相同或相近的言说。在这一意义上，后现代主义不是某个人的专利，唯其本人所独属，而是一种思潮、气候、环境、氛围等等，每个人都可能被它所熏染、所触动、所附体而代言。甚至，即便那些对后现代主义持激烈批判态度的理论家有时也难以挣脱后现代主义的魔咒，如社会理论家哈贝马斯[①]以及文学理论家伊格尔顿。

基于如上考虑，本文拟以美国文论家文森特·B.里奇（Vincent B. Leitch）与德意（德国和意大利）新实在论关于"后现代主义"

[①] 有学者证明哈贝马斯与其论敌福柯、德里达和利奥塔等人实际上存在很多共同点，这尤其表现在他于20世纪90年代以后发表的著述，并非如通常所想象的那么对立。这位论者将哈贝马斯的哲学定性为后现代主义的"弱形式"，或者以"不情愿的后现代主义"称之，意思是尽管不那么浓烈，不那么情愿，但最终效果上仍赋有与后现代主义气味相投的一面。（See Peter J. Verovšek, "The Reluctant Postmodernism of Jürgen Habermas: Reevaluating Habermas's Debates with Foucault and Derrida", in *The Review of Politics* 84 (2022), 397–421.）

的最新言说为主线，兼涉其他相关言说，对什么"是""后现代主义"进行再图绘和再定义。不必纠结于这些言说者是否可被归类为或者自觉地站队于"后现代主义"流派，其有关"后现代主义"的言说或界定，对于我们从整体上把握"后现代主义"都是有所裨益的。应该相信"兼听则明"的中国古训。

再者，也许有必要解释我们何以要选择"进入21世纪的后现代主义"这样的标题或课题，因为不少人以为作为一种潮流的后现代主义20世纪60年代在西方兴起，70年代席卷全球，80年代中期达至鼎盛，之后便开始经历盛极而衰的命运，且伴随着其代表人物之相继谢世，如伊格尔顿所宣称，"文化理论的黄金时代早已完结"[①]。又如琳达·哈琴之所见："后现代大可以认为是一个20世纪的现象，即是说，一个过去的东西。"[②]从90年代至世纪之交前后的一段时间，后现代主义的葬礼在不同学者那里被一遍又一遍地举行，发布后现代主义死讯在西方学界成为一种新时髦和新狂欢。[③]这实际上也就是说，本文必须回应如下的质疑：21世纪还有某种叫作"后现代主义"的东西吗？这可以继续划分为两个问题：一是后现代主义对于21世纪的世界是否葆有其一如既往的阐释效能，二是进入21世纪以后，国际学界是否仍有人在谈论后现代主义，而且绝非只是在挽歌的意义上谈论。因此，什么"是"后现代主义便成为本文所欲倾力探明的首要问题，但同样重要而令笔者不敢稍微放弃问寻的是，在所有这些关于后现代主义的言说中我们究竟还能抽绎出哪些可转用于当下和未来的思想滋养。

---

① Terry Eagleton, *After Theory*, New York: Basic Books, 2003, p. 1. 伊格尔顿所使用的"文化理论"一语在他与后现代主义或后结构主义同义。

② Linda Hutcheon, *The Politics of Postmodernism*, 2nd edition, London: Routledge, 2002, p. 165.

③ 参见陈后亮：《后现代主义"终结"论：分析与理解》，《四川大学学报》（哲学社会科学版）2021年第3期。

一、后现代主义：风格、哲学、时期

美国理论家里奇有一篇论文题为《再访后现代主义》，收入其新书《21世纪的文学批评：理论的复兴》（2014年第1版）。关于"后现代主义"，这篇文章有不少精辟的捕捉和新颖的再开显。其主要论点是反对那种认为"后现代主义"在20世纪90年代已经终结的流行看法，坚持进入21世纪第二个十年其仍在持续和发展着："后现代主义依然健在，且还在不断地发展。当然会有其终结，但现在还远未见到这个终点。"①他抓住后现代性与现代性的紧密相关性而机巧地反问说："现代性拥有200年的跨度，那么后现代性何以就不能超过许多人草率地分派给它的区区数十年呢？"②对于后现代主义在21世纪的延续和进展，里奇挑选的一些支撑性现象和相关理论阐述未必多有说服力，因为反对者也完全可以对其所列举的证据做另外的解读。例如，对于如今商业化的无处不在、无孔不入，金融套路的花样翻新、防不胜防，组织文化的持续分解、自成风景，身份的重叠和混乱，全球与地方的冲突和磨合等，里奇认为，任何概念都不如"后现代主义"概括得准确和有力，但是这些现象如果放在马克思主义者戴维·哈维眼里，则绝对是仍然落在资本主义现代性的描述框架之内。哈维多次批评过"后现代"或"后现代主义"词不达意，他承认20世纪60—70年代文化形式上的沧海巨变，但指出："这些变化，当比校于资本主义积累的基本规律时，它们更像是一些浮面上的转变，而非标志着某种全新的后资本主义甚或

---

① Vincent B. Leitch, *Literary Criticism in the 21st Century: Theory Renaissance*, London: Bloomsbury, 2014, p. 131.
② Ibid., p. 122.

后工业社会的出现。"①

如果说对于后现代主义，里奇是身处当下（其中）而不能统揽、前瞻未来而眼力不济，那么对于其既往的历史概括倒是条理分明、历历在目，而且也是简洁有力、一针见血，似可以作为一种确凿的知识接受下来。

在里奇，后现代主义首先是作为一种"风格"："后现代建筑的典范性特征是拼盘（pastiche），后现代绘画是挪用（appropriation），后现代菜肴是大杂烩（fusion）。历史的再生（引注：对历史的循环使用）和混合是其首要的文化模式。"②这些描述已经够简约了，在另一处，他还有更惜墨如金的表述，而且涵括面更广，说的是整个"后现代文化"："在我看来，后现代文化最突出的特征是杂乱无章（disorganization）。"③而与此相反，现代性的典型特征则是"艺术、科学、宗教和政治的自治（autonomies）"④。这不难理解，启蒙现代性是理性替代了神，即理性成为新的神祇；且因为每个人身上都有理性/神性，故而每个人都是独立自主的个体。

这于是便说到了后现代主义的第二个意指，即作为一种"哲学或运动"："对哲学家来说，后现代主义指的是法国后结构主义，主要是让·波德里亚、吉尔·德勒兹、雅克·德里达、米歇尔·福柯、茱莉亚·克里斯蒂娃和让–弗朗索瓦·利奥塔等人的著作，它们特别强调现实之转变为图像、漂浮的能指和模拟，并为越来越无处

---

① David Harvey, *The Condition of Postmodernity: An Enquiry into the Origins of Cultural Change*, Cambridge, MA: Blackwell, 1992 [1989], p. vii. 当哈维讨论作为后现代体验的"时空压缩"时，他总是将其牢牢地置放在资本价值论之上。（参见刘宝、赵冰［翻译和整理］：《世界问题与中国方案：中外学者对话哈维实录》，《湘潭大学学报［哲学社会科学版］》2017年第1期。）

② Vincent B. Leitch, *Literary Criticism in the 21st Century: Theory Renaissance*, London: Bloomsbury, 2014, p. 121.

③ Ibid., p. 9.

④ Ibid., p. 68.

不在的媒体荧幕和景观所播散。"①福柯的"话语的秩序",德里达的"文本之外无一物",德勒兹的非表象性"差异",利奥塔的"宏大叙事",克里斯蒂娃的引发"作者之死"(罗兰·巴特语)的"互文性",波德里亚的不包含任何现实内容的"拟像"等,都是后现代主义这一意指的简明表达。在哲学上,我们知道,也有学者将后现代主义的主要特征概括为三个论点,"人之死""历史之死",以及"形而上学之死",②这当然也很精准,但考虑到后结构主义的语言学渊源(索绪尔),那么里奇"现实之转变为图像、漂浮的能指和模拟"的概括虽则简短、似乎还嫌单一,然却更加深入后现代主义的内核和真髓。

作为后结构主义的后现代主义,作为一种语言论哲学的后结构主义,因而也就是从语言学角度来看的后现代主义,其更简明的概括是"再现危机",即在语言与其所再现的实在之间所发生的危机,这一方面是因为语言先天的无能,如公孙龙子所揭示的,"物莫非指,而指非指",即是说,"能指"(任何符号)从来不是全能的,它总有遗落,总有错位和不当,而另一方面则是起源于这样一个事实:语言作为一种社会交流工具,虽然具有公共性和全民性等属性,但在其实际运用中又总是被意识形态化和话语化,被社会主导力量所扭曲而成为某一阶级的语言,成为实施阶级压迫的精神鸦片。如果说启蒙理性坚信语言的再现功能来自于其对偏好、迷信和偏见的净除,那么后结构主义则认为这些掺进语言的杂质既是天然存在的、也是被蓄意添加的,是语言自身的属性,因而是不可随便剥离的。这一语言论的"再现危机"一方面哲学上瓦解了关于人、主体、理性、形而上学等神话,另一方面则在实践上鼓舞了诸如性别、族群之争取权益的文化抗争,语言论哲学的"再现危机"

---

① Vincent B. Leitch, *Literary Criticism in the 21st Century: Theory Renaissance*, London: Bloomsbury, 2014, p. 121.

② See Jane Flax, *Thinking Fragments: Psychoanalysis, Feminism, and Postmodernism in the Contemporary West*, Berkeley: University of California Press, 1990, pp. 32-34.

合理地演变为现实的"再现政治"。①

里奇在其《21世纪的文学批评：理论的复兴》一书未曾使用"再现危机"一语，我们将其所谓的"现实之转变为图像、漂浮的能指和模拟"简化为"再现危机"在国际学术界并不孤单。德国认知符号学家温弗里德·诺伊特在叙写"再现危机"概念谱系的一篇论文中，早已将法国后结构主义主要代表福柯、德里达、利奥塔、波德里亚等人涵括其内了。值得关注的是：他提到卢卡奇认为20世纪"再现"已无可能的观点，认为法国诗人马拉美是最早抛弃语言指涉性的先锋之一，福柯将这位诗人的"再现危机"诊断为一种由"语言与再现分离"所导致的"语言的碎裂"，从而"话语的消逝"；他将利奥塔的"再现危机"阐释为"尤其在一个宏大叙事失去其可信性的世界里知识和话语之合法性的危机"；当然，他也没有忘记举证波德里亚那耸人听闻的名言"海湾战争没有发生"。不过遗憾的是，诺伊特并未把这些人的话语归为哲学，他认为哲学中的"再现危机"另有其代表人物，如作为现象学家的胡塞尔、海德格尔等。②

后现代主义的第三重指谓是它被用作一个"时期"概念。里奇指出："文化理论家将后现代主义解释为一个从20世纪60年代、70年代或80年代一直延伸到当前（或者结束于20世纪90年代）的时期

---

① 对于后现代主义从"再现危机"到"再现政治"的逻辑轨迹，美国哲学家玛克辛·格林有清晰的描述："所谓的后现代主义引发了对于如下一个观念的拒绝，即语言作为一种媒介表达或再现预先存在的东西。"(Maxine Greene, "Postmodernism and the Crisis of Representation", in *English Education*, Dec., 1994, vol. 26, no. 4, p. 208) 这就是说，后现代主义带来了"再现危机"，引起人们对于语言之再现的不信任。"我们许多人开始认识到传统意义上的再现其实一直与权力运作相关。它通常是随心所欲的，依赖于错误的假设。这一认识不仅指向语词、图像、符号以及诸如此类的东西，其指涉地位之被视为当然，而且也指向任何个人之被认为是某种性别、类别、族群等等的代表，就仿佛有'本质'蕴含或表现于其中。"（Ibid., p. 209）

② See Winfried Nöth, "Crisis of Representation?", in *Semiotica*, 143-1/4 (2003), pp. 9-15.

（period）。其区别性特征是例如传统雅俗文化界限的急剧销蚀，学科自主性的内爆，新异社会运动的风起云涌，以及提倡极端自由放任的经济学说的全球传播。"①这就是说，"后现代"具体是指20世纪60年代以后的时间段，据此，我们不可能将20世纪的前半段称作"后现代"，因为它们有不同的时代特征。

在后现代主义的三重含义中，里奇更看重"时期"这个概念。他提出在杰姆逊的《后现代主义，或晚期资本主义的文化逻辑》被广为接受之后，"时期概念便一直涵括了后现代风格与后现代哲学"②。对此，可反过来再确认一下：是"时期"呈现和代表了"后现代"的"风格"和"哲学"；因而，这样的"时期"就不再是一个空洞的时间概念，而是充满意义和独特性的理论概念了。里奇认为，时至今日，"作为一个时期概念"，后现代主义"持续地发挥着其有益的作用"，而"若是缺少了它，当代历史就会显得无序、混沌和破碎"。③显然，具有如此功能的"时期"早已跃变为一种理论或工具了。就其本质而言，里奇指出，"后现代主义"与"后现代性"（postmodernity）是两个可以互换的概念。④

里奇在谈论自己的生活和学术履历时涉及他对后现代主义"时期"概念的迷恋、尤其是这一概念的工具性优势："当我初次着手思考后现代主义的时候，自然地就转向了绘画、文学、哲学和流行艺术（我是60年代的孩子）。将后现代主义解释为一段时期，而不只是作为一个哲学流派或者一种风格，其益处在于我们由此必须去探讨政治经济、社会以及高雅艺术和低俗艺术。我发现，后现代融合、多元文化主义以及对新事物的抵抗都表现在一个时期的食物、葡萄酒、时尚、电影、音乐、艺术、哲学、宗教、文学和理论之

---

① Vincent B. Leitch, *Literary Criticism in the 21st Century: Theory Renaissance*, London: Bloomsbury, 2014, p. 122.

② Ibid.

③ Ibid.

④ Ibid.

中。"①进入后现代主义"时期",则一切便都是后现代主义的了,这不难理解:在一个新时代,即便传统的东西也会找到与新时代的某种链接,从而打上一个时代的色彩。这就是所谓"时代精神"或"时代风尚"对于一个时代的整体形塑能力。从"时期"概念出发而非单独从某一风格或哲学出发,将获得对发生于该时期内各种现象和事件之相互关系的认识即一种综合的和整体的视野。这是一种"时期语境"的观察优势。我们知道,语境既是时间性的,也是空间性的,因此它也是立体性的。而由于"时期"概念的语境性,任何事物或活动都必须存在于一定的语境之中,那么"时期"甚至可以成为研究其内的一切风格和哲学的视角和方法。

不过对于里奇来说,"时期"并非一般意义上的理论视角或方法。他赋予"时期"以特别的后现代内涵。"时期"初看似乎具有形而上学的"总体性",一幅鸟瞰图画,但当它被里奇作为一种特定意义上的"理论"时,这一"总体性"实则为一种总体上的"混沌性",即是说,一个无所不包的"时期"是无法为任何单一的理论所把握的。这就需要多元的理论,跨界的理论,"大写的理论",不追求"真理"而只是表达"立场"的理论、因而众声喧哗的理论。这样的"理论"被里奇看作后现代性质的理论:"理论代表了一个作为历史变化的话语或领域,即一种后现代的现象,它汇聚和融合了诸多现代学科以及学科分支,将其构造为一种混杂了文学批评、语言学、人类学、心理分析、哲学、社会学、史学,以及政治经济学的复合体。如其批判者所点明的,大多数当代理论都与立场认识论、社会建构主义、文化相对主义和流行文化密不可分,因此理论在相当程度上乃是一种后现代的合成。"②除了学科间的混杂作为后现代理论的一个特点外,里奇还指出,造成这种学科间混

---

① Vincent B. Leitch, *Literary Criticism in the 21st Century: Theory Renaissance*, London: Bloomsbury, 2014, p. 10.

② Ibid., p. 56.

杂的原因在于研究对象的混杂，而这也属于"理论"的一个后现代表征："21世纪的理论复兴采取了后现代特征的形式，即许多学科分支、领域和话题的无组织或解体。"①研究方法的杂合源于研究对象的混沌不分，这在里奇已经意味着：唯有后现代的"理论"方才能够准确解释后现代的"时期"。确乎如此，例如里奇在一次列举了大量的文化混杂现象，乃至科学领域中基因编辑和DNA重组之后提出："作为后现代时代特征的杂乱、拼贴在文化中的表现可以说无处不在"，"我们需要解释这些现象"，而由于"理论本身即是一种杂合，解释起来自然有效"。里奇把作为"交叉学科"或"大杂拌"的"文化研究"也算作"理论"，明确指出："这一类型的理论呼应于它的时代"，即呼应于一个"自主性"到处倾覆的时代。②里奇公开宣称："我本人即是一个大写的理论家"③。因此，如果说里奇是一个后现代理论家，那么这根于他是一个"时代"的理论家，一个"时期"的"理论"家。显然，"时期"是里奇的后现代"理论"的根基，是他人生和学术履历中刻骨铭心的经历和敏感性④，因此也是他"理论"的忧思难忘。其歌也，其哭也，主要就发生在这一"时期"，这一"时期"的美国。如前引述，他是60年代的孩子。"时期"是他一生抹不去的文化胎记。

然而也恰恰是因为其与"时期"概念的深度纠缠，里奇才会特别执念于后现代主义是否已经终结的问题。这就是说，后现代主义一旦被作为一个"时期"概念，它便终归有结束的那一天。"神龟虽寿，犹有竟时"。我们可以追随里奇将后现代主义继续延伸进21世纪，延伸到目前尚看不见其尽头的未来的某一天，至少延长到与现代主义等长的200年。现在尚无法验证里奇的说法是否正确，

---

① Vincent B. Leitch, *Literary Criticism in the 21st Century: Theory Renaissance*, London: Bloomsbury, 2014, p. vi.

② Ibid., pp. 68-69.

③ Ibid., p. 31.

④ Ibid., Chapter One.

因为未来尚未到来。不过,从理论上看,里奇的辩解也不是毫无道理:如果说现代主义有两百年的历史,那么作为其反动的后现代主义为什么只有区区40年,即只有其五分之一时长的命运呢?如果后现代主义是如此地短命,那只能说明现代主义太过脆弱、太不堪一击了:它苦心经营了两百年,而后现代主义仅用40年居然可以将其打败,而后功成身退。事实上,现代性从其出现的那一时刻起就伴随着对它的疏离和批判,例如说,有启蒙就有对启蒙的不信任和批判,因而只要现代性没有终结,那么后现代作为一种反对的力量就不会马放南山、刀枪入库。

但是里奇未能意识到,第一,无论现代性或后现代性都是对于历史和现实的一种理论"标签",而"标签"是绝不等同于它所揭橥的对象的。可以说,甚至对于20世纪后半叶的文化现象,后现代主义这个标签也未必能够全部涵盖。第二,后现代主义的描述对象主要是20世纪60年代以来兴起的一些文化现象,具有无深度、无意义、碎片性、混杂性、差异化、多元化、拟像化等特征,但作为后现代主义哲学的后结构主义一是不完全对应于这些文化现象,甚至也不仅仅对应于60年代以来这个时期划分,它有理论自身的逻辑演绎轨迹和意向所指,①二是即便其中如波德里亚、杰姆逊等人对于这

---

① 根据佩里·安德森的研究,当利奥塔将"后现代主义"描述为"宏大叙事"或"元叙事"之合法性丧失时,他还不了解该术语在北美建筑学界的使用情况,再者,他也没有指明这种合法性丧失究竟始于何时。同样,当哈贝马斯认为后现代的标志是生活世界之被殖民时,他也没有给出这一世界之被殖民和未被殖民的时间分界点。结果,"一个在定义上本来与时间相关的概念,在他们谁那儿都没有时期(periodic)的重要性"。安德森有趣地发现,由于利奥塔和哈贝马斯没有积极回应哈桑和詹克斯笔下的后现代诸形式,后现代主义话语便呈现出"一方面缺乏重要美学内容的哲学概览;而另一方面缺乏通贯之理论视野的审美洞识"。这就是说,后现代主义话语是凌乱的、自说自话的,未能形成"知识性的整合"或体系性的理论。(Perry Anderson, *The Origins of Postmodernity*, London: Verso, 1999 [1998], pp. 30, 45)在众多的后现代理论家中,能够将后现代主义的风格、时期和哲学等三大方面统一和贯穿起来的恐怕非杰姆逊莫属,对此,安德森有言: "杰姆逊之将美学和经济学联姻生产出对整个后现代(转下页)

样的文化现象大有感动而表达了他们的后现代理论，但这些理论一经生产出来，便获得其生命力，即是说，即便这样的文化于整体上不复存在，但并不因此而失去其意义。对此，里奇不是毫无觉察，在本书的末尾，他表露："作为方法和路径，作为持久的文本与知识问题，以及作为批判，理论不仅不死，而且还过得顺风顺水。"①不过，如果提出一个不算苛刻的要求，即是说，如果里奇能够将"时期"理论化，那么这样的"时期"就不会随着这个"时期"的终结而终结。例如，当"启蒙世纪（siècle des Lumières）"变成"启蒙"或"理性"时，它至今也没有终结。当然，终结启蒙的呼应一直不绝于耳，但这也恰恰说明它一直未被终结。

也许有研究者会追问里奇关于后现代主义的描述和定义有无原创性。的确，将后现代主义分别与风格、哲学、时期相关联，并且以后者为前者之本质特征，这种做法在学界大有人在，例如20世纪80年代末期巴利·沙博特（C. Barry Chabot）在比较了几位包括哈桑在内的后现代阐释者之观点后即指出："杰姆逊之特别之处尤其在于他的后现代是一个系统性的时期概念，它含涉各种不同的运动和风格，而且也指及各种各样的艺术以及当代世界的其他社会体制。"②里奇对原创性有自己的看法，他袒露其个人心迹说："原创性问题一直困扰着我的整个职业生涯。这就是我的主要关注点。历

（接上页）文化之精妙的总体化"（Ibid., p. 132）。而此处所谓之"经济学"乃是杰姆逊描述后现代主义文化所诉诸的政治经济学框架，即曼德尔的"晚期资本主义"概念对资本主义的时期划分。换言之："杰姆逊将后现代解释为资本主义发展的一个阶段，在此期间，文化变得实际上与经济齐头并进。"（Ibid., p. 131）至于杰姆逊作为一位马克思主义批评家在政治上是怎样对待后现代文化的，审美/文化批判是对政治批判的深化抑或是从政治批判前线的退却，虽然事关重大，但不是此处所要讨论的问题。

① Vincent B. Leitch, *Literary Criticism in the 21st Century: Theory Renaissance*, London: Bloomsbury, 2014, p. 157.

② C. Barry Chabot, "The Problem of the Postmodern", in *New Literary History*, Autumn, 1988, vol. 20, no. 1, p. 13. 当然，严格说来，沙博特的这一观点也不能算作原创，它只是对杰姆逊后现代主义论说的一个概括。

史学家应该以原创性为目标吗？我不知道。我的前辈学者，譬如雷纳·韦勒克，追求过原创性吗？"①里奇为自己之作为历史学家多少做了一些辩解，例如他把"精细化、整体化、多元化"作为历史学家的"绝对命令"，②然后谈他本人如何在研究中努力践行这些要求。其实"原创性"有多重含义，作为理论家，里奇没有提供体系性的原创，即没有自己独创的理论体系或主张，但作为理论史教授，他给我们预备了体系性的知识或教材。如果有谁想原创，那么这些理论史知识则是必须具备的。

二、建构主义：新实在论对后现代主义的定性

俗话说，旁观者清。"旁观者"首先意味着非介入的位置，但"旁观者"除了非介入这一种之外，还有对面、对立的那一种，它不是不介入，而是不但介入其中，且亦能够出乎其外，即使对其本人亦复如是：一方面从自身出发，而另一方面还能够反观自身。这就是论敌的位置，好的论敌始终能够保持一种对己对人的"外位性"旁观。巴赫金和朱利安盛赞认识主体的"外位性"，因为这个位置能够使对象清晰地呈现出来，如果再结合以入乎其内，那么对象就更是无处躲藏了。

后现代主义有数不清的论敌，新近在德国和意大利出现的新实在论，其在德国的代表人物马库斯·加布里尔宣称，"标志着所谓的'后现代'之后的时代的哲学立场"③，是"对后现代之后的时代的命名"④。那么，在新实在论眼中，这个在它之前、被作为克

---

① Vincent B. Leitch, *Literary Criticism in the 21st Century: Theory Renaissance*, London: Bloomsbury, 2014, p. 82.

② Ibid., pp. 82-83.

③ ［德］马库斯·加布里尔：《为什么世界不存在》，王熙、张振华译，北京：商务印书馆，2022年，第1页。

④ 同上书，第2页。

服和超越对象的后现代主义是一个怎样的形象呢？前文我们知道，在哲学家看来，后现代主义就是将现实存在的一切都变成与现实不再相关的话语、文本或图像。实在论者加布里尔将此称之为"建构主义"，其要点是认为"根本不存在任何自在的事实，毋宁说一切事实都只是我们通过形形色色的话语或科学研究方法所建构起来的"①。他注意到，即便是温和的后现代主义者如美国哲学家理查德·罗蒂也只是说"在对我们显现的世界背后或许的确存在某些东西，但它对我们人类来说无足轻重"②，其虽有所保留，但根本上仍旧是认同于后现代主义之基本理念的。

　　熟悉西方哲学史的读者想必已觉察到，这样论及的后现代主义就是对康德关于自在之物与现象之经典划分的一个当代延续。不错，正是在这一意义上，加布里尔断言，"后现代主义不过是形而上学的又一个变体"③。这一论断可能让我们感到困惑，因为我们早被告知，德里达哲学的核心就是解构"形而上学"。那么在加布里尔，其所谓的"形而上学"又究竟是何所指呢？难道他们说的不是同一个"形而上学"吗？加布里尔举例来描述他的"形而上学"概念。他说，最晚至伽利略和牛顿以来，人们开始怀疑颜色的存在，以为自在的世界是无色的，我们之所以看见五颜六色的世界，是因为具有特定波长的电磁波刺激了我们的视觉神经。他指出，"这一观点正是形而上学"，它主张"自在的世界完全异于其对我们的显现"，"世界实际如何，我们根本无从得知。我们所认识的，都只是我们所创造的，而这也是我们能认识它们的原因"。康德属于这一传统，"相比之下"，他"只是更加激进地提出，甚至是这一观点本身——即关于时空中的粒子的观点——也只是自在的世界对我

---

① ［德］马库斯·加布里尔：《为什么世界不存在》，王熙、张振华译，北京：商务印书馆，2022 年，第 3 页。

② 同上。

③ 同上。

们显现的一种方式"。①简单说,人的世界就是人化的世界。借用德国戏剧家克莱斯特的一个比喻,加布里尔把人类认识世界所经由的"知性"视为"绿色眼镜",通过这副眼镜所看到的一切对象都是绿色的。如此被解释的康德就变成了建构主义的同道和鼻祖:"建构主义相信康德的'绿色眼镜'。后现代主义甚至认为我们实际上不只佩戴了一副眼镜,而是许多副眼镜:科学、政治、爱和诗歌的语言游戏、各种自然语言、社会风俗等等。"②整个世界而非其局部就这样地被形形色色的有色眼镜变得面目全非了。加布里尔归纳形而上学和建构主义的共同点说:"它们要么将现实片面地看作一个没有观察者的世界,要么同样片面地只将现实看作一个由观察者所建构的世界。"③

加布里尔新实在论的同道和学长、意大利哲学家毛里齐奥·费拉里斯可以说对于后现代主义有着更系统、更深入的批判,其代表作《新实在论宣言》与其说是对其新实在论基本原理的宣读,毋宁说更是对后现代主义基本形象的展示,原因似乎在于对旧理论的了解总是多于对新理论的想象。或者说,通过本书费氏的新实在论尚未令人信服地建立起来,而其所欲打倒的后现代主义却在他的批判中赫然耸立。与加布里尔一样,费氏对后现代主义的定性也是建构主义,但他从建构主义的视角对后现代主义的特征做了三点概括:其一是"反讽化",即对任何号称为"实在"的东西打引号:"后现代主义标志着引号进入了哲学:实在变成了'实在',真理变成了'真理',客观性变成了'客观性',正义变成了'正义',性别变成了'性别',如此等等。"④关于加引号的意义,费氏解释

---

① [德]马库斯·加布里尔:《为什么世界不存在》,王熙、张振华译,北京:商务印书馆,2022年,第3—4页。

② 同上书,第4页。

③ 同上书,第6页。

④ Maurizio Ferraris, *Manifesto of New Realism*, trans. Sarab De Sanctis, Albany, NY: SUNY Press, 2014 [2012], p. 4.

说，由于后现代主义者深信一个"文化转向"，即认定"概念图式凌驾于外部世界之上"①，那么世界上的任何事物都不是其自身，而是以概念图式为中介的建构："我们从未处理过事物本身，而永远只是处理那些被中介的、被扭曲的、不真切的，因而可以置其于引号之内的现象。"②因此，"诉诸引号"就被作为一种其与外部世界"拉开距离的手段"，③意味着尼采为后现代主义所预制的元命题"没有事实，只有阐释"，即在事实与阐释或再现之间的分裂。

其二是"非崇高化"（desublimation），即认为："欲望构成了一种解放的形式。这是因为，理性和理智是统治的形式，自由就必须通过感觉和身体来寻找，它们自身即是革命性的。"④我们知道，与"崇高"相反的是"沉沦""堕落""下沉"等。换言之，在"崇高"的金字塔中，居于上位的是精神和信仰，而居于底部则是肉体和欲望。费氏所谓的"非崇高化"指的就是后现代主义者对于肉身或欲望的迷恋、崇拜和赞美。在后现代主义者如费氏所特别

---

① 此处英文版翻译有误，或者至少可能造成误导，引文经核对意大利文原版后修正。英文版："namely, the prevalence of conceptual schemes over the external world."（Maurizio Ferraris, *Manifesto of New Realism*, trans. Sarab De Sanctis, Albany, NY: SUNY Press, 2014 [2012], p. 6.）意大利文版："ossia il prevalere degli schemi concettuali sul mondo esterno."（Maurizio Ferraris, *Manifesto del nuovo realism*, Rome-Bari: Gius. Laterza & Figli, 2012, p. 11）问题出在英文版直接将意大利语的"prevalere"翻译为英语的"prevalence"，此二者虽然同源（拉丁语），但在现代英语中"prevalence"已经没有意大利语"prevalere"所依然保持着的"优先""高于""主导"等意义，而仅仅意味着"普遍""流行""常见"等。读者需要有语源的敏感性，方才可能捕捉到作者的真实意谓。

② Maurizio Ferraris, *Manifesto of New Realism*, trans. Sarab De Sanctis, Albany, NY: SUNY Press, 2014 [2012], p. 6.

③ Ibid.

④ Ibid., p. 4.

提及的德勒兹和瓜塔里①看来，话语、秩序、制度、组织、伦理和社会等是人类正常欲望的抑制和规训，因而人类要争得自由，就必须向一切统治形式造反，让欲望摆脱主体、客体（对象）、器官（组织）而回归其自身，即回归到尼采"权力意志"那样一种盲动的力量。

其三是"去客体化"（deobjectification）。它意味着根本没有什么客观性或真理性的存在，而任何被奉之为"客观""真理"和"知识"的东西都不过是"权力意志的表达"，是"构成统治或欺骗的工具"。②既然世界无"实在"可言，那么"实在"也就被作为一种"信仰"，一种"隐喻"，一种"神话"，一种"梦想"，一种以"实在"之名而实际上将"实在"弃之不顾的对于"团结"或"共同体"的诉求，即主张"团结友爱必须优先于冷血和暴力的客观性"③。费氏拣出理查德·罗蒂的《团结还是客观性？》一文作为这一观点的代表作④，其中罗蒂有阐释说："在实用主义者看来，欲求客观性并不是欲求避开某人所属之共同体的限制，而只是欲求尽可能的主体间性一致，欲求尽我们所能地延伸'我们'一语的指涉范围。"⑤其实，并非局限于此文，将"团结"摆在优先于"真理"和"知识"的位置是罗蒂作为实用主义者一贯坚持不动摇的观点。简单地说，这一观点就是让"真"服从于"善"，而于"善"无益、无补的"真"则是不值得追求的。"善"是伦理学的范畴，是主体间性的范畴，不涉及形而上学（实在）和认识论（符

---

① 费氏在脚注中说明其论述的依据是德勒兹和瓜塔里合著的《反俄狄浦斯：资本主义与精神分裂》一书。（See Maurizio Ferraris, *Manifesto of New Realism*, trans. Sarab De Sanctis, Albany, NY: SUNY Press, 2014 [2012], p. 4.）

② Maurizio Ferraris, *Manifesto of New Realism*, trans. Sarab De Sanctis, Albany, NY: SUNY Press, 2014 [2012], p. 13.

③ Ibid., p. 4.

④ Ibid., p. 87, Note 6.

⑤ Richard Rorty, "Solidarity or Objectivity?", in Michael Krausz (ed.), *Relativism: A Contemporary Anthology*, New York: Columbia University Press, 2010, p. 395.

合），因而实用主义的"团结"或"善"也是后现代主义意义上的"话语"，尽管这一"话语"并不是在批判的意义上使用。在否认与人类语言、历史无关的"自然秩序"（natural order）即"实在"方面，罗蒂坦承实用主义与后现代主义并无二致，而这一否定所同时假定的另一方面则是费氏所概括的"概念图式凌驾于外部世界之上"。因此对罗蒂来说，"自然秩序"可以存在，但它只能在语言的描述中存在；而人们对语言思考得愈多，则愈不需要考虑自然。这与尼采及其所启迪的后现代主义何其相似！不过，罗蒂并不情愿将其实用主义主张归属在"后现代主义"麾下，原因据他说是"后现代主义"一语被滥用而用烂了，用得混乱不堪、模糊不清。的确，那些文化的或艺术的后现代主义与他作为哲学的实用主义，严格说，是不能混为一谈的。他很怀疑尼采、海德格尔或者福柯这样一些后尼采哲学家（实际上也包括他这样的后现代主义的实用主义哲学家）与北美建筑和绘画领域里所发生的那些新变化究竟有何干系。他也不相信这些哲学家的观点与那些新出现的、令人恐怖的社会—政治问题有何相关性。[1]当然偏爱以"时期"来包揽所有"后现代主义"现象，即在某一时间段内森罗万象的"后现代主义"概念的里奇，是绝难认同罗蒂这种"洁身自好"的。[2]

在对后现代主义谱系的描述中，费氏也是把康德置于开山之位："追随康德并将其极端化，建构主义者混淆本体论和认识论，不留残余（连本体也不留存），也就是说，他们混淆事实上存在什么（不依赖概念图式）与我们知道什么（依赖于概念图式）。"[3]为

---

[1] See Richard Rorty, "Is it desirable to love truth?", in his *Truth, Politics and "Postmodernism"*, Assen: Van Gorcum, 1997, pp. 13-14.

[2] 罗蒂明确提出不能用诸如"后现代时代"（postmodern epoch）或者"后现代主义""后现代思维"之类的术语不加区分地指称后尼采哲学、建筑绘画和社会政治的新变化（See ibid., p. 13）。

[3] Maurizio Ferraris, *Manifesto of New Realism*, trans. Sarab De Sanctis, Albany, NY: SUNY Press, 2014 [2012], p. 27.

了表达后现代主义与康德的密切关系，费氏将康德和福柯之名捏合在一起，生造一个"福康（Foukant）"，并简单概括其共同的思想如下："福康的论题最终构成了如下三段论：实在被知识建构，而知识又被权力建构，因此实在被权力建构。"①如果要往更根本处追究，那么知识则来自于经验；进一步，如果说经验是如休谟所怀疑的那般不确定，那么康德则通过予其以先验结构而确定了经验的普遍有效性。这种先验结构乃主体之先于任何经验、因而不接受任何具体经验情境所左右的永恒认识图式。这就是现代科学或所谓"科学性"的由来，而如果说"科学是一种范式建构"，那么费氏认为，"在这一点上，经验也将同样是建构，即是说，它将从概念图式出发去构型世界。"②最终，费氏建议"抛弃康德的托勒密式革命并且终结本体论上的人类中心主义"，而对认识论的人类中心主义则表达了某种宽容："在认识论上我们当然可以为所欲为，但是绝不能在本体论上犯人类中心主义错误。"③费氏把后现代主义视为人类中心主义，这与学界通常的认识恰好相反，后现代主义一直是以反人类中心主义而闻名于世的，对此只要我们能够想起后现代主义对主体、自我的怀疑和批判，也就不必再与费氏辩论了：我们需要看到康德乃至黑格尔及其影响的复杂性，也要看到后现代主义对于"实在"求之而不得的尴尬。

结语

本文所设定的主要目标既不远大，也不深邃，不过是尝试梳理

---

① ［意］毛里奇奥·费拉里斯：《新实在论导论》，傅星源、王成兵译，北京：北京理工大学出版社，2021年，第20页。

② Maurizio Ferraris, *Manifesto of New Realism*, trans. Sarab De Sanctis, Albany, NY: SUNY Press, 2014 [2012], p. 27.

③ ［意］毛里奇奥·费拉里斯：《新实在论导论》，傅星源、王成兵译，北京：北京理工大学出版社，2021年，第36页。

一下进入新世纪以来、尤其是最近十年间对于"后现代主义"有哪些新的认识和总结,充实或更新一下我们"后现代主义"知识的基本库存。我们特意选择了赞成的一方和反对的一方,前者以里奇为代表,后者以德意新实在论为代表,它们构成了一种更清晰的互文性阐释。虽然其态度迥异,但在对于后现代主义形象的图画上,二者则表现出高度的一致性:第一,后现代主义是一种话语建构主义,即认为世界是由话语建构起来的,舍弃话语,我们不能进入现实,而经由话语,我们仍然不能进入现实,我们只会进入我们通过自己的话语或符号体系所建构起来的现实。第二,后现代主义批判的一个靶标是主体性理论,一旦主体性被证明是一种话语建构,以及必与他者相关涉,但最终又无能于同世界和实在的衔接和涵括(即所谓"再现危机"),主体性的权威性、自主性即刻便轰然倒下、分崩离析。这在美学上就是对于"审美自治性"的瓦解,在文学理论上是"作者之死"和"文本性"的诞生,在文化上是精英的衰微和"庶民的胜利",复制、拼贴、涂鸦、现成品等"反艺术"现象在艺术领域的喧哗鼎沸从此可得理解。可以想象,当人类不能为自然立法时,其所做的一切则一定是组织缺位而显得散乱无章了。后现代主义的出场在西方历史的发展中具有必然性,甚至也可以说是人类历史发展的必然结果,这是自古希腊以来整个西方社会的"平民化"(plebeianization)①冲动及其过程,文艺复兴、宗教改

---

① 据安德森说,"平民化"一语源自布莱希特,被杰姆逊用以表示一个社会的"平面化过程(levelling process)",并强调这个术语与"民主化"不同,因为民主化意味着最高政治权威在体制上的丧失。对此,杰姆逊可能多半持一种欣赏的态度。(见 Perry Anderson, *The Origins of Postmodernity*, pp. 111-112)但若是辩证而客观地看,对于"平民化"则可以有两种叙述:一种叙述称其为"一个解构的过程,粗暴地将普通个体的生活世界向资本主义洞开",当今表现为"全球体系对日常生活的透入"。由是观之,"平民化"意味着"生存的匮乏、主体的萎缩、非个人化,以及自我的匿名"等。现代主义即持如此的观点,它把"平民化"描述为"历史的衰败、存在的苦恼、社会的碎片化、语言的无效和主体的异化"等。而另一种叙述则认为:"资本主义现代性对隐秘自我的平面化影响带来一种对于生命之多元性和他者之众多性的(转下页)

革、启蒙运动、后现代社会是其中的四个重要节点。

本文之首要意图在于建构和提供一种关于后现代主义的知识，因而行文中未能对其中的一些知识点进行及时和深入的批评性审查，而这又可能使我们携带着后现代主义的馈赠而迈出其门槛，其重要性自不待言。作为一种补救，本文只能是概略性地指出，在实在和话语之间，在自律与他律之间，都存在着一种互动的和对话性的关系。不能简单认为话语隔绝了实在：话语一是主体对于客体/实在的一种智识反应，二是这种反应尽管赋有反映论的性质，但同时亦包含对话论的性质。反映论即真理论，要求话语与实在之间的契合，而对话论则重在主体之如何回应于客体，具有实践之导向。在人类具体的活动中，反映论必须服从于对话论，因为人类的生存和交往永远是第一重要的。我们也不能同意自律与他律之间的截然对立：自律是理性的自主，而理性又必须关涉社会交往，因而自主那有赖于构成自主的律条则一定来自于社会，与社会相通。心中道德律之有无且不去管它，但只要实践出来，其必为一种社会规范，调节自我与他者的关系。这即是说，自律必同时为他律。进一步，即便是非社会性的欲望，也不是无组织的，纯粹肉身性的。德勒兹所谓"无器官的身体"无法形成任何实质性的"欲望"，它只能是一堆僵死的肉体，是纯物质性的。欲望没有总体性目标，但欲望的每一次展露都有其具体的对象。无机物貌似脱离了"组织"，如德勒兹所想象的脱离了"组织"（器官）的无机"身体"，但若是较真起来，它同样有其自身的结构，有叔本华之所谓"意志"，从而表现为"欲望"。世间万事万物皆有其自组织性，否则便无以存在。

（接上页）更大范围的认知（这是平民化的积极内容）。平民化与无名无姓的、没有面孔的、缺乏特征的大众无关，相反，它呼唤一个灵活的集体概念，即自我能够想象一套新的匿名的、可互换的与他者的连接。"（Firat Oruc, "Plebeianization, Un/Bound Seriality, and Global Modernism", in *Criticism*, vol. 55, no. 2, 2013, pp. 280-281.）我们可以将"平民化"作为理解后现代社会和后现代主义文化的一个视角，至于予其以怎样的评价，那是另外一个问题。

而一切存在必然是"要求"存在,"去/趋"存在,即存在必然是有其欲求、有其方向的。一个社会,一个共同体,就其整体而言,有其自组织,有其自律,有其自体欲求,但相对于个体之差异性存在而言,一个社会或共同体的自律就可能表现为他律;不过这一他律是众多个体之间的律条,为其所分有和拥有,因而此他律便同时属于具体个体的自律,纵使不完全地属于。其实,退一步,就其自身而言,具体个体也是一个差异共同体,如赫尔曼斯"对话自我理论"所揭示,也是一个小社会,一个"微型心灵社会"[①],因而其自律对于其内部各种差异性力量也同样是他律。作为他律的话语,有强制的性质,但并不完全是强制性的、乃至暴力性的,它总是部分地反映了具体个体的自律。没有认同,认同于超越自身的对象,何以聚合为一体?由此反观我们讨论过的后现代主义对于话语的抵制和对身体解放的奋力争取,其片面性一目了然。

我们无兴趣介入后现代主义是否已经过去的争辩,因为后现代主义提出了许多至今尚未解决的问题,因而如文中已经表达过的,作为理论,后现代主义是不死的,是一个永远说不尽的话题。后现代主义的永恒性在于它是一种哲学,无论它是纯粹哲学,抑或"风格"哲学,再或"时期"哲学:风格之所以成为"风格",时期之所以被作为"时期",盖在于其中包含着某种同一性的元素,这种同一性即是哲学,只是形式上不同寻常而已。

(原载《社会科学战线》2023年第9期)

[①] 参见〔荷兰〕赫伯特·赫尔曼斯:《对话自我理论:反对西方与非西方二元之争》,赵冰译,载《差异》第11辑,成都:四川大学出版社,2022年,第27页。

别了，中国后殖民主义

——于会见艺术的后现代崇高及其世界主义意谓

阅读提示：于会见的艺术就是"后现代崇高"哲学[①]：它以批判的姿态介入"现代性"，因而是"后现代"的，而"后现代"如果依据后结构主义的理解，不是杰姆逊美国版的大众文化、波普艺术，而是不可表述的"大地"和人的生命存在，是康德和利奥塔意义上的"崇高"。因其所处理的是现代性及其后果这样一般性的"世界史"问题，且不再局促于什么后殖民主义文化政治学的"中国特色"和"差异"，于会见的艺术便获得了"世界主义"的视野和胸怀。

[①] 利奥塔说过："后现代艺术家或作家就在哲学家的位置上。"［法］利奥塔：《对何为"后现代主义"这一问题的回答》，《后现代性与公正游戏》，谈瀛洲译，上海：上海人民出版社，1997年，第140页。译文根据英文版 Jean-François Lyotard, *The Postmodern Condition: A Report on Knowledge*, translated from the French by Geoff Bennington and Brian Massumi, Minneapolis: University of Minnesota Press, 1984, p. 81 有所修正。

于会见的绘画给我们传递的一个最强劲的信息是其与"现代性"的纠结,这纠结的结果究竟是画家成为"现代主义"的代言人,抑或反现代主义的英雄而汇入"后现代主义"阵营,不是一个简单的是否问题。或许可以说,正是超越了对非此即彼的二元思维,于会见才成为一个不"简单"的画家,而"不简单"则是作为一个"哲学家"的真髓。我们可以把于会见读作哲学家,一个与现代性相关的哲学家:让我们就在此处开始吧!

一、现代性就是"出现"

"现代性"作为一个颇有年代而又持续不断的思想学术话题存在着越描越厚、越说越玄的不清晰的趋向,然而在视觉上极为清晰的是,现代性就是"改天换地",在地表上一系列堪称地标的"杰作"以及由此而形成的新的天际线。纽约的摩天大楼,巴黎的埃菲尔铁塔,东京的银座商厦,宜昌的三峡大坝,中国各地的高速铁路大桥等。在这方面,于会见提供给我们的是工业时期的烟囱,横跨沟沟壑壑的桥梁,桥上奔驰着的列车,热火朝天的建筑工地,给大地开膛破肚的水利工程等。要而言之,让于会见陶醉的是现代性的物质符号或借用波德利亚的术语:"物体符号"。确乎如此,现代性就是"形象"工程,具有外在性与可见性。我们不陌生波德莱尔对现代性的界定,"过渡、短暂、偶然"①,但我们似乎不太在意的另一方面则是,一切烟云飘渺的东西都凝固了,都要经由物质化方才取得自己的位置和价值,转化为可见性,这就是资本主义的"拜物教",其核心意思是"物化"(Verdinglichung)、"具体化"和"看得见"。

于会见将现代性揭示为"出现",出现于大地上的种种人工制品。面对自然,不是陶渊明的"悠然见南山",于会见赋予现代

---

① [法]波德莱尔:《现代生活的画家》,《波德莱尔美学论文选》,郭宏安译,北京:人民文学出版社,1987年,第485页。

性事物的"出现"以一种奔突力,一种陡然,一种"突然",一种波德利亚所谓的"外爆"。于会见的画作充满了运动感、力量感,甚至是不由分说的强暴感,这是现代性能量的喷发,是现代性的狠"奔"豕"突"。了解于此,我们就知道在他的画作中何以有那么多的仿佛被刀劈斧砍的大地,那么多直刺苍穹的电杆、佛塔、山峰,尤其是那反复出现的似乎一怒冲天的鸟群,而向下则是令人目眩的沟壑、深渊。

二、"出现"就是"崇高"

必须辨别清楚,"出现"(presentation)不同于"再现"(representation)。"出现"归属于事物本身,是事物的自行呈现;而"再现"则是现代性主体将事物作为客体的认识活动或表象活动。如果依据康德,"再现"不过就是主体性的自体循环,过去曾经美其名曰"人的自我确证",而这确切地说则是黑格尔的理论。康德没有像后来的黑格尔陷入理智主义的泥潭不可自拔,因为他还葆有一个"自在之物"。受黑格尔影响,青年马克思将美作为人的本质力量对象化。

"人的本质力量对象化"是一个典型的现代性主体哲学命题,康德以来西方美学以此为正宗,为主流,但它无法回答一个最基本的美学问题:古希腊艺术何以具有永久的魅力?人的本质力量应该就是人的理性,是说得清道得明的,因而是"知识"。难道艺术欣赏者需要一遍一遍地重复自己对于某对象的知识吗?诚然,与对象的心心相印,高山流水的境界,乃是一种审美的境界,但更是一种对话活动,而能够刺激对话进行下去的则是参与对话者自身的不可对话性的生命存在,它是理性和话语的生命活水。

结构主义的对话,如托多罗夫、克里斯蒂娃所阐释的巴赫金的"对话",只是一种"互文性",是文本间在文本层面上的理性主义对话。而深邃的对话主义尽管不会抛弃这一点,但更愿意补充以本体论的意义。在本体对话主义者看来，优美与崇高并无实质区别，只是在实现形式上有所不同而已。优美以其对主体的逢迎而使我们忘记了对象的真实存在，对象之呈现于主体者乃是可以言语者也，是表象，是浅层；由此而言，崇高就非常可贵了，它对主体想象力的摧折，唤醒了主体对自身之局限于话语层面的认识，从而了解到对象还有其不属于"我"的独立的神秘与存在。

于会见深谙于此，他说"大地是一层皮"，而皮下的则是"历史"。他向我们暗示，历史并不只是"叙述"，不只是可付诸叙述的"经历"（Erfahrung），继而"故事"，它更是生命的体验（Erlebnis），更是日常生活的"惯习"（habitus），换言之，是哲学解释学的"传统"：我们无法随意躲避"传统"，选择"传统"，因为"传统"是我们生命体的先在构成，是"基因"。

于会见描画大地上人类的所作所为，这是他所谓的"大地是一层皮"，但他企图带领我们穿透这层表皮而深入"历史"，深入对于地表上的人类而言知其或有而不得其详的未知领域，那是康德的"自在之物"。于是于会见的现代性的"出现"就是康德"自在之物"的"显现"（Erscheinung）。面对这样的"出现"或"显现"，我们无法"想象"，无法整合，因而感到震惊、恐怖、晕眩，找不到方位。坚持于此的于会见将注定与"优美"无缘，他看透了美的幻象，美对他不过就是幻象，是话语性的皮相。"道可道，非常道；名可名，非常名。"穿过话语的表象，于会见看到了"无名"，看到了"玄之又玄"的真理。

三、"崇高"本质上属于"后现代"

根据康德，"崇高"来自于"理性的理念"（die Ideen der Vernunft），更准确地说，是"理性"接通了"理念"，这个"理念"相当于老子的"道"，是世界的"绝对整体性"和"无限性"，无形式、无尺度，是可以意会而不可以言传的，它不接受任何对它的"再现"和"庸常"的领会。对崇高（以及自由）的研究使康德不再把"理性"局限为"知性"，那是理性的第一重含义，而是将"理性"还作为对"知性"的突破："理性"同时是非理性的。然而，理性也好，非理性也好，在康德那里统统内在于人的主体性。康德是科学理性的康德，也是人文理性的康德——我们知道，人文理性与自由相关，与心中的道德律相关。质言之，德性是人之整体不可缺少的一维。

但现代性哲学似乎并不对康德的遗产照单全收，它热衷的是理性中的知性，一路下来，直至将它简化为"工具理性"。是后现代诸家拯救了康德的人文理性，具体于本文，是利奥塔拯救了康德的"崇高"，将其界定为"不可再现"，是谓之"后现代崇高"。如果说"现代"就是"工具理性"，就是韦伯的"合理化"、"祛魅"，那么"后现代"则就是"人文理性"，它抵抗对人的科学化、技术化、工具化、明晰化，守卫人之最后的模模糊糊的尊严。人之尊严，生命的尊严，是不可论证的，不可"再现"的，它也不需要论证和再现，它是绝对的存在。

于会见不缺乏写实的功底，他具有对事物超强的"再现"能力，据说，他可以在大型聚餐后画出每一道菜的形相来。但是，他无意于或者就是不屑于写实主义。在他的众多画作中，几乎找不到什么毫发毕现的细节。山是气势，人是影影绰绰，鸟无羽毛而呈团块之状。这种风格的形成源于他对写实主义美学的重重疑虑。他坚信，大地不可"再现"，不可"表象化"，不可为技巧、计算和理性所穿透，在这一点上，他引海德格尔为异国同调。[①]在海德格尔，在于会见也一样，"大地既涵盖了这个有意义的世界，又坚决抵制被它耗尽的部分，它允许艺术在传达这个世界意义之时，静谧地保

[①] 参见［德］马丁·海德格尔：《艺术作品的本源》，《林中路》（修订本），孙周兴译，上海：上海译文出版社，2008年，第28—29页。

持无以言表的圣洁"①。于会见的艺术是"大地"的艺术,但不是"反映"大地的艺术。它不"反映"大地,其本身即是大地,由大地透迤而来,与大地一体。如同孔子所感叹的"天何言哉",于会见发现,大地默默无语,然而又蕴含了世界上最丰富的道说,因而艺术家的任务不是代大地立言,而是退出艺术,让大地自己说话。

不再为主体性所袭扰,于会见默默无语的大地艺术,本质上,归属于"后现代崇高"美学或哲学。此乃"大音","大音希声";此乃"大象","大象无形"。

这种"大象",这种"无形",当就是康德在论述崇高时所提到的对象的"无形式",而"无形式"若于主体方面来说,则就是"不可再现",利奥塔将此作为"后现代"之特征:"后现代就在现代之中,它在呈现自身提出那不可呈现之物,它不需要美好形式的安慰,不需要有关品味的共识。"②关于先锋派绘画的原则,利奥塔有一精辟概括:"作为绘画,它当然要'呈现'某种东西,尽管是以否定性的方式。因此,它避免形象或者再现;它将是'白色'的,像马勒维希的一个方块;它将通过禁止人们观看,来使人们看见;它将通过给人以痛苦,来给人以快感。"③这好像是特意写给我们的,写给我们作为一个视角来观赏和评论于会见的作品。

---

① [美]伊恩·汤姆森:《现象学与环境哲学教诲下的本体论和伦理学》,曹苗等译,《生态美学与生态批评通讯》2012年6月号(总第4期),第3页。

② [法]利奥塔:《对何为"后现代主义"这一问题的回答》,《后现代性与公正游戏》,谈瀛洲译,上海:上海人民出版社,1997年,第140页。译文根据英文版 Jean-François Lyotard, *The Postmodern Condition: A Report on Knowledge*, p. 81 有较大的改动。

③ 同上书,第137页。译文根据英文版 Jean-François Lyotard, *The Postmodern Condition: A Report on Knowledge*, p. 78 有较大的改动。

四、反者道之动

对于会见的作品注定会有种种不同的解读，没有对错之分；但将其《山乡巨变》看成现代化在大地上的杰作则是绝对的误读。我们生活在现代化中，我们每日享受着现代化的成果，我们要感谢现代化的地方良多。但这并不能成为要求所有艺术家都来歌颂现代化的理由。即便可以说现代化是现代社会的本质和主流，那也不能否定其结构的复合性。同任何运动一样，有运动，就同时有反运动；有现代化运动，就一定有反现代化运动；有主流文化，就有反文化。而艺术如果不是日常意识形态的复制品，则十之八九具有反文化的姿态。

我们不能简单地用辩证法的术语说，这是相反相"成"，相辅相"成"，似乎艺术家假意借着"反动"之名而行其"进步"之实，比单纯的逢迎拍马技高一筹。从结果上看，或许如此，所以例如说资本主义制度常常容许甚至鼓励对资本主义本身的偏离和批判。然而，反文化是文化发展客观的、必然的规律，是一事实。"反者道之动"！至于"反者"的后果怎样，以及统治者如何看待和利用"反者"，那是另外一个问题。

于会见不是现代化运动的积极推动者，他是一个消极的运动者。面对现代化的种种"出现"，他的心情是沉重的，他的目光是阴郁的，他的笔触是晦涩的。在他的画作中，"出现"对他总是意味着某种凶险、不祥：冲天的鸟群似乎受到了突然的惊吓，硕大的怪鸟踩着耸立的建筑，时刻就要将其毁坏，或者，它压着一端的山巅，在其睥睨万物的目光中，神圣的佛塔也变得渺小了。如果说"出现"是向上的，那么通过这些诡异的鸟类，于会见给出一种向下的压力和可能。之于"向上"，"向下"就是"反"向：反者，道之动也！

在于会见的笔下，佛塔不再与宗教和脱离世俗有关，而是被剥去神圣，被贬为尘世的普通"人迹"。同任何建筑物如工业烟囱一样，它们是人的作为，亦即现代化的产物，是现代性的"出现"。可以说《塔》将这一点表露无遗：没有佛骨，没有经卷，于会见的塔由垃圾堆砌而成，而"垃圾"，我们知道，是人的日常生活，是工业化或现代化的一种表征或后果[①]。《塔》充满反讽的张力，它一方面保留了佛塔圣洁的外观，而其内质则为垃圾，为废物，为污秽之物。细掂量，难道它不是对现代资本主义的一个绝妙的隐喻吗？或许可以期待，放眼世界艺术史，《塔》这幅画作将成为"现代性"及其"出现"最经典的写照。

如果说《塔》对现代性的批判还是含蓄的，那么《为大地输液》则是直接的抨击了！看不到忧郁了，看不到沉思了，于会见的愤怒如狂飙席卷画面！大地将死，大地因现代性的暴虐而气息奄奄、命悬一线！

于会见关注的是"世界史"进程中的普遍问题，如"启蒙辩证法"、现代性的悖论等。他没有像个别艺术家和学者那样投机取巧，哗众取宠，捏造出一种"中国差异"的拟像，以中国的"他者性"喂养西方的"主体性"。于会见的艺术价值不在中西二元对立之中，不在西方人的东方想象之中，而在之外，在其个人性对现代性的独特体验。于会见与"大地"相接，属于整个世界，属于"世界主义"，如果"主义"一词没有局限其意义的话。换言之，于会见的画笔在"中原""大地"深耕，但他并未泥于一地一方，而是在"地方"中书写"世界主义"。我们知道"世界主义"并非意味着同质化、同一性，而是地方、特色、差异和个性的联合或连结。其真义乃是"和而不同"或"差异共同体"。

观看于会见的画作，一个声音始终在耳边回荡：别了，中国后

[①] See Huimin Jin, "Rubbish as a Consequence of Industrialisation", in *Theory, Culture & Society*, 2011, vol. 28 (7-8), pp. 354-357.

殖民主义!

"于"是,有"会见主义"——让我们与世界照面!让我们与世界相见!

(原载《艺术百家》2012年第6期)

第五编

学术国际化,不只是一个英语问题
——《差异》丛刊第六辑编后

阅读提示:国际化如果说有一基本观点的话,那就是对中西二元对立模式的破除。或早或迟,必然会有这样一种时代的出现,那时我们只有"世界史"(马克思概念)一门学问,柏拉图、莎士比亚、孔子、曹雪芹等不再被界定为西方的或东方的,而仅有古代与现代之分,仅有出现在"世界史"框架中的中国和西方。就其交往本质而言,国际化就是时间化、"当代"化,表明一种"共–时"(con-temp)的关系。

学术国际化的进程比我们想象的要快得多。世纪初我们在编辑《差异》丛刊的时候,自感是超越了20世纪80年代以来的翻译"跟进"模式,我们做到了中西"同步"发表,甚至早于西方发表,即刊载一手稿件,以为这就是学术的国际化。但是我们可能完全搞错了,我们没有看到,其实根本就不存在什么汉语"国际"学术界,因为汉语尚未成为国际语言。也就十来年光景,眼下的情况是,无论如何迁就，我们都必须使用英语发表才堪称国际化。

中国社会科学院走在国际化的前列，已创办了若干份英文学术刊物，据说反响还不错。一些先知先觉的出版社正在与外方合作出版英语学术著作，不是那种自产自销自慰式的甚至连作者本人都不当回事的劳什子，而是有雄心以全球读者为对象的著作。虽然我们不能说如今就不再需要翻译介绍了，但那无疑是过去一个时代的做法，落伍了。以西方哲学、文学研究为例，翻译介绍仍一如既往地是其主要任务，但仅有这些是远远不够的，现在我们必须生产出能够国际化的成果，简单地说，我们的研究成果不仅要给国内同行、外行看，也要对国际阅读共同体发生一定的作用。上海某大学对特聘教授的考评就非常国际化，如果只是写给国内读者的论著将不被作为科研成果对待。可能是极端了些，但这代表了一种值得称道的国际化意识。政府期待我们能够争取国际话语权，恐怕仅仅使用汉语是无法完成这一光荣使命的。

国际化将带来学术生产方式的残酷剧变。不懂英文写作，没有英文论著发表，将很快被学界边缘化，以至于有被淘汰的可能。今后一位学者要在中国立足，他必须首先是国际学者。简单地说，要么闻名国际，要么默默无闻，因为只有一个学术界，一个国际国内一体互动的学术界，即国际（间）学术界。

需要辨明，崇洋媚外不是国际化，那是殖民地和半殖民地心态。只要有国外学位就可以委以教授头衔的时代已经一去不复返了。不过奴性的心理残孽还不是一下子就能清除干净的，所以如唐骏者，揣个洋学位就敢招摇过市的现象也是时有发生的。唐骏欺世，概因"世"之可欺也。我们所谓之"国际化"则是倡导自信的平等交往。

作为崛起的大国，同西方主要国家一样，我们也承担着对世界的意识形态责任。"全球文化"不是西方的专利，而是全球的参与和碰撞，是对自我的守持和超越，是对他者的尊重和谨慎的沟通。

我在本辑所提出的"全球对话主义"就是这个意思。同栏目的黄保罗、贝克和温特诸公的文章虽然侧重各不相同，但也都是对全球化的文化后果的审视和回应。全球化研究已有时日，我们期望该组论文对此仍能有所推进。

国际化如果说有一基本观点的话，那就是对中西二元对立模式的破除。二元对立模式是一种基于空间意识的观念，如今它必须接受时间之维的修正。将空间置于时间，同时反过来将时间置于空间，时间将改变空间，空间也将改变时间。举例说，我们虽然仍在谈论"国学"，仍在翻译介绍"西方"，但它们已经是国际化语境中的"国学"和"西方"，即被国际化了的"国学"和"西方"。"国学"不再是限于本国的学术，而是当代的学术，因而将成为"真正的大国学"（黄保罗术语）——以此看，你可以不承认季羡林是"国学大师"，但你不能否认他的佛学研究也是国学的一种。我们译介阿诺德这位"英国"文化研究先驱的论文，但我们心目中并不把他当作"外人""异己""非我族类"，他是我们正在经历着的现代化进程的"警世恒言"，是纠缠着我们的灵魂的文化传统。或早或迟，必然会有这样一种时代的出现，那时我们只有"世界史"（马克思概念）一门学问，柏拉图、莎士比亚、孔子、曹雪芹等不再被界定为西方的或东方的，而仅有古代与现代之分，仅有出现在"世界史"框架中的中国和西方。就其交往本质而言，国际化就是时间化、"当代"化，表明一种"共–时"（*con-temp*）的关系。

我们提倡学术国际化，并不意味着要取消汉语刊物，一窝蜂地办英文刊物，例如将《差异》改成英语出版。毋宁说，我们提倡的首先是一种国际意识，一种积极地介入国际的意识，一种对人类文化前途有所承担的意识。有了这样的意识，即使做最本土的事情，我们也是惦念着它的越界的即国际的意义。国际化是中国学术界的世界责任。

步子只能从脚下的地方迈起,但只要走出,哪怕仅有一小步,也已经离开了原来的地方,已经越界了,已经国际化了。

(原载《粤海风》2011年第6期)

未可轻言放弃"他山之石"
——"国际文论前沿谱系"丛书①总序

> 阅读提示：中国文论之欲成为"世界文学"，将有赖于与一直被作为"世界文学"范例的西方文论的协商和对话。虽然在多元文化浪潮冲击下，西方文论不再只是唯一的经典，文论读本有更多的从前被抑制的异质材料浮出水面，但毫无悬念的是，它仍将作为一种不可取代的经典而与其他文化的经典不断地对话下去。

美国政治学家塞缪尔·亨廷顿在20世纪90年代曾经预言，东亚国家随着其在经济、政治和军事等各方面实力的提升，势必开始形成对自身文化的高度自信，乃至对其普遍性的主张。没有疑问，硬实力的结果必然是软实力的跟进。全球化的第一次浪潮是西方化或美国化，是霸权国家向全球的单向扩张和对全球的全面控制，是世

---

① 该丛书拟由人民出版社出版，首辑五种。

界的同质化和标准化。而目前我们正在经历着的历史虽一度有说是"逆全球化",似乎全球化倒退了,或终结了,但从长时段看,它实则是全球化的第二次浪潮,是后发国家的强势崛起,因而是对西方霸权体系的挑战和冲击,国际矛盾和冲突不以人的善良意志为转移。这一时期的特征是国家之间、集团之间的摩擦与磨合,表现在意识形态上是各国民族主义的非理性暴涨。我们从特朗普"美国优先"的口号中,从拜登政府联合列强围堵中国的战略中,日日都在感受着这样的民族情绪及其表达或爆发。中国人同样也在重申和强化近代以来被殖民列强激发起来的民族自信和文化自信,爱国主义的激情"召之"即来,全球对话主义的底气时有进现。但是,与西方霸权主义和民族主义不同,我们同时也在强调文明互鉴、文化交流,承认各国历史文化和社会制度自古便存在着差异,是人类文明和文化的内在属性,它们尽管各有千秋,但绝无高低优劣之分,这于是也就要求我们必须摒弃意识形态偏见,接受多元文化事实和理念,把意识形态和政治制度的不同视为历史文化的差异,坚持"差异即对话"精神,以更加开放、包容的心态构建人类文明、文化和命运共同体,携手应对全球性挑战,共同缔造世界美好未来。

因此,近年来被施以浓笔重彩的"文化自信",可以说,绝非意味着不要"他山之石",唯我独尊,而是要在与"他山之石"的相互砥砺中磨洗我们自己的文化自信,凸显我们的文化特色和标识,创造我们自己的文化满意度和幸福感。虽然目前西方世界有所衰落,经济提振有所乏力,制度缺陷有所暴露,种族矛盾有所恶化,文化冲突有所加剧,社会共识有所收缩等,这一切虽然相形之下可能会潜移默化地增强我们的民族自信和文化自信,但绝不能成为一种理由让我们可以轻视西方,可以闭关锁国,满足于自体循环,相反,即便世界大势真的如此,我们也仍然要坚持走全球化道路。经济全球化既是经济发展的结果,也是其持续发展的推动力。同样,在文化上,借鉴全部人类遗产,"三人行,必有我师",以滋养和茁壮我们自己的当代文化和现实文化,仍是一条必须坚持的基本原则。

可以争辩说，20世纪见证了人类历史上最丰富多彩的哲学、美学、文论和与时俱进的文化理论，且在其深度和创新度上堪与任何历史时期相媲美；进入21世纪，世界格局的新变化，文化冲突的加剧，提出了一系列前所未有的思想难题。以文明互鉴和全球对话为宗旨，清点20世纪理论遗产，使之体系化、"知识"化，并回应新的理论挑战，提升文论乃至整个人文学术在解释和解决新问题方面的能力，将是一项既有益于学科、学术，也有利于强国新民的重大历史工程，值得我们为之努力，为之竭忠尽智，"为伊消得人憔悴"，若此方有可能"独上高楼，望尽天涯路"。我们深信，中国文论之欲成为"世界文学"，将有赖于与一直被作为"世界文学"范例的西方文论的协商和对话。虽然在多元文化浪潮冲击下，西方文论不再只是唯一的经典，文论读本有更多的从前被抑制的异质材料浮出水面，但毫无悬念的是，它依旧会作为一种不可取代的经典与其他文化的经典不断地对话下去。在这种星丛对话中，各民族的文论作为人类智慧和文学经验的结晶大趋势越来越丧失其民族性、陌异性而成为人类可以共享的精神财富。但这并非说坚硬的文化差异自此以后烟消云散，我们只剩下一个同质化的透明世界，而是说差异进入对话，作为对话的基本构件。差异还在，但它已经是对话性差异了。

感谢陕西师范大学文学院领导的放手信任，感谢人民出版社的敞开接纳，感谢各位译者、作者的鼎力支持，"国际文论前沿谱系"丛书得以如愿展开。最后，惟愿读者能够喜欢这套丛书，开卷有所得。

是为序。

2021年4月5日星期日于北京

全球化与中国当代文艺学之前路
——一个哲学性的思考

  阅读提示：当前民族主义、文化保守主义等，都是表面上积极的对全球化的抵抗，实则是消极的退却，是羞羞答答的自我他者化。文艺学本土化之吁求也同样是这一性质的思想潮流。

  从表面看，当今正强劲扩张的全球化是文艺复兴以来现代资本主义或者市场经济的必然结果；而如果往深层看则是现代性主体哲学的一个必然的社会操练；再往深处追究，则是人性本身之使然，人与生俱来地躁动着越出自我的欲望，例如求知即是这一欲望的驱动和伸张。因而可以进一步说，有无资本主义或者帝国主义都会有全球化，所不同的只是以什么方式表现出全球化，也就是以什么方式表现出我们的欲望。

  根之于人性本身的全球化是我们作为人类的宿命，是一个客观的事实；正像我们无法超越历史而存在，我们也必然地或早或迟地进入全球化的语境。问题仅在于我们应该如何进入全球化，从而如何修正全球化，如何使之成为我们的全球化。

鸦片战争以来，中国显然是被动地、别无选择地被抛入现代资本主义体系，即全球化过程的。新时期以来我们多少表现出介入全球化的积极性和主动性，因为改革开放是我们自己的愿望，但我们的全球化根本上仍是有别于美国等西方发达国家的全球化，他们是全球化的推动者，而我们则是积极的回应者，当然在此回应中发展出自己的特色。

当前民族主义、文化保守主义等，都是表面上积极的对全球化的抵抗，实则是消极的退却，是羞羞答答的自我他者化。文艺学本土化之吁求也同样是这一性质的思想潮流。

现在的问题不是我们要不要全球化，而是它一直就在我己之内。全球化可能呈现为一个单向的主体化过程，一个整合他者的过程，但结果总是被演变为主体间性的，即主体与主体之间的辩证或对话的过程。全球化可能有一个起点，有一个第一推动者，但这一过程终将使一切参预者都得到改变，包括这一活动的最初发动者。

无论是全球化的发动者或被动者，既然在全球化过程中处于一种对话的关系，既然在对话中都可能更新自我，那么这首先就假定了一种原始的主体性，一种先验的认识结构，一种传统的前见。对话因而总是主体性的对话，主体与主体之间的对话。但是若是寸步不离这一主体，将无法构成对话，因为对话意味着彼此分享，意味着相互走向对方。从这一意义上说，对话又是"无主体"或"去主体"的对话。

"回到主体"的对话，例如强调民族性、本土性、自我性，其意义仅在于使对话在前提上成为可能，而绝不是说在对话中虽身经百战而毫发未损的自我确证。

"回到主体"无论在广义的文化建构上或是具体于文艺学都是没有多少现实感的空喊。我们中国人的文化构成自鸦片战争以来发生了根本性的变化,民主、科学、人道主义已经深入人心,沉淀为我们生活的基本理念和集体无意识;文学上早就由抒情诗的帝国转变为叙事文学的现代社会,诗变成叙事的调料,建基于诗之上的中国古代文艺学无法继续阐明现代叙事的审美奥秘。"回到主体"在文艺学上就是要求我们回到古典文艺学传统,回到抒情言志的诗骚、乐府、唐诗、宋词、元曲等。这即使在最局限的意义,即在阅读欣赏古典诗词的范围之内,都是一个空想。诗还是那些诗,读者却不再是当时的那些读者,而是被赋予了新的审美趣味的读者,正所谓"年年岁岁花相似,岁岁年年人不同",感觉自不一样,自不可循规蹈矩于古典文艺学的指点。

尽管我们无法赞同20世纪文艺学的每一成果,但其与时俱进的外向探索性品格则是绝对值得肯定的。而"国粹"派文论家就不同了,他们不是与时俱进,而是逆时复古,企图恢复本土中国文化。但是倘若真的追问起"国粹"派究竟什么是本土的文化、本土的文艺学,其内部就已经纷争不已了。自魏晋南北朝以后,根本就不存在什么纯粹的中华文化;它是一种杂交的文化,佛教的输入根本地改造了土生的儒家、道家等,更遑论边陲少数民族文化对中原文化的一次次侵扰、重塑。对话如前所说假定了一个先在的主体性,但是这一主体性回溯起来,是一个更先在的主体性通过与他者的对话而建构起来的;同样往前看,这一先在的主体性也必须经过与他者的对话而转变为新的主体性。"回到主体"强调自我主体是形而上学的、反辩证法的思维方式。

中国文艺学在全球化语境中的发展策略应当是对话性的"和而不同"。"和"意味着对他者的承认,意味着与他者的相互作用;"不同"则强调了我们作为对话一方的主体性。"不同"不停地被"和"所消解,被"和"所丰富、更新,由此或形成一个新的不同的"不同",而这一"不同"接着又会以自己的"不同",即特殊和主体性进入新一轮的"和",即相互作用的过程,如此循环往复，以至永无穷期。株守着"不同"，就是对"和"的拒绝，就是对他者的拒绝，而单纯地讲"和"则失去对话所必须假定的立场，尽管这立场是暂时性的，也是地域性的，需要在"和"的过程中接受修改。"和而不同"是发展的策略，更是对话的极境，畅言自我，而同时又将这自我置于可讨论的基础之上，或心潮逐浪高，或觉今是而昨非——这是求知的快乐、履新的喜悦、蝉蜕的痛快、升华的超然，古者"有匪君子，如切如磋，如琢如磨"或"有朋自远方来，不亦乐乎"，盖此之谓也。

不过对于目前的中国文艺学而言，"和而不同"恐怕还只是一个遥远的目标，眼下最迫切的我以为还是鲁迅那个老而又老但毫不过时的提法，即"拿来主义"。见的多了，自然就有识了，有比较、有选择了，就可能在与他者的交往中发现自己的个性和价值。关起门来的文艺学，如果说对于前辈文艺理论家尚可谅解的话，那么对于我们这一代人则就是未老先衰了。文艺学的活力将一如既往地来自于与他异的对话。"问渠哪得清如许，为有源头活水来。"这"活水"对于我们就是进入对话的他异，既包括异域的文化，也包括我们自己的现实问题，此现实问题的他异性在于其不言而喻的文本间性，在"我"中有我所不能完全把握的"你"——人们自己创造自己的历史，人们也自己创造自己的现实，因此现实也是一个为人所写下的文本，为其他文本所指涉的文本。

（原载《湛江师范学院学报》2002年第5期）

创造出具有世界意义的马克思主义文艺理论新体系
——文艺理论民族化刍议

  阅读提示：科学的要义在于放之四海而皆准，理论的生命在于抽象而可旅行。拘泥于一时一地的所谓"理论"其实只是"经验"。当代中国理论家应该有抱负创造出具有世界意义的马克思主义文艺理论新体系。

  笔者认为，"民族化的马克思主义文艺理论"是一个不科学的口号。
  首先，文艺理论是一门严肃的探求真理的科学，而科学本身是没有国界的。如果我们承认，没有德意志民族的马克思主义文艺理论，那也就根本不能提"华夏民族的马克思主义文艺理论"。马克思主义哲学是全世界人民共同享有的精神财富，它既不具有德意志任何民族特性，也不具有任何其他国家的地域性。是的，马克思主义要永葆其理论生命力，就必须面对具体的现实，并随着实践的发展而不断地丰富自己。然而，马克思主义并不会在这种具体化中成为一种民族的或地域的理论；马克思主义同日新月异的世界只能是一种理论和实践的关系。同样，文艺理论同各个时代、各个民族的文艺创作也只能是一种理论和实践的关系。任何国家、任何地区、任何民族的文艺创作和理性思维都会不断充实和发展人类文艺理论，然而文艺理论却并不因此而成为一种区域性或民族性的文艺理论。

也许有人会说，毛泽东思想(包括文艺思想)是中国化的马克思主义。其实，毛泽东思想包含两个部分，一是运用马克思主义基本原理，结合中国革命实践制定的战略和策略，二是毛泽东同志从中国革命实践中总结出来的一般原理。前者是理论的实践，后者是实践的理论。从来实践都是具体的，而理论则是抽象的。因而毛泽东思想也不能称为"民族化的马克思主义"，尽管在实践上毛泽东思想被具体化和民族化了。

其次，文艺理论并不是对一种民族文学经验的总结，所以未来的文艺理论也不是民族化的。文学的民族性并不等同于文艺理论的民族性。也许文艺理论正是由于克服了民族文学之局限才一跃成为一门科学理论的。作为一门科学，它要求对一切文学现象做出解释。试想，建立在一个民族文学经验之上的文艺理论，对众多的异族文学如何做出真理性的说明呢？

何况，五四以来的中国文学艺术已经或正在成为一种世界文化现象，源远流长的民族文艺卷入世界艺术浪潮之中。传统的艺术形式有的已经消亡，有的正在转化，我们的文学在更新，在换代。以鲁迅为旗手的新文学运动，是民族的文学，也是世界的文学，郭沫若、茅盾、巴金、老舍、曹禺，他们的文学创作单凭中国传统的文艺理论是解释不清的。正如马克思一百多年前所预见的："民族的片面性和局限性日益成为不可能，于是由许多种民族的和地方的文学形成了一种世界的文学。"[①]20世纪的文学，也包括中国文学，是

---

① [德]马克思、[德]恩格斯：《共产党宣言》，北京：人民出版社，1972年，第276页。

真正的世界文学。民族的局限成为不可能，民族文学理论的局限也同样成为不可能。

最后，文艺理论有自己的历史继承关系，当代的文艺理论只能是过去一切优秀文艺思想遗产合理的发展结果，它不单纯以某一民族的文艺理论作为构造自己思想体系大厦的基石，因而也就不会有"民族化的马克思主义文艺理论"。诚然，既往的一切文艺理论或多或少具有一定的民族性、地域性、时代性，甚至阶级属性。中国有自己的传统文艺思想体系，它不同于古希腊罗马美学，也不同于近现代资产阶级文艺理论。这是两套独立的理论体系，在各自所适应的范围内，它们都是精妙贴当的思想原则和诠释系统。但是，应该看到，这是由于封闭状态下各个民族先哲们根据自己民族文学实践而创造出来的相互绝缘的理论体系。一旦打破这种隔离，文艺理论便会突飞猛进地向前跳跃。庞德在中国诗歌里悟出了意象理论，布莱希特在中国戏曲里发现了自己梦寐以求的戏剧理想；梁启超、王国维、蔡元培反过来从西方美学那里得到了有益的启示。今天，各国的经济文化交流日益频繁，新的理论家们有幸接触各民族的文学观念、文艺思想，新的理论信息不断地冲击着人们的头脑，使我们不得不把中外古今一切有价值的文艺理论接受过来，融会贯通，建设新的具有世界意义的文艺学体系。

文艺理论从来都具有民族性，然而也正是由于这一点，文艺理论从来都不尽完备。从某种意义上说，文艺理论的民族性同时也就是它的局限性和褊狭性。要克服这种弱项，就必须尽可能吸取更多其他民族的优秀文艺理论遗产和成果。如果有人以为提出"民族化的马克思主义文艺理论"，是重视理论和实践相结合，是重视中国传统文论的地位，那么我们要说，第一，实践并不只是限于中国的文艺创作，一切民族的文艺活动都是实践；第二，对于今天的文艺理论家来说，取舍的标准不在乎是本民族的或异族的、中国的或外国的，而在于遗产自身的理论价值和它的真理性。我们既不可数典忘祖,也不能抱残守缺。

我们的主张是:当代文艺理论的出路在于,吸取中外古今一切优秀的文艺理论遗产,创造出具有世界意义的马克思主义文艺理论新体系。

附识

此文作于1985年秋,刊于次年春(《文学自由谈》1986年第1期。现标题有所更动)。虽然当时"全球化"一词尚未流行,否则麦克卢汉的"全球村"(global village)也不会翻译成"地球村"而畅行学界和社会了,然而文章的底气显然是来自于全球化的视野和情怀。文中所发出的"创造出具有世界意义的马克思主义文艺理论新体系"的号召,在中国的前全球化时期(20世纪90年代以前)若空谷足音或自言自语,应者寥寥。只是到了当今"全球治理"的新时代,对于民族理论的"世界意义"的追求,才成为一种主流的自觉和话语。我们不能把民族性与世界性、特殊性与普遍性对立起来,所谓"民族性"其实就已经是一种"世界性"了,同样,"特殊性"也是一种"普遍性",因为无论"世界性"或"普遍性"都不是在与"民族性"或"普遍性"平行和对立意义上的东西,而表示诸多"民族性"或"特殊性"之间的相互关系、显出和认知,或用麦克卢汉喜爱借用自量子力学的术语说"统一场"。离开这种关系性和观念层次上的"统一场",便不会存在或侈谈什么"民族性"或"特殊性"。

对此,习近平在2016年5月召开的哲学社会科学工作座谈会上有明确的论述:"强调民族性并不是要排斥其他国家的学术研究成果,而是要在比较、对照、批判、吸收、升华的基础上,使民族性更加符合当代中国和当今世界的发展要求,越是民族的越是世界的。解决好民族性问题,就有更强能力去解决世界性问题;把中国实践总结好,就有更强能力为解决世界性问题提供思路和办法。这是由特殊性到普遍性的发展规律。"①在此，为什么说"越是民族的越是世界的"？为什么产生自中国现实和实践的智慧或方案，简单说，"中国智慧"和"中国方案"，可以移用于"解决世界性问题"？"特殊性"何以能够最终成为"普遍性"？这些问题意义重大，甚至可以说，关系民族的未来，需要我们积极而审慎地探讨，且不可偏激为之，"一义孤行"，我们必经遵从辩证法和历史唯物主义。

当今的文化研究或后殖民批评喜好言说"地方知识"或"多元文化"，但殊不自知，他们正在将其局部的知识、文化、传统和经验绝对化为一种封闭的、排他性的、不可交流的孤岛，一种新的"普遍性"，以之为具有不可动摇的、至上的根柢和真理性。这是在构建人类命运共同体的过程中应当警惕的一种危险倾向。差异并不妨碍对话，在其作为呈现或再组的意义，差异即是对话。

2021年7月9日谨识于北京西三旗

---

① 习近平：《在哲学社会科学工作座谈会上的讲话》(2016年5月17日)，载《人民日报》2016年5月19日第002版。

附 录

文化帝国主义与文化全球化
——约翰·汤姆林森教授访谈录[①]

阅读提示：对"文化帝国主义"论的批判并不意味着不存在文化帝国主义的事实，而是说"文化帝国主义"这一概念已经不足于表述如今的全球化及其文化后果，因而"全球化"应该被提升为一个新的概念，至少应该被作为一个新的视角。同样的道理，也不能将"全球文化"或"文化全球化"理解为文化的西方化和同质化，理解为"文化帝国主义"，它们应该被作为对全球化时代文化变迁的一种新的概念化方式。或可期待，歌德和马克思的"世界文学"概念将由此而得以丰富和更新。

[①] 感谢英国学术院的安排，本人于2005年11月走谒诺丁汉特伦特大学汤姆林森教授。访谈是在其办公室进行的，参加者有汤姆林森夫人张涛博士，首都师范大学易晓明教授，以及汤姆林森的一位中国访问学者。访谈录音由上海外国语大学文学研究院副教授周敏博士转写，中国社会科学院研究生院李昕撰同学做了初译。此稿虽尘封有年，但读来有历久弥新之感。

金惠敏（以下简称"金"）：汤姆林森教授，非常感谢您拨冗接受我的访谈请求。您的两部著作《文化帝国主义》[①]和《全球化与文化》[②]不仅在英语世界备受青睐，其中译本出版之后，在中国也旋即成为全球化研究乃至整个文化研究（泛）学科的必读书目。您的《文化帝国主义》从解释学角度对"文化帝国主义"话语的否定，如今仿佛已成为国际媒介研究的一个权威观点。

对中国而言，否认文化帝国主义的存在有悖于事实。文化帝国主义实在就是中国的现代史与眼下的现实。如果您坚守您的观点，那将如何面对这样的中国案例？

约翰·汤姆林森（以下简称"汤"）：首先，我不得不回到促使我批判"文化帝国主义"论题的起因上来。当时，学界有一批人，写了一批著作，称颂西方文化对非西方文化的影响。他们说，西方文化的主导性地位正在形成。这情形让我吃惊不小：不是接受西方文化的非西方人，反倒是西方人，断言有文化帝国主义这种事情的存在！您理解我的意思吧？您到非西方社会走走去，一般说来，那里的普通民众好像并未感觉到他们正在接受着的文化占据主导地位，像西方电影啊，像可口可乐，还有麦当劳等。对于这些普通民众，在我看来，他们并不去想他们正在经历的东西是什么控制性的；而是那些知识分子认为普通民众的生活被控制了，特别是西方知识分子想要这样描写。所以，问题的关键在于，究竟是谁在做如此的宣称和判断。很吊诡，而非反讽，是西方知识分子在讲述非西方大众的经验！

金：您的意思是，我们这些非西方学者或非西方民众才是宣称文化帝国主义的合适人选？

汤：那么，这就是困难所在！来自中国、非洲、拉美的人会说，看哪，我们并不喜欢这种说法，是知识分子们运作了这个事

---

① ［英］汤林森：《文化帝国主义》，冯建三译，上海：上海人民出版社，1999年。
② ［英］汤姆林森：《全球化与文化》，郭英剑译，南京：南京大学出版社，2002年。

件。所以，会有不同的故事。但这还只是原因之一。另一个原因是，我写作《文化帝国主义》的时候，学界的争论主要围绕的是20世纪80年代的状况。当时，美国依靠其经济霸权将其商品播散于全球，所以人们关心的主要不是"文化"帝国主义，而是"经济"帝国主义，或者说，是经济霸权。

金：很多时候，经济霸权确实比文化霸权更为恐怖，然而……

汤：是的，我不反对这个论断。经济帝国主义是20世纪现代性的一个基本特征。毋庸置疑，无论是政治的或经济的帝国主义对于弱势一方的经济都具有重大的影响和控制。然而，若是进一步断定经济帝国主义还具有文化上的控制力量，在我看，问题就不那么简单了。所谓"文化帝国主义"是说，一个社会主导着另一社会。我认为，一个社会不可能主导另一个社会。真实的情形是，一个社会影响着另一个社会或文化想象其自身的方式，影响着他们实际思考的方式。这是一个很深入、很主观的问题。这就是说，文化帝国主义涉及的是人们的意识，人们构架世界的方式。谁要断言这中间有一种控制在作用着，对于其所认定的那个被控制的社会，谁就是出言不逊，谁就是以家长自居。因为这种断言无异于说，所谓被控制的社会根本不知道如何去回应这种文化影响。而大量事例向我们证明，至少是向我证明，人们确实知道如何去回应。其他国家的人们，而非西方人，很精于阐释那些信息。所以，这是一个阐释问题，一个解释学的问题。

金：在您描述的场景中，我们看到了弱势文化对西方强势文化的接受。没有外在的逼迫，这种接受出自于全然的自愿、主动、本心，欣然为之。

汤：这很有趣，如果你是从西方的视点观察的话。你可以立即说，这就代表了文化帝国主义。但是，问题的关键在于，我们实际上并不知道究竟发生了哪些影响。人们的意识就像荧屏，它总在流逝。我们无法进入人们的意识，不知道人们对媒介信息如何做出反应，除非我们不怕麻烦，亲自到阿拉斯加去，但即使到了那儿，我们还是要解释他们做出回应的方式。这完全是一个解释学问题，一个贯穿于整个话语系统的解释学问题。因此，我觉得，"文化帝国主义"是一个宏大而不切实际的说法。

金：这是否意味着，媒介本身即是信息，技术本身即是文化，进一步说，经济本身即是文化，而解释它们，或者怎样去解释，则是另外一个问题。

汤：准确地说，这不是我的观点。我的观点是，尽管我们能够看到技术，但我们还是要追问这样一个问题，一个很难的问题，即什么是文化。对此，迄今还没有谁给出一个令人满意的答案。但大体上似乎可以这样认为，文化与意义的生产有关，即我们如何在自己的生活中找出意义。而如果说文化就是意义的生产，那么接着必须搞清楚的是，人们在文化产品中赋予了哪些意义。有人说，人们观看美国肥皂剧、美国电影，或者购买美国服装等，他们因此就受到了文化帝国主义的影响，影响了他们的意义建构。这种分析非常肤浅！因为直觉告诉我，人们对意义的建构并非只是受他们所接触的来自于其他文化的东西的影响，起决定性作用的其实是他们自身所拥有的文化资源。这就是说，有一种混合在里边。

金：霍尔的编码/解码模式就是这个意思，他提出了一个积极的"解码"概念。"解码"这个词本身即暗含着反对、背离于"编码"的意指。

汤：在我撰写《文化帝国主义》一书之时，文化研究尤其是媒介研究已经有了一个相当成熟的"积极受众"概念，它要求你不能视受众为消极、被动，他们是非常积极的。这是我质疑"文化帝国主义"论断的另一理论后援。我们不能简单地从经济过程推论出某物，这是其一；我们也不能简单地从意识形态附着物推论出某物。人们尽可以去观看这样的附着物，例如在迪斯尼经济中，尽可以对它进行意识形态阅读，分解出其中关于资本主义和西方价值的所有信息。但这仅仅处在附着性分析的层次,这种分析没有告诉我们受众究竟是如何回应迪斯尼经济的。

金:就此而论,您也算是一个"伯明翰学派"吧?

汤:不错,是可以在宽泛的意义上这么说的。

金:德国接受理论为您质疑"文化帝国主义"话语提供了有力的理论支撑。这种理论认为,意义产生于文本和读者之间,是二者相互作用的结果。施诸全球化分析,单程票的"文化帝国主义"将不复存在,因为还有回程票即来自于受众方面的反应没有考虑进去。我们确实应该考虑到受众的反应。但接受理论也从未放弃过文本对意义的决定性作用,例如伊瑟尔就感到难以将"Wirkung"译作英语,因为它同时有"效果"和"反应"两重意味。"效果"一词暗示文本乃意义之源,文本在根本上决定了读者的反应。这是典型的胡塞尔和德国现象学传统的思维方式,这个传统包括了海德格尔、伽达默尔、尧斯、伊瑟尔等人。他们这些人并非简单地支持一种对于文本的主观性解读。埃利胡·卡兹和泰玛·利贝斯在对美国电视剧《达拉斯》(*Dallas*)做效果研究时亦持这种观点。一方面,他们的目的是要证明受众之于所谓的"帝国主义文本"是积极的、协商性的,而另一方面,他们最终还是承认文本对于接受的支配性作用。您很熟悉这个例子。由此,我们是否能够说,"文化帝国主义"正误参半?我的意思是,在接受理论中,读者和文本都很重要,而您在质疑文化帝国主义时却过多地诉诸或者依赖读者一极。在我看来,您似乎是在说,读者决定了文本。

汤:您说到了辩证法……

金:我想争辩的是,既要看到受众的积极性,也要看到文化帝国主义在文本中的存在。两方面不能偏废。

汤:是的,我的意思很清楚:在文本与读者之间总是有相互作用,总是有相互交流。但是,我在书中批评的那些"文化帝国主义"论者,他们并未援引过任何解释学理论、文学理论。要知道,那些对文化产品徒放空论的人,他们属于一种不同的学术文化;他们不是文学中人,不是现象学家;他们是社会学家,但具有政治倾向,倾向于做出一种强烈的政治论断。您知道,我在书中所批评的是那种具有政治倾向的社会学家,而非传统上在此领域工作的学者。我的这本书当然要看是怎么读了,您也可以说我过分强调了积极受众,将读者置于文本之上,但这不是我的全部意图,我的意图是批评那些"文化帝国主义"论者,他们将一个文本抽离其语境,而称之为"文化帝国主义"文本,例如说将一文本抽离其美国语境,置之于另一文化,认为它具有同样的效果。那些批评文化帝国主义的人,他们会说,美国人观看《达拉斯》,《达拉斯》包含着某种价值导向,即对美国风格、美国价值观、个人主义的颂扬;他们接着还会说,《达拉斯》这类文化产品对于世界各地的受众具有一样的作用。从解释学的视角看,这种论断非常幼稚!我在书中着重讨论的就是这种观点。

金:您是说单是从读者的角度就可以否定"文化帝国主义"论调?

汤:不,我不很理解您的意思;您是说如果我采取读者的视角,那么……

金:如果您认为读者独立于文本,那么"文化帝国主义"论则的确不堪一击。

汤:但我不是这个意思。不是什么都要从读者角度看,读者与文本相互作用,文本有意识形态的负载。我的立论只是说,我们不能假定文本对读者具有直接的影响;我没有说,读者居于统治地位,或者,读者是全然独立的;我说的是,在揭示文本实际作用的复杂性时,必须把文本和语境都考虑进来,而读者则是语境的一个组成部分。这才是我的基本观点。我们不能认为,文化帝国主义总是一种主观建构,因为这显然有悖于事实。

金:在西方世界与非西方世界之间存在着一种动态的相互作

用关系。在这一点上，我很欣赏您把全球化作为"复杂联结"。但是，您担忧超级霸权的弥散，担忧其帝国主义工程受挫，就像吉登斯所说的，全球化将导致一个"失控的世界"。杰姆逊近年也表达过同样的担忧，他说，在全球化过程中，美国也被全球化了，美国因此而不再是从前的美国。美国文学批评家希利斯·米勒对我说过他有此同感。以英语为例，英语在其使用者的全球扩张中难以维持其最初的纯正，如果说曾经有过"纯正"的英语的话。如今的英语有很多变体，比如印度英语、澳大利亚英语，甚至中式英语等。但在第三世界国家，我们则总是担心被全球化或者西方化，这形成了我们的主流意识形态。我想知道，何以位处强势文化的人们如西方知识分子竟也像位处弱势文化的我们一样要担心自己的文化在全球化中被削弱、瓦解、涣散？他们何以会提出这样的问题？他们是在什么样的语境中提出这类问题的？

汤：我倒没有杰姆逊那样的担忧，我的观点不能归结为担忧。我说的是，如果一般说来存在文化的全球化，那么其效果将是削弱盎格鲁美国文化的主导地位。有人说美国文化本身非常强大，这种说法并不正确；我们也不能说，一个社会在文化上非常强大。美国的确在经济、在军事上都非常强大，然而我们难道就一定能够因此而推断它在文化上也是非常强大吗？难道我们因此可以说美国在文化上非常自信，在文化上完整统一吗？显然不是。您知道，美国有为数众多的文化，如西班牙文化、黑人文化、盎格鲁宗派文化，也存在着从这些文化中产生出来的都市焦虑。

金：美国没有统一的或整体性的文化吗？

汤：这是一个很特别的问题。

金：美国文化是复数的。

汤：它是复数的。

金：的确有学者坚持，没有所谓的"美国文化"。

汤：美国还是有自己的风格的，有自己的说话方式和交往方式。但如果以为，这就是某种深层的文化自信，恐怕就不符合美国的真实情况了。美国推崇文化大熔炉概念。它喜欢说，瞧，我们把一切其他文化都揽入怀抱，它们在这儿找到了家园。美国文化是建构的结果，是与其他文化比如中国文化比较着才建立起来的。我从来没觉着美国文化这个概念是毋庸置疑的，不证自明的；甚至同样也不能说，西欧文化是不证自明的。在我看来，宣称一种文化有原教旨主义的嫌疑，是为了建设和传扬一种文化。人们说有美国方式、美国价值，可一旦着手研究，你就会发现，它们并无什么特别引人之处。当然，你可以研究自由主义，自由主义经济和关系，那非常有趣；或者你可以观察宗教资源，如基要派神学，也很特别。但无论如何，全球化实际上就是摧毁，或者不一定是摧毁，然而一定是威胁到，世界上所有的文化自信。西方亦如此。像我这个英国人，要我回答什么是英国人就比我父亲、我祖父要难得多，他们对自己作为英国人、对自己所处身的英国社会不会有什么不确定的感觉。我想这是由于在全球化到来之前，人们的身份与其领土紧密相连，基本上与外界绝缘，所以哪里有什么问题呀？全球化在本质上是向一个更大的世界敞开，以及由于这种敞开而带来的一系列新情况。研究全球化与文化的关系，很重要的一点是，必须看到文化帝国主义这一概念的困境。现在我们能够到哪儿去寻找西方价值、西方实践？它们并不只是存在于某个叫作西方的地方，它们同样也存在于中国、拉美，它们遍布全世界。这就是我所理解的现代性。在其本质上，现代性即是全球化。全球化让我们思索：谁是帝国主义者？谁能够宣称自己是文化意义上的帝国主义者？但这样的问题太难回答了，难道不是这样吗？

金："文化帝国主义"概念与全球化的世界的确有不相宜的地方。吉登斯在其《现代性的后果》就持这样的观点。他所谈论的现代性的过程即是全球化的过程。他发现，全球化在粉碎，也在整合，结果是既不再有主体，也不再有他者。主体与他者之间的二元对立终被打破。现代性之走向全球化的过程是一个自我否定的过程。用波德利亚的语汇说，现代性就是"外爆"，而"外爆"的结果则是后现代性的"内爆"。

汤：我批评文化帝国主义概念，或者，文化帝国主义之被架构的方式。如果您不介意的话，我想继续讨论文化力量问题。称一种文化有力量究竟是什么意思呢？这是我在您所提到的两本书中的一个兴趣焦点。什么是文化力量？一个国家尽可以是经济富足、军事强大，凭借这些它能够将某些东西推向全球，它尽可以有种种不同的理由这样做，但是，这其中不一定有文化方面的理由。这不是文化力量的本质！当我说一种文化有力量的时候，我是说，这种文化能够回答怎样才能把生活过得有意义，或者，一种有意义的生活应该是个什么样子。它能够回答这些深层次的问题。它必须回答"我们何以会在这儿""我们的生活有什么目的吗"等问题。它应该告诉人们，传递给人们，关于其生活或其生活目的的一种感受，一种叙述，一种故事。如果是从这方面看，我觉得，来自西方的故事倒是非常孱弱，非常无力，非常浅薄，也可以说，非常堕落，因为这些故事无非是要人们多多地挣钱，多多地消费，多多地享乐。这些故事不关心我们的工作究竟有何价值，有何意义。在后启蒙时代，许多其他文化都找到了它们对现实的阐释，伊斯兰激进派即是一个例证，它强力拒斥西方文化对美好生活的世俗性定义。当然，关于美好生活的定义，我们并非一定要选取某种宗教的观点。现代性不允许我们这样做。一旦进入像现代性这种东西，它就像一张单程票，我们必须往回走才能找到上帝。美国文化就是这样，它们一方面极度地推崇物质主义，另一方面对上帝怀有一种肤浅的理解：他告诉你做的一切都是正确的，你的文化是世界上最好的文化，而且只要坚持这样的信念，你就能够一路走到天堂。伊斯兰激进派也差不多如此，它给予你某种疗法，很狭隘的疗法，只是要你走向某种消费主义的反面，某种性道德的反面，追随卡万去搞一夫多妻制，一种圣方，一种神秘的疗法等，这些无一让人满意，当然消费主义也不能让人满意。所以这就是问题，这也是现代性所面临的问题。生活并没有现成的良方，确定而有效，我们必须自己去建构我们的感觉，我们的选项，我们生活的意义。回到早前的问题，这就是为什么我要说西方文化或美国文化也不见得就比"第三世界"文化更有保障的原因。"第三世界"是个很成问题的概念。我不知道在什么意义上人们可以把中国这个国家归类为"第三世界"，这个归类大有问题，因为中国正在成为经济强国，也许二三十年后，中国将成为世界上超级经济强国。我们肯定不能在这个意义上把中国叫作"第三世界"。但同时中国贫困人口所占比例还很大。我们周围的世界变化很快，我们不能固守一些老掉牙的概念，如"文化帝国主义"概念，它们不能很好地帮助我们正确认识我们当前的世界。

金：可以抛弃单向传播的"文化帝国主义"概念，而转向交往、对话的观点。但是在文化对话的实际发生过程中，弱小的一方常常是被吃掉、化掉，如果不是消灭掉的话。力量悬殊的两方是无法进行对话的。从历史上看，例如说印第安文化，属于比较弱势的一方，它被强势的一方西方文化或美国文化完全整合了。似乎不再有印第安文化，而只有美国文化，一种混合的、杂交的文化，在其中显然是西方文化主导着，而原先的印第安文化从属着，有作用，但作用甚微。面对西方强势文化，中国文化担忧被西化掉，捍卫民族文化的呼声总是此起彼伏，时有高潮。我们绝不反对文化对话，但作为弱势文化的一方，如何与强势文化方进行一场平衡的、平等的对话则是一直困扰着我们的一个难题。

汤：是有这样的问题，但您的表述方式好像不够准确。我不十分熟悉您的例子，但我要说，您不能把文化仅仅与过去联系起来，即是说，把文化仅仅作为文化遗产，您要看到文化的创新性。文化总是变动的，不是吗？我们不能只是揪着文化遗产中的文化身份，而要面向现实，面向全球化、现代化对我们身份的修改。例如，如何回应技术的挑战？如何围绕着技术来建构意义？如果老是拘泥于文化的过去、文化保护，您当然会担忧美国文化的控制，当然会有您说的"平衡"问题。在全球化时代，所有的文化遗产，无论是哪里的，都将被侵蚀、破坏。所以，文化更应该是现时的，更应该是当下被实际创造着的。很难说美国或西欧在文化的层次上就一定会发挥强势的作用。我感觉，"平衡"问题主要发生在经济层面。我想您会同意这一论断。

金：现在转入再一个问题。您宣称，"帝国主义"一词不再能够形容我们时代的典型特征，"全球化"已经取而代之。这意味着，您是将"全球化"作为一个新的概念。我深受启发。同您一样，我也是将"全球化"作为一个新的概念，一个新的社会理论或文化理论概念，叫它"哲学概念"也可以。第一，从根源上说，全球化就是现代性计划，一项帝国主义的计划。而从结果上看，第二，全球化的持续发展则会走向它的反面，您知道，帝国主义在全球化中被消解，换言之，现代性计划将永远停留于一个"未完成"态，这是全球化的后现代之维。由此，我认为，"全球化"应该就是一个综合和超越了现代性与后现代性及其对立的新的哲学概念。法国人没有"全球化"概念，他们有"世界化"概念，"全球"在他们是综合、超越的意思。我以为，"全球"可以想象为一个球状，是圆形的，没有终点。如果说全球化是对话的话，那么这个对话是没有终点的。对话本身同时包含了现代性与后现代性，但不能认为后现代性就是一个终点，一个结论。

汤：当您说全球化是一个没有终点的对话时，您知道我想到了什么吗？全球化不是由正题到反题，最后到合题这样一个过程。没有合题。它是一个持续不断的事情。我还想到了罗蒂，他经常受到左派的批判，他的立场是美国传统的实用主义。您的观点很重要，对话的目的不是要达到一个终点，达成一个合约。关键的是让对话进行下去，让论争进行下去。这样一直下去，我们便越来越接近。

正像美国哲学家米歇尔·瓦尔泽所说的，我们永远不可能跨越文化差异与普遍观念之间的鸿沟，但彼此之间可能越走越近。不要终结对话，要让对话进行下去！这真是一个非常智慧的观点。

金：罗兰·罗伯森将全球化界定为"球域化"（glocalization），一种双向互动的过程，普遍的特殊化和特殊的普遍化。尽管初看起来，该词有些怪异，如果不是别扭的话，但它非常传神地表现了全球化的一种动态的混合性，既非地方的，亦非全球的，而是兼具两者。不过，这里存在一个问题：我们依据什么来区分、判别在全球交往中哪一方是"全球的"，而哪一方是"地方的"？即是说，区别的标准是什么？我们总不能简单地以为，西方先来到中国，大规模地来到中国，那么西方就代表了全球性、普遍性，而中国则是地方性、特殊性；换言之，殖民主义者代表着全球性、普遍性，而被殖民者则是地方性、特殊性。全球性、普遍性必然是越界的，但越界并不必然意味着全球性、普遍性。越界至多是说越界者首先发出了对话邀请，而普遍性则是与被越界者对话的一种状态，如果不是结果的话。

汤：罗兰从日语中借取了"球域化"一词，它来自于日本的商业理论，就此而论，它实在是很表面化的一个术语。例如索尼要推销它的商品，它就必须适应当地市场的需要。

金："地域化"就是一个商业策略。

汤：这一策略在福特公司那里玩得比较娴熟。假定说，有人问到福特是做什么的，那么福特就会回答：那您是干什么的？我们生产了成千上万的福特牌汽车，如T型福特车，颜色应有尽有，黑色是多些，但这只是因为黑色较易生产而已。显然在一个经济体内部，尤其是欠发达经济体内部，福特销售很成功，因为有一个大众市场的存在；但是另一方面，拥有福特车的许多人还想着应该有些与众不同的东西。对于这部分人的需求，福特公司很清楚他们应该从文化上予以满足。再以麦当劳为例，虽说它是一种很恐怖的产品，很恐怖的食品，但它又很普及；在不同的文化区，它以不同的方式营销。例如在西班牙，它销售的奶昔与在英国的就不一样，因为西班牙人不喜欢喝鲜奶，他们喝消毒牛奶，他们口味不同，所以麦当劳就要适应他们。同样道理，麦当劳在印度不卖牛肉。不过，如果只是从这个角度看待"球域化"，则还是让人觉得肤浅了一些。或许我们能够谈得更有趣一些，例如我所提到的"解域化"（deterritorialization）概念。

金：您想用"解域化"替代"球域化"吗？不错的主意！

汤：是的，我想"解域化"可能会更好一些。该术语意味着我们不必去关心一种全球化的力量，而是要考虑全球化对于地方文化的效果。这个效果，我认为，不是摧毁地方文化，我认为，全球化不会摧毁地方文化。我绝不相信全球化有这样的效果。我走过世界上很多地方，美国货比比皆是，国际风格随处可见。可一个人要是足够敏感的话，那他就会发现其间的差异，例如，即使在同属西方的柏林和伦敦之间也有不小的差异。文化肌理不同。所谓"解域化"就是透入地方文化，同时有一个地方化的过程，每一种文化都是锚定在一个地方。

金：对于全球化，吉登斯强调的是其"脱域"（disembedding）的方面。

汤：地方性确实会愈益"脱域"的，但不会完全被"脱域"。

金：我同意您的看法。"解域化"视角是比"球域化"更富洞见。不过，从哲学方面考虑，我更喜欢说"超域化"或"互域化"。我倾向于把全球化交往的任何一方都看作地方性，全球化是一种地方性与另一种地方性的作用，而过去习惯于把强势的一方称作全球性或者普遍性，这是"帝国主义"性质的错误。真正的全球性应该是超越所有地方性的，包括强势一方的地方性，是各种地方性的可交流性。因此，全球化不是"球域化"，而是"超域化"或"互域化"。或者说，全球化应改写为"互域化"。

汤：对于全球化，这是一种非常有用的观察方式。

金：我是说美国文化或西方文化都是地方文化，中国文化也是一种地方文化，当这两种地方文化相遇时，"超域性"便产生了。而"球域性"相反，它似乎总是难脱帝国主义之嫌疑。

汤：可这里也潜藏着一个问题。您的"超域性"好像是说，有两种或更多的地方性，每一种地方性都有其特殊的本质，它们相遇了；这就是说，它们来自于不同的情境，而后相遇在一起。但是，从哲学上说这儿有一问题，就如"混杂性"概念所存在的问题一样。所谓"混杂性"是说各种文化走到一起，而后混合了；但这样说有一个前提，就是假定文化各有其起源，然后在一个点上它们会合了，而在这个点之前，它们则是彼此分离的。文化没有固定不变的本质。当然，也许我不能这么提问题。文化总是在超域；超域是文化的一种实际状态。这个问题非常有意思。

金："文化超域的结果是"全球文化"，但"全球文化"一语内涵悖论。我们已经习惯于认为任何文化都是地域性的，系乎一定的地方；依此，则"文化"与"全球"不可并置，即是说，不存在一种叫作"全球文化"的东西。不过，现在我又寻思，是否将会出现一种文化建立在"全球"之上的新文化。可以这么想象，当所有的地方或地方感都被全球化之后，人们将不再认同于某一地点，而是认同于无地点、无地域。难道"文化"将随着"地域感"的消失而消失吗？难道歌德、马克思的"世界文学"不是一种"文化"吗？

汤：好问题！"全球文化"这个概念看起来确乎是自相矛盾的，不过要知道，这主要源自于我们业已接受的一种对于文化的定义方式。有对文化做精神性的理解，如在德国哲学中；不过，文化更经常地被理解为与疆域相关。在文化与疆域之间存在着一种连接。这种连接被一些研究文化的学科所强化，特别是被人类学所强化。人类学学者关注一定的人群与其地方环境的关系，使用诸如人工制品、再现形式、交流形式等基本概念，其研究看起来非常的经验化，集中于某一地方，比如说，一个村庄。他们到村庄去，观察文化与那个环境、那个地方具有怎样的关联。这样的研究几乎注定会强化文化与地域的连接。但是，文化不只是与地点相关，而且很重要的是，它也与人的传记或生命史有关。有一种时间性在文化里面，我们是历史性地与地点关联起来的。有人说，文化就是一段旅程，一个人的生命历程。依此理解，则可以构想，生命存在一个起点，然后是成长。当然成长需要土壤，需要培植、浇灌，成长必然是发生在某个地方，亚里士多德的公民概念早就含有这个意思；但是，我们也完全可以按着生命史、生命轨迹、传记来思考文化，按照一个德语词"Bildung"（成长、教化）来思考文化，这就是说，采取一种时间的而非地点的视角。有人终生都待在一个地方，而有人则一生都在迁徙，这要区别对待才是。

金：过去是朝圣，现在是旅游，或者，由于各种原因的流动，但"文化"并不因此而消失。

汤：是呀，旅程，移徙，从一个地方到另外一个地方，所以在我看来，就应该有不同的研究文化的方式。我们不是要侵蚀什么文化与地点的感性连接，然而您知道，一旦我们按着旅程、传记来理解文化，那么其与地点的联系将开始被打破，以至于我们最后能够说，文化并非一定与地点相关。我们完全可以用不同的方式思考文化，比如游牧文化，逐水草而迁徙，这也是一种对文化的概念化方式，以此方式，文化则不与地点或者某一地点相捆绑。

金：在全球化语境中，地点成了无地点，成了既在此处、亦在别处，成了无处不在；但这究竟也是一种地点，一种新的地点，确切说，一种新的地点"感"，或者，一种对于"无地点"的感觉。

汤：绝对正确！当然，您也可以把它说成是乌托邦，因为乌托邦从字面上看即是无地点的意思。乌托邦是我们的想象，是我们所向往的地方。美好的地方总是一种无地方，因为我们所在的任何地方都不是完美无缺的。旅程，朝圣，或者任何形式的移动，其目的都是要寻找、要达到某一地方，此乃"文化"之要义，然而这样的地方只能是无地方。由是观之，您所说的"全球"与"文化"两个概念之间的"困局"（aporia）便不复存在。

金：是否会产生一种无地点的身份？

汤：您的意思是身份不再与地点相关。但首先要问：什么是身份？身份这问题非常复杂！许多人在谈论身份时常犯的一个错误是，他们将身份当做某种实物，好像他们拥有这一归属于他们的东西。这很搞笑，因为"归属"（belong）意味着归属于某地，在英语中也指拥有某物，如我们身上穿的衣服。"归属"的意思模棱两可：一个人归属于某地，但也有某物归属于他。

我们不能将身份视作我们的所有物，那是很危险的。全球化的很多批评者倾向于认为，全球化摧毁了身份。他们立论说，以部落社会为例，一旦进入一个被全球化了的世界，其语言、传统、仪式、部落舞蹈等将迅即丧失，这些都是他们的所有物；而失去这些所有物也就意味着失去了身份。但是，身份问题不能如此看待。我认为，现代性不是那种摧毁身份的东西，相反，它生产身份。或者说，它生产的身份远多于它摧毁的身份。我们需要在作为范畴的身份与归属之间做出区别。每个人都有归属，都会有归属感，如说，这是我的家庭，这是我的邻居，这是我燕居时深深的存在感。然而身份却并非限于这些，有种种不同的身份。可以说，身份是现代社会的产物，让人能够直接地感受到其正式的和公开的归属。而在部落社会，想想看，若是问他们是否有身份，他们会怎样回答呢？他们绝不会说："噢，我的身份在于，您懂的。"他们没有身份概念，身份是现代的概念；有了现代性，才会有各种各样的身份。我们有国家身份，有性别身份，有职业身份，有性身份，即性向身份等；而这些身份，在前现代社会，是不可能正式地或公开地存在的。身份是现代性的产物。一个人可以想象自己为英国臣民，女性，异性恋或者同性恋，资本家或工人，这样的想象具有政治含意，是身份政治。是现代性让我们做如此的想象，用福柯的话说，现代性甚至在我们出生之前就开始监控我们的行为。我们生来就在一个被构造的世界里，我们在其中取得自己的身份：阶级身份、种族身份、民族身份、性别身份等。身份是现代社会的结构性特征。而身份与地点的联系其实是很松散的：身份结合了各种不同的经验方式，它当然可以与地点相关联，但那是一种很特别的身份，是诸多身份中的一种。我把自己想象为英国人，诺丁汉市民，这是身份的地点形式。但同时，我也有别的或许是更重要的身份，比如，我作为丈夫的身份在某种意义上就比我作为英国人的身份重要，因为作为丈夫，我有决定家庭事务如选择何处居住的责任。换言之，我究竟身在何处远没有我作为一名家庭成员的身份重要。诚然，身份与地点密切相关，但身份更是动态的。返回您所讲的无地点身份问题，我觉得，若真是存在着各种各样的身份，那么想象自己归属于世界整体也不为错。

金： 由此，我想到商人这个群体。他们在不同的国家建立公司，在不同的地点生产和销售，其足迹遍布全球各个角落。由于其利益系乎多重场所，他们便不再像从前那样只是忠诚或认同于某一国家或地区。也许，他们具有无地点的身份。进一步也可以说，在他们的身份建构中，地点所扮演的角色已经变得无足轻重了。

汤： 确乎如此！由于不再忠诚于任何特定的地点，这类人群便不会觉得哪种想象自我的方式会特别值得艳羡。显然，他们是全域主义（旧译"世界主义"——译注）者。就像有些人喜欢宣称的，我居无定所，我只爱旅行生活。的确，你可以与任何一种特殊的文化相连接，它会给你一种自由感，你是自由的。这种说法很诱人，但是那多是因为方便赚钱的缘故。问题的另一面是：我们是否可能拥有一个可被坐实的全域主义身份？不再持单一文化的狭隘视角，而是采用一种向着所有文化开放的视角，认同于整个世界。这当然就是全球性了。但是，我们很难设想一个人怎样才能建构起这种全球身份，我们不得不问什么是全球身份，因为我们的历史经验总是互不相同的。这个问题太难回答了。

金： 如果说全球身份还不太靠谱的话，那么赛博身份则是如今愈演愈烈的一个事实。荷兰学者约斯·德·穆尔认为，赛博空间突破了时空的物理性限制。确实如此，在赛博空间冲浪，我们会产生一种超越时空的感觉，不再被约束于某一地点，某一时区。全球化一点儿也不不抽象，赛博空间给予我们一种具体而实在的全球感受。

汤： 设想一种无地域的身份或全球身份或乌托邦身份，也许算不上多么困难；比较困难的是，在人的身份中，总有某种物质性的东西相伴随。从定义上看，赛博空间就是无处而在或无处不在。我们可以在赛博空间组建社区，加入专题讨论小组等。不过我更关心的是人的状况，而人的状况则必然包涵身体性方面。我们不能只是作为意识的存在，我们还是物理性的身体。您知道，身体总是把人交给地点。

金： 如《新约》所言，神若要显示给世人，就必须把自己肉身化。耶稣即是他的一个肉身化形式。反过来说，这也是人的世俗性使然。

汤： 我不是从神学角度考虑此问题的。我的出发点很简单，很实际，或者说，是存在本身。由此出发，则人既是意识也是身体。赛博文化研究有一种趋向，就是忽视或者忘记了身体化；甚至更糟糕的是，它鄙视身体化，以为身体化是可以避开的，以为人可以离开其身体。这是很危险的。事实上，身体代表着处所，人不能不深陷其中。身体把我们投放在世界的某个地方。而赛博空间却是让我们逃离身体、地点，它将身体仅仅视作一个起点。所以想象一种无地点的文化，认为它不局限于某一特殊的文化视角，是很成问题的。我们没有材料来建设这种文化，没有范型可供参照。让我们看看世界史吧！世界史不是某个单一文化的浮现，它是各种文化彼此碰撞的一个过程。兴许如今的全球化会导致单一文化。但现在我还找不出什么证据、范型来发展我的全球想象。我们无法想象自己属于世界整体而非某个地方。这种图景不能想象。这就是问题！也许全球化进程会迫使我们去发展这样的图景，然而这会造成许多无法解决的困难。究其本质，我想，这恐怕只是纯思辨的东西。

金：在谈论全球文化时，您经常提到普遍主义问题。您认为，普遍主义原则上并非坏事。如果说普遍主义不是帝国主义的话，那它又是什么呢？

汤：这取决于究竟是哪种普遍主义。

金：大部分时候，我就是一个普遍主义者。多数中国人也都是普遍主义者，而非地方主义者。历史上，我们有一个"文化天下"的观念，即以"文"而厘定，区分和化育"天下"。

汤：在某种程度上，人是一种普遍性的动物。所以很多人都是认同人的状况的。回首五十年前关于全球论争的大范围转向，对于那时的西方人来说，普遍主义并不是一个问题；它之成为一个问题跟后结构主义、后现代主义有关，跟文化研究的兴起有关，原因就是我所说的坏的普遍主义。这种普遍主义就是种族中心论或欧洲中心论，以为我的经验就是普遍的经验，以为我的特殊的经验也一定是普遍的经验。显然，这里有一个很成问题的假定，就是说，一个人的地方经验优于其他人的经验，或者，世界上只有一种美好的和真正的生活方式。不过，这个坏的普遍主义对于建构普遍主义的一种积极形式也是有一些潜在价值的。积极的普遍主义虽仍相信普遍性，但同时也珍视世界其它地方。它既向文化差异开放，又坚持人类存在的某些方面是通适于一切人的，无论他们偶然地、各别地出生在何处，他们的文化状况和位置有何不同。例如，关于人权的主张，我真不知道怎样才能想象出一种不属于普遍主义的人权话语。怎么可能呢？我个人认为或直觉地认为人之为人应该有某些权利。应该有自由表达的权利，应该有向别人生活水准看齐的权利，应该有不被折磨的权利，自由思考的权利，饮用清洁水的权利等。这些权利在我都是无可辩驳的，我想不出什么强有力的反对理由。所以在这个层面上的普遍主义是毋庸置疑的，我还未遇到过能够说服我相信人类不应该有这些权利的理论。不能去折磨别人，不能对别人不公，连想都不要去想，更勿论去做论证了。我没见谁论证过。显然，就此而言，普遍主义是正确的。但是它也有出现问题的情况，假如说，在与其它信仰体系相冲突时，有人仍然坚持普遍主义的立场，例如宗教信仰与自由主义的冲突。去年在法国发生过这么一件大事，法国政府坚持世俗和自由的立场，批评伊斯兰妇女佩戴面纱与人权相冲突，认为在是否佩戴面纱的问题上伊斯兰妇女应该有其自决权。但妇女佩戴面纱是伊斯兰的宗教传统。那么，这就是冲突：一方面是非常不错的人权主义基本原则，另一方面是文化的特殊性，我们应该尊重和容忍文化差异。面对这样的困境，我们是不是普遍主义者其实并不重要，重要的是在某些情境下我们应该让普遍主义介入对文化差异的主张。这就回到您关于持续对话、对话永无终结的理论。对话是唯一的出路，在对话中我们没有必要辨认究竟谁是主导者，凡参与对话者都有妥协的那一刻。

金：伽达默尔指出，越是一场真正的对话，越是无人能够主导，对话者都在被对方牵着走。

汤：完全如此，这就是在对话中为什么我们不能预先假定一个结论。《真理与方法》这本书很不错。

金：是的，但关键是如何阐释普遍主义。在其合著的《期望中国》一书，哲学家郝大维（David Hall）与安乐哲（Roger Ames）对语词的作用和性质做了有趣的探讨。在他们看来，尽管日常交往离不开语词，但这并非要求人们必须弄懂每一词语的含义或每一词语的所有含义，完成一次交往行动实际上只需知悉部分词语或其部分含义就足够了。这也就是说，交往只是在语词上的相遇，换言之，语词只是人们的相遇之点。勒维纳斯的概念"面对面"（face à face）异曲而同工：人们相遇而不识、熟视而无睹，人们无法整合彼此之绝对的他者性。以您之见，郝氏和安氏的语词视角是否有助于通向一种更好的普遍主义？

汤：这要看怎么去理解您说的"相遇"了。若"相遇"仅指"穿行"的意思，那么其情景就如英语习语所讲的彼此擦舷而过的夜行船，虽然照面过，但并未"结识"。两船之间没有建立关系，没有会合，它们是各走各的道。也许可以这么悲观地看待"相遇"吧，即是说，有相互作用，然无意义之发生。不过，这只是"相遇"的一种方式。其实，在其相交点上，在其接合点上，肯定有心灵或什么的会聚。这是您的意思吧？显然，这样看待"相遇"将具有更多的正面意义。对于理解普遍主义，这是一种很好的思维方法。依此，则普遍主义就不再是明摆在那儿，不再是一种标准，不再是要求来自不同文化的每个人都要同意的东西，像我刚才提到的人权。非也！普遍主义是说，两种或两种以上的文化走到一起，相互发生作用，承认某些共同的价值。在此意义上，普遍主义就是会合，其中存在着共识，存在着人们一致认可的东西，一致接受为真理的东西。因此普遍主义就有那么点作为条件的意思，它是会合的前提，对话的前提。它不是独立的，文化上中立的，它不是一种标准。您可能会问：一个文化体究竟应以哪些权利为标准？这是困扰着许多人的问题。德里达甚至会称，人权或人权话语来自于一个特殊的文化史，来自于基督教，例如宽恕、忏悔等观念。而儒教、佛教就不大会有犹太人、亚伯拉罕传统的这些观念。然而今天它们被一些世俗组织如联合国、被一些看似不相干的东西给体制化了。普遍主义是西方的传统，在这一点上，德里达是对的。但是，依照您的理解，普遍主义是那种具有某一会合点的东西，而出自单一文化的普遍主义则不能妄称普遍主义。米歇尔·华尔兹（Michael Waltzes）讲过同样的看法。他在普林斯顿，实际上是一位政治哲学家。他写过一本很不错的书，叫《厚与薄——在国内和国外的道德主张》，其主题就是如何调和差异论与普遍主义。他与您很接近，认为普遍主义不能独立存在。

金：普遍主义与差异论应该没有矛盾，只要它们能够在某一点上交合，相遇和相知。

汤：这么说，困难当然就不会很多了。可是在一些复杂的情境下，仍然会有很多困难，因为理论终归是理论。在现实中，例如，一个怀有强烈的伊斯兰经卷意识的人与一个信仰体系相异的西方自由主义者就会发生冲突。理论上没有问题，但不等于政治上不会有问题。

金：是的，在具体问题上的确不好说在哪儿会合才好。

汤：在我看来，这就是全球化提出的最重大的问题。或许它也是我们这个时代最重大的道德、政治和文化问题。如何从概念、知识、政治、实践等方面去调和这些问题是一项艰巨的任务。

金：午餐时，您问我霍尔是怎么看待当今的英国文化研究的[①]。我有个印象，似乎伯明翰学派已不复存在。迈克·费瑟斯通和您的成果代表了文化研究的一个新的转向，就是从英国性转向国际性。我们刚见到贵校的罗杰·布罗姆利（Roger Bromley）教授，他领导的国际文化研究系这个系名对我触动很大：文化研究已经从体制上开始国际化了。

汤：遵奉谦虚的美德，我不能这么说话，但从事实上看，您说的完全正确。我没有什么贡献；费瑟斯通的著作可能更多地参与了这一转向。20世纪60年代兴起的英国文化研究与英国社会有很大的关系。它是向内看的，面向英国文化特有的问题讲话。因而，其视野有一定的局限性。它应当将目光转向外部，看看其它文化或全球文化。它必须调适自身，分身有术。实际上英国文化研究界现在已开始谈论流散文化、后殖民文化了，开始关注我们适才提到的身份

[①] 在谈访汤姆林森之前，本人在伦敦拜见了霍尔，详情参见金惠敏：《听霍尔说英国文化研究》，《首都师范大学学报》（哲学社会科学版）2006年第5期。

问题，还有性别、种族问题等。

金：社会学差不多也经历了同样的一个转向。罗伯森将社会学的发展分为三个阶段。第一个阶段是国内阶段，其主题是国内的问题；第二阶段是国际阶段，专注于国与国之间的问题，或者，在国际框架内研究国内问题；第三个阶段是全球化阶段，将全球化既作为一个研究对象，也作为一个观察方法。

汤：绝对正确。全球化力量既改变了当代社会的性质，也改变了对这一社会进行概念化的方法的性质。全球化摧毁了一些学科赖以建立的基础。以社会学为例，它主要以代表了社会的民族国家范型为基础，它有疆域的限制。这就是所谓的"社会"学。而全球化则就是对界定社会之传统概念的挑战。不过，每个学科都有其存在的合理性，所以社会学也会存在下去，学校仍然会开设这方面的课程。例如我们这里就有一门社会学课程，叫作"当代英国社会"，学校让我做该课程的主考。它与多元文化主义有关，对象是英国社会，但又不拘于英国社会；它不能这样，必须的，它必须涉及其它社会之进入英国社会的方式。是吧，当今的社会非常悖论！

金：这就是全球化的"社会"后果：在全球化时代，没有孤立的社会，我们也不能孤立地研究社会。社会已经被全球化了："全球社会"虽然听来悖论，但正在成为现实。谢谢您，也谢谢您夫人张涛博士的款待。

（原载《陕西师范大学学报》（哲学社会科学版）2012年第6期）

赛博空间
——后地理与后历史的新体验

编者按：近些年中国学术界与西方同行面对面的对话交流呈极活跃之势，哈贝马斯、德里达、杰姆逊、罗蒂等西方思想巨头接踵而至，一般学者更是熙熙攘攘，肩摩毂击。为使在文学理论领域的这种国际对话体制化、庆典化，金惠敏教授在河南大学文学院的支持下发起组织"中国—欧美文学理论国际论坛"。其第一次会议于2004年5月11日晚在中国人民大学召开。主题是："赛博空间对人性经验的可能重组"。主讲人是荷兰鹿特丹伊拉斯谟大学哲学系约斯·德·穆尔（Jos de Mul）教授。他于2002年出版了荷兰语专著《赛博空间的奥德赛》，英译本（美国MIT出版社）和中译本（广西师范大学出版社）。穆尔教授首先概述了他的主要观点，中国学者接着做了一些或支持或质疑或平行论述的回应。现场翻译由金惠敏、高建平、贺淯滨担任。刘玲华记录、整理。

金惠敏：各位同行，晚上好！长久以来我一直梦想在西方学者与我们之间建立一种对话机制。其实与外国学者面对面的对话交流自20世纪80年代初就已经启动了，近年来更呈日趋活跃之势。前些年的交流情况基本是西方学者的"布道"和我们的"聆听"，属于单向传播，算不得真正意义的对话。这些年有所改变，但离我们所希望的平等对话尚有很大距离。现在的"对话"大体上都是谈访型的，这是我们的"理论国情"，也是我很多年以前所使用的一个术语，"文学国情"。急不得，我们恐怕只能在"聆听"中进入"对话"。

非常感谢河南大学文学院的支持，感谢穆尔教授有备而来，感谢北京和开封的同行们的光临，我的梦想终于成真。现在我宣布"中国—欧美文学理论国际论坛"就此"开局"。让我们以掌声欢迎穆尔教授第一个进入论坛。

穆尔：这是我第一次访问中国。非常荣幸有此机会与各位中国同行谈谈我的新书《赛博空间的奥德赛》，我自己正在把此书译成英文，计划明年出版。今晚我只能简单叙述一下我在此书所提出的主要观点。我的演讲题目是《欢迎到赛博空间来：进入人性历史的另一种可能》。在此我试图回答的第一个问题是什么是赛博空间，第二个问题是它将如何改变我们对世界的想象以至我们自身。

我的总体看法是，赛博空间不仅是一种新的实验性维度，超越了我们日常生活发生于其中的地理空间或历史时间，它是后地理的和后历史的，而且也创造出与我们日常生活几乎所有方面的种种杂交关系。这就是说，不仅人类事务被部分地转移进虚拟场景，而且我们的日常世界也将与虚拟的空间和时间发生难分难解的纠葛。我们在向赛博空间移民，或者说，赛博空间正在向我们的日常生活殖民。不是这样吗？我们用银行卡购物付款，有时在真实的超市，有时就在网上超市，后者即是赛博空间的后地理区域。打开收音机，我们可能听到歌星Erykah Badu与Bob Marley的二重唱。我们知道，

Marley早在1981年就已经故世。这是数码剪辑的结果。在此我们一方面处身于历史的时间——节目的制作和我们的收听都发生在确定的时间段,但同时也在经受一种后历史的感觉。

由于赛博空间的既新且异,为了理解其后地理和后历史的特征,我们可能就不得不借用比喻了,尽管任何比喻都是蹩脚的。我所选择的喻体是几何学、物理学和宇宙论中的"超空间"(hyperspace)概念,我们用它来喻解赛博空间;而对赛博空间的喻解又将反过来帮助我们形成一种更贴切的宇宙空间概念以及日常生活世界的空间概念。

为了进入这个"超空间",我们先要知道什么是"空间"。说起"空间"这玩意儿,它就像"时间",不问我们倒没什么问题,可一究问我们,保准要犯糊涂。许多世纪过去了,哲学家和科学界绞尽脑汁,然迄未达成什么共识。我也只能就着我自己的论题线路略做阐说而已。

日常语义上的"空间"是指事物之间的距离或间隔。这是最基本的用法,当然也有很多活用的情况:用"空间"概念表示"时间",或者反过来,用"时间"表示"空间"。例如,"我没空","鹿特丹距此要一小时的车程"等。从中世纪开始,在自然哲学和自然科学中"空间"取得了一个更加抽象的意义,它是指包容一切事物的无限的维度。16世纪的布鲁诺将空间作为一种持续延伸的三维的自然属性,这就比日常用法进了一步。牛顿则是几何学地看待空间,他认为借助于三维坐标方格空间可被精确地界定。空间是绝对的,无论其中有无物体的存在。物体相互之间有空间关系,它们与空间本身也有关系。牛顿的追随者多把空间作为一种客观存在物,物体或物质。莱布尼茨强调的是另一方面,他把空间作为一个关系概念,表示事物之间共有的数学关系。换言之,空间是各种关系的总和。没有物体,就没有空间。在将空间去实体化的路上,康德走得更远,他从主观方面界定空间,视之为人类感觉的一种形式，由于它，我们才能将我们对外部事物的诸感觉统一起来。海德格尔的空间观既不取主观的也不取客观的方向，他认为空间只能在"此在"与真实事物的相遇中，在我们"在世存在"的活动中显现出来，例如说"宇宙空间"只能在宇宙旅行、"正义空间"只能在法律实践中表现出来。

以上这些空间概念都这样或那样地出现在我们当前有关赛博空间的讨论之中，如电脑游戏、超媒体、信息科学、虚拟现实以及人机界面等，但我想采取的视角是哲学人类学的，即是说，我想强调的是人类及其技术的文化的活动在空间的发现和形成上发挥怎样的作用，并且一旦如此这般的空间被揭开，它们又是怎样反过来再结构我们的活动。在后一种意义上，空间创造了我们可能的活动方式和相互间的作用关系。

现在我们可以进入"超空间"了。它原是一个数学上的概念，指三维以上的空间，这里不包括爱因斯坦所说的时间维。超空间对于处在三维空间的我们是根本无从想象的，它非常特别，我们不能将其视觉化，而只能通过复杂的数学计算去把握，比如里曼（Riemann）所推荐的标记法。举例说，一个不可弯曲的两维世界，就说一张纸吧，其上有A、B两个点，它们相距很远，而如果我们将其弯曲，即是说，把一张纸折成三维空间的样子，那么A、B两点就一个子变得很近了。当一个"着陆器"经过三维空间从A点到B点，两维世界的居民会认为那是"超跳"（hyperjump），即不连贯的跳跃。同样道理，我们这些三维世界的居民也不会理解多少光年的距离怎么可能在三维世界被弯曲后眨眼就到。霍金和柯乐曼（Colemann）所说的"黑洞"和"虫洞"就连结了我们宇宙一些相距遥远的因素，或者甚至是此一宇宙与其它宇宙。

现在我们来说"赛博空间"。这原是加拿大作家威廉·吉布森在其1985年出版的科幻小说《神经漫游者》（*Neuromancer*）中所提出的一个概念。他将赛博空间描述为一个三维的笛卡尔矩阵，一个对网络数据的图表式再现。他什么都对，只是万万不该将赛博空间当作一个三维空间。我认为，无论在比喻的意义上抑或字面的意义上，它都应该是"超空间"。与"电子高速公路"这样的纯地理比喻不同，"超空间"能够使我们形成一个更恰切的赛博空间概念，即它更能揭示出其后地理与后历史的特性。当我们将赛博空间想象为一个超空间时，那么网络计算机就是一个"虫洞"，它不仅使我们一瞬间就从甲地飞跃到乙地，甚或到达一个平行存在的世界，而且也提供给我们一个穿越时间的旅行机遇。

　　我想再次强调，我们真的不能在空间概念上去想象超空间。吉布森关于三维空间的描述，只能是间接地帮助我们去理解多维的赛博空间。说实在的，它只是站在三维空间对四维空间的一个想象，这种想象或者也可以说是三维物体在二维平面上的投影，好像一个旋转的立方体投射在墙壁上的影子。当然，四维不是不可以在三维上投影，可它是柏拉图的那种"影子的影子"，无助于或者可能就搅乱我们对四维特性的认识。这是因为，生活在二维世界的居民所理解的三维世界，只能是平行存在的二维世界的无限堆积，就像小人书那样一页一页地即一个平面一个平面地往前延伸。同样道理，我们三维世界的居民也只能将四维世界想象成无限多的三维世界的叠加。我们不会实质性地把握四维空间。

　　但是如果将赛博空间想象为超空间，那么我们就有可能抓住它的虚拟特性。我们可以从屏幕保护图案来说明什么是赛博空间的虚拟性。有一种群星散射的屏保图案。在这个图案中，假定说，有总数为3800个不同的星空，这是一个"宇宙数据库"。对于三维世界的我们，每次只有一个星空是可见的，其它的都处在可能性的状态。而于四维世界的居民来说，这3800个星空则是同时可见的，没有什么是虚拟的，一切都实实在在。三维世界的我们只是通过计算才知道有3800个星空，我们无法真切地体验到它们。

　　这就说到了虚拟世界的第二个特点，即它们效果性的显现。模拟世界在古典意义上是非现实的，但就其效果而言，它们又的确是真实的。例如，模拟飞行器给人的感受与真实无异，紧张、晕眩和呕吐感，该有的都有。这里的问题不在于一个虚拟的现实是否真实，而在于在什么意义上它是真实的。今天当我们的现实愈益被电脑所中介（媒介化）时，我们是否应该借取卡斯特尔斯（Mannel Castells）的一个概念即"真实的虚拟性"呢？

作为超空间的赛博空间既是虚拟的，又是真实的。说它虚拟，是指它是一个潜在的和可能的世界，对于身处三维世界的我们，它是一个平行的存在，所以是可能的，但又无法同时地呈现出来。赛博空间这一概念的本体论意味着必须按"真实的虚拟性"来理解，我们可以进入其中，它也确确实实地进入我们的传统的现实之中，我们与它发生互动性关系。

在穿越时空的旅行方面，赛博空间开辟了一个崭新的后地理和后历史的阶段。借助网络计算机，我们可以用"超跳"的方式穿过地理空间的物理的和社会的维度，进入与我们相平行的世界；我们也可以"超跳"地穿越历史。这可不只是科幻小说才有的情节，这也见于我一开始提到的活着的和死去的歌手的真实二重唱。虚拟现实正日益成为我们日常现实的组成部分。计算机对过去和未来的模拟也是这种后历史体验的例子。互动小说或电脑游戏更是可以重新设置历史的进程、人物的命运等。我们还可以大胆设想，借助生物技术不仅可以复活灭绝的生物，也可以创造出地球上从未出现过的生命。那个古老的梦想也许有一天真的会实现：在时间中自由旅行。不只是在时间中旅行，而且还可以将过去和未来统统地会聚于现在。谢谢大家。

金惠敏：感谢穆尔教授极具开拓力的、令人振奋的讲演。其主题我用一句话来概括，就是赛博空间创造了我们后地理和后历史的新经验。接下来，欢迎各位就此主题发表高见，当然也允许那些与此关系不大的、独立发展的主题，因为穆尔教授只是在他的思路上谈论赛博空间，因而也就可能绕开了其它有意思的话题。瞧，高建平先生要挑战了！

高建平：穆尔先生提到了三种不同的空间，即我们日常生活所熟悉的空间、理论物理学所揭示的多维空间、网络的赛博空间。对此，我觉得应该做具体的分析，也就是说，我们是在不同的意义上讲的空间。理论物理学并非是提供一个新的空间，只是在一个更大的范围内讲空间，并改变我们对空间的理解而已。在爱因斯坦的相对论出现以前，我们接受牛顿所提供的绝对空间观念。爱因斯坦的相对论，使我们对时间与空间的关系有了新的理解，说明在接近光速的情况，时间与空间会发生改变。至于赛博空间，我们可以从两个意义来讲：一方面，互联网给我们提供了更为便捷的相互联系方式。如果说这是在改变我们的空间观念的话，那么，它是在这样一个意义上讲的：我们的一切交通和通讯工具的改变，都在改变我们的空间。飞机使洲际旅行变得容易，汽车使住在郊区而在城里上班变得方便，电话与手机能使自己与世界联系在一起。同样，赛博空间也只是交通与通讯工具的进一步延伸而已。它使我们本来就不断延伸着的空间观念再向前发展一步。在另一个方面，赛博空间所提供的身临其境的可能性，使人感到它是另一个空间。这种"空间"，也许只是取其比喻的意义而已。比喻意义上的"空间"，并不等于实际上的空间。

穆尔：我们过去对空间的理解存在着两种极端，一种理解认为空间是完全客观的，另一种认为空间是完全主观的，存在于人的头脑之中。我认为，空间是介乎两者之间的一种东西，空间是人的一种创造实践。您说的可能是不同的空间，但我所关心的是这样一种情况，我们创造的是一种不同的空间，它们一经开出就在改变着我们的行动方式。就像文稿通过电邮相互传递，这个空间的快速传递过去几乎是不可能的。当然这也可以用"变化"来解释，但变化也是一种改变，是创造一种新空间的方式，它跟我们日常定义的"空间"是不一样的。

金元浦：我很赞成穆尔先生的观点。我认为穆尔先生最在意的是各种空间的交织、互动和融合，而其中的推动力则是赛博空间的出现和膨胀。赛博空间"侵入"了我们的生活，甚至已经构成了我们当代人特别是年青一代不可一日或缺的生活内容：网上办公、电子商务、远程教育、QQ、聊天室、电邮、MP3、网络游戏等，这是人类的一种新的生存方式。随着越来越多的"赛博空间移民"，我们的日常生活日益被赛博所"殖民"，也就是说，我们的时间会越来越"赛博时间化"，原有的不可再造不可再现的线性的时间变得可以剪辑，可以重组，可以拼接；我们的空间也会越来越"赛博空间化"，我们可以打破三维的空间世界，按照人们的需要，将空间理解或设定为"八维"或"九维"。更为重要的是，我们将不断在两个不同的时间与空间中穿行。比如网上购物，就是在虚拟世界"购"，在现实世界得到"物"；在超市刷卡，我们不仅要与现实的超市打交道，还要进入后地理的赛博空间。

耿占春：穆尔教授一再强调了后历史后地理的观念，事实上在我们的生活里，我们仍受着现存的地理和历史的束缚，被固定在一定的地理和历史空间里。现在，可能表面上出现了一个更宏大的地理和历史空间，但世界上现存的各种差异和冲突往往建立在地理和历史的差异上；另外，在我们个人生活里，许多更重要的内容取决于我们面对面的情景，如果面对面的情景在赛博空间下没有成为可能，它会不会作为其他的问题出现？就是说，赛博空间带有后地理后历史的倾向的出现，会对我们目前事实的历史的不同和地理的差异有什么作用？

穆尔：在生活中虚拟空间与真实空间往往是互相交合、重合的。比如说，通过网络或者信用卡付款，这是数码化的，好像很虚拟，但实际上已经从信用卡上提走了钱，这是事实。在美国对伊拉克的战争中，美国士兵头上佩戴的头盔面罩是透明的，通过它可以看到真实的世界，但头盔内部加入了电子技术，图像处理技术等，因而其所看到的世界又是超出现实的。这些表明，虚拟空间和真实空间已经融为一体。商务经济发展也越来越虚拟化，可以通过实物交换，但购物券也是虚拟的货币。一种产品在产地的成本或许很低，但售价很高，这是因为中间夹杂了市场营销、广告宣传、信息扩散等虚拟成本。我认为，在当代经济活动中，虚拟活动会越来越大。未来的情况也许不可预见，但可以肯定，赛博空间将会愈来愈深地介入我们的生活、改变我们的生活。

黄卓越：赛博空间的出现，是人类生活中的一件大事，它是对人类想象力的一种技术性证明。在早期人类所编制的神话中，人可以超越固定的三维空间，刹那间到达千里以外，或者回到几百年以前，比如孙悟空的变异魔法就有这种魄能。赛博空间的产生将这种想象的可能或叙述的可能变成了真实的效果，这不能不说是技术的巨大贡献。

赛博空间必须依赖于一个屏幕，就这点而言，它有些像是书本的发明，提供了一种新的知识、文化等的生产与消费的方式。就具体个人来讲，它当然是可以受控的，比如我们随时可以关闭或打开屏幕，如同我们有打开与关闭一本书的自由，它毕竟只是一个设备性的功能。但是就它对于人类的意义来讲，就不是一个偶然的事件，而是会长期对人类的各种活动发生重要的影响。同时，正是屏幕的购置与搬运的简便，这样，它——我说的是这个赛博空间，就可以被带到任何一个角落，尽管一个山中的乡民可能还过着日作暮息的自耕农生活，但他可以通过屏幕所制造的赛博空间立刻体验到后地理与后历史的现代生活进行式，因此赛博空间还具有一种虚拟的共时性效果。由于虚拟空间内容的可操作性与便于操作性，在实际场合下会获得一种超常规性效果，从而对我们的伦理、审美，乃至政治等活动会带来过去意想不到的影响。

汪民安：20世纪，人们对于空间的兴趣逐渐压倒了对于时间的兴趣——启蒙运动当然是深深地迷恋时间的。与这种空间兴趣相伴随的是，人们将空间历史化了，对于空间的思考变得具体化了，先是海德格尔和巴什拉尔，后是列菲弗尔、福柯和哈维，他们的空间思考，主要是将人的因素纳入空间的结构反思中。尤其是从列菲弗尔开始，空间似乎是被强制性地生产出来，而且是带有意图和目的地被生产出来。从这个角度而言，空间是历史性的，它的产生和创造，它的产品和成果，源自于历史的某些特定时刻。就此而言，空间不是纯粹的几何学性质的，也不是一个单纯的物质性空间。相反，空间中埋伏着形形色色的政治、经济和文化冲动。比如，资本主义为了它的扩张，为了其生产效率，为了让被殖民者适应它的生产和消费模型，而在反复地制造空间和空间观点。帝国主义战争，在很大程度上就是空间之战。今天的所谓全球化，实际上，无非是空间的重组，或者说，是空间界限的崩溃。而空间界限，始终是权力角逐的焦点。

　　穆尔先生所说的赛博空间，在某种意义上，当然是经济冲动和技术冲动的产物。它也是历史化的。它是今天的新型的空间形态，它是非物质性的，而且无边无涯。从这个角度而言，这种空间是反空间的——如果说空间一度被设想为某个界限内部的容积的话。这个赛博空间能产生什么样的效应呢？这是我关心的问题。如果说18、19世纪以来出现的现代都市空间产生了一种特殊的生活方式，波德莱尔、西美尔、本雅明都曾经做出过反应，那么，赛博空间的出现会让我们产生一种什么反应呢？我能够肯定的是，赛博空间确实在某种程度上改变了我的生活——最简单的例证是，我很久不去邮局了。而且，如果我真的没有朋友了，比如说我到了一个完全陌生的城市，我想我不会像前赛博空间时代那样感到极端无聊，或许我可以在赛博空间里，度过几天而不觉得漫漫无涯。

　　穆尔：的确，赛博空间正在改变我们的生活方式，改变我们对这个世界的体验和体验方式。只要我们使用网络交通，反过来即是说，赛博空间就已经进入我们的生活了，进而言之，我们的生活就不是原来的生活了。

杜书瀛：赛博空间作为电子网络空间，不是通常的空间，而是特殊的空间，是"超"空间——超地理空间，超历史空间；是"后"空间——后地理空间，后历史空间。赛博空间是数据的图表式表现，是脑子里的光速……我与我在美国的女儿每周通一次网络可视电话，鼠标一点，女儿和两岁的小外孙，立刻出现在屏幕上，我看到小外孙向我招手，冲我喊："嗨，爷爷！"万里咫尺，中国、美国，空间距离瞬时浓缩为一个点，神话中的孙悟空也未必能够做到。这是十几年前像我这样近于老朽的中国学者闻所未闻、也不可想象的事情。但今天，赛博空间就在我们的周围，就在我的身旁，我似乎可以触摸它。我想，加拿大科幻小说家威廉·吉普森于1985年提出这个词的时候，未必会想到它在今天的世界上，特别是在今天的中国会如此风光，在人们的生活中会产生如此大的影响，占有如此重要的地位。

赛博空间的出现会改变人们的思维方式、情感方式。我和妻子有一次谈起，为什么我们同女儿同外孙，彼此分离，远隔万里，却不像人们想象的那样思念得牵肠挂肚、撕心裂肺？妻子的答案是：多亏了网络可视电话，现在用我的话说：多亏了赛博空间。网络可视电话一通，等于每周见一次面；而且每天（甚至随时）都可以有电子邮件来往。有什么话，写个电邮，一点鼠标，瞬间，过去了；一会儿，信息反馈回来了。多少思念，在赛博空间中化解了。如果《红楼梦》中远嫁千里之外（比我女儿近多了）的探春生活在今天，是否还会有那样生离死别的悲痛呢？

说到我们的专业，我有个问题，赛博空间的出现对人的审美活动将产生一些什么影响？我想听听穆尔教授的意见。

穆尔：这个问题非常重要，也很复杂。我主要想提两点，第一点比较简单，即电脑的使用创造了许多新的艺术形式，电脑网络的形成也生产一种被称为交互式的叙述。在电子时代，艺术绝不是终结了，而是不断有新的艺术形式被创造出来。新媒介总是要催生一些新的审美表达形式。

贺淯滨：这在中国文艺学界也是个有争议的问题。我注意到一种新的"文学"现象：如果说长篇小说等传统文学体裁有些衰落了，那么手机短信则正如火如荼，我觉得它似乎正成为我们这个时代的第一文学样式。这大概可以支持一下穆尔教授对艺术终结论的批判。

穆尔：谢谢。我想提的第二点是，本雅明在《机械复制时代的艺术作品》中认为机器复制改变了艺术品的制作方式和传播方式，而这又接着改变了艺术的内在价值。电影出现以前，艺术最重要的特点是独一无二性，比如您要欣赏《蒙娜丽莎》，真迹只有一幅，其余的都是复制品，它们不是真正的艺术品，所以您就得去卢浮宫。于是本雅明认为，艺术独一无二的特性——"灵韵"在电影出现之后就被打破了。电影不仅仅是单个复制，而是很多，可以在北京，也可以在上海、纽约等地同时上演，所以电影具有一种展览价值。

数码空间具有更多的可能性，不仅仅是展览，它也可以改变、虚拟、制作，可以通过数字技术造出一些不存在的东西，它具有更进一步的可能性。当然，新的数字艺术才刚刚开始，需要时间来等待它的发展，需要一个阶段。关于这一点，我想做一个比喻：电影起先并不是一门独立的艺术，只是对舞台艺术的实况拍摄，后来爱森斯坦发明了蒙太奇，使电影成为新的独立艺术形式；我们的数字艺术也处于一个相似阶段，相当于电影初创期的阶段。

张清民：赛博空间影响和改变着人们的生存方式。这种影响表现在人们的语言、想象、情感、心理等诸多方面，从而也影响着人们的文学观念。

先看赛博空间对人们语言使用方式的影响。从传播学的角度来看，人们的交流方式随着媒介的变化经历了口头语言、书面语言到图像语言的变迁。图像语言是一种比口头语言和印刷语言更为直观和快捷的交流语言，它不受种族、文化等方面的限制，可以大大缩短人们在交往过程中的障碍和距离，这对于扩大不同族群人们之间的思想和情感交流，提供了一个便利工具。因此，图像时代宣告了人类新生活和思考方式的来临。

赛博空间也必然改变着人们对事物的想象方式。在赛博空间中，人们接触到的多是机器而非真实的生物实体，人们对事物的想象在很大程度上不得不停留在机器世界里。后羿、大禹、孙悟空、阿基里斯、齐格弗里特，这些史诗英雄或神话英雄的共同特征，就是他们离人们置身其中的自然界很近，不过是智慧的人或勇猛的动物的化身。而在一个现代科学神话里的奥特曼形象，不过是变体或合体机器人而已。

赛博空间的交流方式灵活多样，这会使人们对异质事物的存在多一份宽容和理解，这在一定程度上会增强人们的同情心以及开放和宽容的心态。更由于赛博空间不像自然空间里的交往那样受到法律、伦理或叙事成规等方面的限制，人们可以在其间畅所欲言，"为所欲为"，同时又不需要承担相应的社会责任，这就给一些人在虚拟社区进行写作实验提供了无比自由的区域，这种实验会被一些人视为浅薄和低级，但也会得到很多人的理解和支持，木子美和竹影青瞳事件就可作如是观。

赛博空间毕竟是一个人工成分居多的空间，不管人们在赛博空间的交流达到何种程度地仿真境况，这种交流都只能是一种仿佛如此而实际上并非如此的情形：无论声像工具多么发达，隔着机器的对话与面对面的人声交流，其真实程度给人的感觉还是不一样；这种亦真亦幻的世界本身就会给人带来无穷的乐趣。由于人在赛博空间中很少受到来自社会方面的限制，人们的欲望和本能可以毫无顾忌地释放，同时又不会给人带来真正的伤害，从这一点也可以看出信息社会较之工业社会和农耕社会的进步。

高建平：人与人之间面对面的直接交流非常重要。网络上出现的虚拟的人与人的交流，并不能取代真实世界中人与人的交流。打个比方，您可以将您的文章通过电子邮件传给我们，让我们阅读您的文章。随着技术的进一步发展，您可以人在荷兰就进行这样一个讲座。但尽管如此，您还是要不远万里，到这里来，给大家读您的稿子。原因在于，那种网上交流，不能取代直接的人与人的交流，不能取代我们在这里正在进行的讨论。再打个比方，网络给我们的社会带来网恋网婚的现象，那与实际生活中的恋爱结婚不是一回事。我们只能说，网络给人带来了一些新的东西，网络加入到我们的生活方式之中，但是，那种以为从此人就生活在网络空间之中了，只是神话或科幻小说而已。

穆尔：我完全同意您的观点。我从来不认为赛博空间就是一切，它不能取代真实生活中的交流，它只是一种添加。真实的生活和真实生活中的交流是更重要的，赛博空间不能取代，它只是创造了交流的更多可能性，也许还提供了与更多人交流的机会。

金元浦：我对穆尔先生概括的虚拟世界的另一个特征非常有兴趣：虚拟世界显现的有效性和它所产生的实际影响。电脑屏幕上的宇宙是一个虚拟世界，它不是现实的，而是仿真的构建，人类天才想象的产物，梦的图像化。但这并不意味着虚拟现实可以被作为一个纯粹的"表象"而被摒弃。尽管从传统的本体论意义上来说，仿真世界并不是现实的，然而它的影响却是现实的，真实的。比如每天晚上有近百万网民同时玩一种叫作"传奇"的网上游戏，网络世界是虚拟的，游戏世界是虚拟的，百万人沉浸于其中并实际的"玩"却是真实的，它的影响是真实的。甚至这种网上的虚拟社区正在转化为真实社区。比如一个游戏玩家可以以此为职业，以出售网上游戏的武器为生活来源，一个网上游戏玩家在网上获得了"市长"或"军长"的"阶层"，他在现实中，就可能真实地获得网民们的隆重的"市长"规格的礼遇。虚拟世界在与现实世界的交叠中，产生了一系列对现实的有效的影响与改造。

黄卓越：就穆尔教授所描绘的内容看，我感到这个虚拟空间从抽象到具体是可分层次的。虚拟空间有本质吗？如果有的话，那么它就是一个变幻莫测、运动不息、聚集了无数种可能、超三维与超时空的混合空间，这是它最抽象的样态，所以等于说是没本质。其次，如我们用鼠标一点，一会儿在纽约，一会儿在东京，一会儿又在莫斯科了，我们还可以安排与千年以前的人相会在一桌，等等，原来远距离的空间与时间被折叠在了一起，这又是一个层次。再就是我们可以在网上从事与对方不见面式的商业交易活动，这已属于很具体的层次了。但是我想，诸如给朋友发一个E-mail这样的事，虽然也是跨距离的，但我提供的消息却是真实无误的，这似乎还难以归入虚拟空间的概念中去。因此对虚拟空间的描述，在概念上还可以更精确一点。

穆尔：我对此有两点要说。第一，"星空""超空间"等主要是在比喻意义的层面上使用。当然，这个比喻还不能完全清晰表达赛博空间的特点，只是表明有这样一种空间存在。第二，我完全同意当然有不同的赛博空间，而且完全同意收发电子邮件、网上聊天、网上购物是不同的赛博空间的活动。但这并不是我这本新书的重点，也许将来我可以专门撰文来讲述各种不同赛博空间的活动。

金惠敏：我期待穆尔教授有更进一步的著述，也期待我们今晚的讨论能引发学界对赛博空间的性质，特别是它对我们那些尚在"可能状态"的意味的进一步揭示，这是一个哲学问题，也是一个实践问题。

（原载《中华读书报》2004年7月21日）

文学与文化的相遇

——斯文德·埃里克·拉森教授与中国学者对谈录

时间：2020年12月27日晚
地点：腾讯会议
对谈人：金惠敏，杨清，刘颖，杜红艳
翻译和整理：周姝

按语：作为四川大学比较文学研究基地国际系列讲座的第四讲，丹麦奥胡斯大学的比较文学教授斯文德·埃里克·拉森（Svend Erik Larsen）教授在2020年12月27日晚为腾讯会议的听众们带来了一场名为"文学与文化的相遇：泰戈尔的《家与世界》"的精彩讲座。在讲座中，拉森教授以文学与文化的相遇为切入点，讲解了例外主义、片面相遇、文化相遇、文学相遇、对话相遇这几个概念，并以《家与世界》为例分析了小说中所包含的多元文化相遇问题。讲座结束后，拉森教授与中国学者和听众展开线上交流和对谈。本文记录并整理了此次对谈的全部内容，其中包含五个主题："文学和艺术如何推动了文化对话""文化与物质""世界文学的定义及形成""翻译作为源语言和目标语言之间的对话"以及"读者接受与文学作品之间的相互关系"等。对谈在将听众带入一个充满文化相遇、融合与包容的文学世界的同时，也打开了一条通往当代五彩斑斓的世界文学与文化的思想路径。

杨清（以下简称"杨"）：感谢拉森教授以"文学与文化的相遇"为题所发表的异彩纷呈的洞见。他以泰戈尔的《家与世界》为例，对于文学和文化的关系作了具体的分析和讲述。正如标题《家与世界》所示，其中包含很多有趣的话题：当家与世界相遇时，会发生什么？当不同的文化相遇时，会发生什么？当文学与文化相遇时，会发生什么？我相信听众也有很多观点与评论想要和拉森教授分享和讨论。首先邀请四川大学金惠敏教授对拉森的讲座进行评议，期待他们二位展开一些进一步的对话与探讨。

金惠敏（以下简称"金"）：非常感谢拉森教授的精彩发言和杨清博士出色的主持。

拉森：很高兴见到您，金惠敏教授。

金：我也是！拉森教授，我很多次从您在四川大学教授的学生那里听闻过您的大名。在我的想象中，拉森是个大人物。我一直希望能有机会当面见到您。但不巧的是，当我入职四川大学任教时，您已离开川大客座并返回丹麦老家。所以这次我很幸运，也很荣幸能有这个机会，通过云端会议聆听您的讲座和高论。首先，我要祝贺您讲演的成功。我认为您选择的这个讲演题目对中国学术界来说是一个非常新颖、有吸引力的话题，在国际比较文学与世界文学的研究学界也是相当有意思的。我非常欣赏您的一个论点，即一种文化只有在与其他文化的对话中才能生存下去。我们都知道，其他理论家多是在存在论意义上说文化从来都是杂交的，而您的这一说法让我们充满了文化的危机感。您提倡文化对话，这是文化之生死存亡的大事。一开始我误解了您。对于中文翻译的标题，"文化与文学的相遇"，我所理解的是文化和文学这二者之间的相遇和对话，是基于文化研究对文学所产生的强有力影响。因为在中国，我们有很多关于文学性质和文化性质的讨论。但在讲座最后我明白了您的意思，您指的是以文学为载体而展现出的不同文化的相遇。您认为，对话是文学发展、社会变革的驱动力。我对您的这个论点很感兴趣。我们中的大多数学者和学生都认为对话在当代世界非常重要。众所周知，美国政治学家塞缪尔·亨廷顿曾提到，冷战后的国际冲突不再表现为意识形态的冲突，而是文明或文化之间的冲突。我们可能也会面临另一种政治实践，如前美国总统唐纳德·特朗普所说的"美国优先"。在美国，民族主义意识非常强烈，不时地还酿成暴力冲突。新当选的总统拜登也仍然延续并推行特朗普的"美国优先"理念，这一点儿也不奇怪。在中国，习近平总书记有这样的一个术语——"人类命运共同体"。他曾在不同场合多次提到这个术语，其主要意旨是推动不同文明和不同国家之间的对话。这样的对话概念在中国文化中有很长的历史，也可以说是我们的传统了，如"和而不同""万物一体"等。您在讲座中提到，艺术和文学可以在文化对话中发挥重要作用，推动社会的进步和文明化进程。那么，您能否更进一步谈谈文学艺术是如何在对话中发挥重要作用的？当然，您已通过泰戈尔的小说《家与世界》作为例子多少证明了这一点。泰戈尔的这部小说为我们提供了一个依据，说明文学在文化的对话中发挥了重要作用。那么，您能否从理论上对文艺如何发挥对话作用作出更多的阐说呢？非常抱歉，也很荣幸，我凭借评议人的身份向您提出了第一个问题。

　　拉森：首先，正如我在讲座开始时提到的，"通过翻译、改编和重写，我们不仅可以将言语及其言说方式大致从一种语言转换至另一种语言，同时也挑战并开发了我们运用所有语言进行表达的能力，包括我们的母语。由此扩展了这些表达方式的文化语域"。因此，翻译对于文化交流和文化相遇来说是非常重要的。我们需要对世界文学抱有一个这样的态度：正因为我们能够将文学作品进行翻译，我们才能更广泛地阅读文学作品。

其次，文学也是其他艺术改编形式如电影、戏剧的基础。当下，文学流通的方式具有多样性，新兴媒介就是不可或缺的一环。无论来自怎样的背景，又或许有些许负面之处，但不可否认的是，新兴媒介已经成为传播文学内部或外部事物的一种极其重要的方式，正如当下出现了许多由经典文学作品改编而成的流行电影、电视剧。随之而来的便是文学和艺术进入各种各样的全球活动。如果你去看一个世界展览，你会发现有很多不同的、异质的文化在那里汇聚。因此，文学的重要性不仅在于文学本身，更在于它如何通过媒介景观的多样化而成为许多其他艺术形式。这些形式根据不同人群的喜好而受到不同程度的欢迎，有些在年轻人中很流行，有些又在学术界中产生了影响。

第三点，正如我在讲座中所阐释的，以文学为工具，我们不仅可以获得对比的结构、复合的人物性格、矛盾的设置、多线条的主题，还可以获得修辞的各种类型、电影的构建方式等。不容忽视的是，尽管可以衍生出丰富多彩的艺术形式，但文学依然是众多文化产品的中心，而语言则是中心的中心。文学是以语言为媒介的，并在语言的范围内探索其可能性。媒体、图像、手势、声音、游戏和运动等都不能离开语言而存在。如果你看一场篮球赛或足球赛，你会看到球迷在大声欢呼喝彩，衣服上贴着各种各样的球队标志，头上戴着不同颜色的帽子等。球赛可以通过口哨和手势控制，但在这背后，你会发现其实是有人坐下来，制定了规则和语言。你可以利用语言的可能性去创造性地想象一场球赛会是什么样子的，从而将创造性的视觉语言融进文学形式和文学人物。从文学出发，你又可以通过其他不同形式的媒介，让文学文本以不同的艺术形式在世界各地传播开来。通过各种国际机会及国际传播途径，渐渐实现了文学作品及文化产品从本土性到全球化的转变。想想中国作家对获得诺贝尔文学奖所做的努力吧！诺贝尔文学奖获得者——莫言，是一位非常重要且了不起的作家。他被认为是"通过幻觉现实主义将民间故事、历史与当代社会融合在一起"。莫言的文学作为一种开放的资源，将中国城市、村落的生命力与全球视角汇聚起来。透过其文本，读者可以看到中国乡村景观所涵盖的本地、传统文化与世界文化的相遇。因此，当我们谈论文学的影响时，并不仅仅只是谈论今年它影响了中国，或是它影响了一个很好的作家，而是不得不谈论它建立在语言基础上的创造力，从翻译到改编，我们都需要进入整个媒介领域，进入一种体制的循环。所以文学的影响不是一个单独的词语，而是对整个文化景观的影响。当下我们正在处理它。

金：非常感谢您富有洞察力的论说，文学的确在当代文化活动中扮演着最基础性的角色。文学可能会改变它对社会发生作用的形式，但永远不会消失，因为语言不仅是我们表达世界的工具，也是思维世界的工具，任何人类活动都不能不诉诸思维，而思维首先是借助语言的思维。消极言之，语言是思维的地平线，但从积极方面说，语言也在帮助我们开拓出新的地平线，包括文化的地平线。

我还有另外一个问题。我想您一定了解英国文学批评家特里·伊格尔顿。他最近出版了一本新书：《文化》。之前他也出版了一些关于文化的书，比如《文化的观念》（*The Idea of Culture*）、《理论之后》（*After Theory*）等。在最近的这本《文化》中，我想读一下它最后这段关于文化的观点，并想听听您对这一观点的评论。您在讲座开始时提出了两个关于文化的观点：首先，文化不同于政治，它不是二分的，而是在多元网络中发展起来的。其次，文化不是一个稳定的系统。它反映出标准、价值观和习惯不断变化的历史过程。由于受到语言的约束，文学语言的想象性运用以及其他的艺术成为这个变化过程的驱动力；想象性艺术预想出文化发展过程可能的方向。但特里·伊格尔顿提出了一个与您的观点不太相符的论证，他认为"事实上进入新千年的人类所面临的核心问题根本就不是文化"，十分犀利，"它们远比文化更世俗、更物质。战争、饥荒、毒品、军备、种族屠杀、疾病、生态灾难，所有这一切都具有文化的方面，但文化绝不是它们的核心。如果谁不靠吹胀文化就无法谈论文化，那么对他们来说可能还是以保持沉默为妙。"伊格尔顿批评大多数文化就像法国哲学家让·波德里亚所提到的"符号文化"那样，有其"名"而无其"实"。他认为，当代文化观念就如通货膨胀，正在脱离其真实的价值和所指。他反对吹胀文化的做法，要求直面现实。在我看来，他是坚持马克思主义立场的，即物质生产方式或经济基础是决定文化的最重要的因素。所以，在物质世界面前，文化并不特别重要的。您对此有什么看法？

拉森：您大概可以想象得到，我坚决不同意这样的观点。在当代社会，其实也是在任何社会历史阶段，物质与文化都是不可分割的。一个社会既有物质的方面，也内含文化的存在。在《家与世界》这本小说中，反对物质生活的那些问题被认为是重要的，而文化恰恰是这些问题的核心。文化不是一个独立的系统，它正是价值观、规范、伦理在各个领域的循环。我们关于如下问题的种种看法，人的权利是什么？你的社会是什么样？社会平等如何建立？教育的制度是怎样？（如果没有教育，你就不可能获得任何平等的物质分配。）这些都不可能完全只建立在物质基础上。所以，如果我们只是谈论物质问题而不去谈论指导我们做出抉择的价值观、意识形态，这是绝对危险的，就如同我们处在气候危机中一样。一开始我举了一个例子，关于新冠疫苗的研发，现正在全球范围内进行。当下，世界上有多种不同的方法来研发和生产疫苗，并已在中国、美国、俄罗斯等国家实践，英国也有牛津大学和阿斯利康公司联合开发的新冠疫苗，这些都意味着一个个科学的胜利。还有一种更先进的方法，即采用纳米生物学，将病毒抗原蛋白的编码核酸导入人体的DNA序列中，再由人体细胞合成病毒的抗原蛋白。这是一种目前在世界上流行的、新型的疫苗制造方法，并被欧盟的许多国家认可。这个疫苗的研究、生产过程是怎么做到的呢？你必须有生物学、病毒和人体等各方面的知识以及先进的科学技术手段。因此，你能说疫苗研发代表的是物质生产第一位吗？显然不是。当疫苗开始投入使用后，许多国家马上便开始争相抢夺了，这势必会产生一些冲突和交锋。期间，各种文化价值及文化相遇也就应运而生，并衍生出有关平等、公平等一系列问题。在疫苗还没有全民普及的时代，我们能够保证每个人都能接种吗？那么孰先孰后呢？这其中是否需要价值观作为衡量的尺度？所以，若认为把物质条件的变化融入文化价值观和文化相遇中去看待并不是问题的核心所在，那么什么才是问题的核心呢？

  金：很好的见解。正如您所说的，我们应该把文化作为一个整体来理解，这个整体包含了物质和文化，特别是包含了二者之间的关系。所以我同意您的观点，文化仍是所有事物的核心，因为文化是我们组织生活的方式。我个人并不特别认同特里·伊格尔顿，我认为我们应该把现代和后现代的文化思想结合起来。所以近来我提出了一个概念"inter-beings"（间在），意思是在物质和话语两个层面上同时存在。我们对话，是说我们彼此交换了意见、观念。但无论我们在何时、何处对话，我们都已经把物质存在带入对话中了。所以我认为伊格尔顿是片面的、极端的。我不能同意他的意见。但在一个包含了物质生活的文化整体之中，究竟是物质决定了文化，抑或文化主导了物质，也许是一个无解的谜语，因为二者之间是一个闭合性的循环，没有起点，也没有先后之分。

  拉森："间在"，非常有意思的术语。中国文化真的很棒……我很同意您的观念。我不得不说，我很高兴，这个术语有可能将给关于物质和文化的关系问题带来一个很好的解答。

金：所以我希望你能再次来到成都。我们可以面对面地进行更深层次的交流，加深对文化和文学相遇的理解。

拉森：当然！我很期待。

金：非常感谢拉森教授。杨清博士，您可以引出更多的问题。

杨：感谢金教授与拉森教授精彩而富有成效的对话。实际上，我也有个问题要请教拉森教授。我非常同意拉森教授所说的，语言是文化或文学相遇的关键因素。我也同意关于文化是一个过程的观点，这让我觉得世界文学的形成也是一个过程。近年来，一些学者，如欧洲的西奥·德汉和美国的大卫·达姆罗什，他们想要重建世界文学，并试图拥抱不同的文化和文学。所以我的问题是，针对一些国际学者似乎试图重新审视世界文学，您如何看待世界文学的形成，特别是当我们将语言或文化的相遇考虑在内时？

拉森：首先，我不认为我们应该尝试去复兴世界文学的观念。我自己也写过一部关于世界文学的著作：《无边界文本：文学与全球化》。这本书已被译成中文，并由四川大学出版社出版（2020）。在这本书的最后一章，我区别了世界文学和世界范围内的文学。很多人认为，世界文学在欧洲的诞生得益于那位著名的世界主义者约翰·沃尔夫冈·冯·歌德。但事实上关于世界文学的概念并不是由歌德最先提出的，歌德只是在1827年从他18世纪的两个前辈克里斯多夫·马丁·维兰德和奥古斯特·路德维希那里得到这个"世界文学"的概念，并和他的助理约翰·彼得·爱克曼谈论它。然而，"世界文学"的概念又的确是从歌德才开始流行起来的。这个概念在1827年歌德与助理爱克曼的谈话录中占据一席之地，并被收录在1836年出版的《歌德谈话录》中（因为当时发生了一场战争，这本谈话录在歌德去世后才得以出版）。我们需要注意的是，歌德提到的世界文学，是基于19世纪这个特定文化背景的。它不是世界文学的概念，它是世界文学对历史形势的回应。这一点是非常重要的，它意味着世界文学不是一个我们可以从某个地方取出来然后对其进行复活的概念,也不再是对我们所处境况的回应(那可能需要其他的表达方式、术语、想法)。但是根据《歌德谈话录》可以看出,歌德采用两种方式来定义世界文学。一是将世界文学看作是对世界历史形势的回应。这是在世界范围内日益发展的国际化和贸易的密集化中所形成的。二是由于翻译的发展和发达,我们可以接触到来自世界各地的不同文献。歌德曾对助理爱克曼提到,他读了一本中国小说,并形容这本小说是"既易懂又特别有趣",其"在描述人物角色,描述人与自然、人与文化环境关系的方式与欧洲文学存在一致之处"。我们并不知道这部小说的名字,可能是汤姆斯收集的《花笺记》(1824),也有可能是雷慕沙1826年翻译的一部无名氏小说《玉娇梨》,但可以确信的是,歌德阅读了众多东方文学的翻译作品,这部中国小说便是其中一个很好的例子。正是由于翻译才使人们得以接触到来自不同国家、地区和语言的文学。在18至19世纪,欧洲人对于非欧洲语言的知识和视野开始增长,欧洲虽有战争,却出现了国际关系不断发展的历史局面。在学界一直存在这样一个讨论,即文学可以通过什么媒介从而传播到世界?在歌德的时代,是语言,是翻译,而不是摄影、电影或现代印刷术(现代印刷术是在1816年或1817年左右发明的,通过这种方式你可以大批量印刷报纸,而这在以前是无法做到的)。所以媒介是文学传播的一方面,它是根据社会历史情况而言的。第二个方面是,歌德看到了他在译本中所读的语言与他所已知的语言之间的相似性。歌德曾对他的助理说,他读到的那部中国小说和自己的那部《赫尔曼和多罗特亚》(1797)中的抒情故事很像。我想,他是在间接表明,当我们去理解一个我们自己无法直接经历的世界文本的时候,总是有一个本土的、个人的出发点。

在当代,除了以上歌德所提到的两种对于世界文学的定义方式外,还有一种便是跨越差异的多样性。如果我们不能把这三个方面结合到一个实际的历史情境中去,那么世界文学就只是停留在18

世纪或19世纪初的一种观念。这也就是为什么我选择从"文学全球化"而不是从"世界文学"开始写作。这并不代表我反对它，而是说我们必须从历史形势出发，将文学作为对历史形势的回应，以此来定义世界文学发展的特定方式。你不能仅仅接过"世界文学"这个定义，认为当下我们有了一个相互关联的世界，因此我们也将有一个关于世界文学的想法，并且理所当然地接受它、使用它。那是不行的！我们今天所面临的这种模棱两可的局面，当然将被称为全球化。全球化在今天以前就一直存在，我们称之为现代全球化，这与19至20世纪的工业、资本主义和技术有关。因此，世界文学要做的就是反映人类对全球化的体验。我将我的书命名为《无边界文本：文学与全球化》，这其实就是对世界文学的定义。世界文学并不是歌德或其他人所说的那样。

另一个比较重要的因素是，你必须将媒体、时代环境考虑在内。当下，我们的时代环境与过去所看到的非常不同。让我举一个易卜生的有名的作品为例来说明问题。就拿《玩偶之家》来说吧！《玩偶之家》的中国译本是易卜生在世时翻译的。因为没有版权，所以易卜生决定不了译文的样貌，也没能和译者进行交流。于是这部作品被人们翻译成了他们所理解的文本。然后出现了各种改编，如戏剧、电影等。《玩偶之家》作为易卜生第一部被拍成电影的作品于1911年完成，虽然在当下看来这部电影已非常古老。后来，其他国家也有了各种版本的改编。在中国，胡适作为《玩偶之家》最早的译者，对翻译这部小说非常专注，以至于后来他又创作并编排了一出英文短剧《终身大事》，这部作品可以说是或多或少地受到《玩偶之家》的启发。后来又出现印度版的《玩偶之家》。《玩偶之家》进入电视、媒体、教育系统等各种各样的大众媒介，这些都是歌德想象不到的。所以歌德的观点是基于一种历史情况，在于翻译，在于他所看到的普遍相似性之中。但21世纪，我们在阅读书籍时面对和认识到的却是全球化文学的多样性。所以我并不认同世文学的普遍相似性，这也是我提出文化相遇观点的原因。世界文学是研究不同文化相遇的框架，各种人物、文学等之间的普遍相似性并不是重点。相反，正是当下文化与文学的多样性才造就了文化的相遇。因此，在我开始定义我感兴趣的世界文学类型之前，我会首先分析其历史时代与背景。

杨： 好的。感谢拉森教授对我提出的有关世界文学的定义及其形成这个问题的深入阐述。它给了我很多关于世界文学的新观点。还有没有听众想要和教授分享一些心得呢？

刘颖： 拉森教授、杨清博士，我是四川大学的刘颖。拉森教授，你刚才提到翻译，这让我想起了一件事。其实泰戈尔的这部小说《家与世界》早在20世纪50年代就已经被翻译成中文了，但译者邵洵美的背景和经历非常复杂，而且当时中印两国的外交关系也非常复杂。《家与世界》的中文译本在1979年出版。随后，在21世纪这本书也在香港出版了。我认为这部作品的翻译很有意思，因为我们知道，对外国文学作品的翻译有时候能促成一种目的语和原语言之间的对话。同时，译者的背景，也会不同程度地带给翻译一些主观性和特殊性。拉森教授，您有没有什么例子或其他类型的作品可以向我们展示翻译或翻译者是如何改变了目标语言和原语言之间的对话，或者您能针对这个问题发表一些评论吗？

拉森： 非常感谢。首先，翻译能够被应用是因为，你不仅有源文本，还有源受众和源语境，这对于目标接受者来说是难于理解的，因而必须做出适当改编以适应不同语境。有两个欧洲的翻译理论研究，将翻译从语言学的实用学科升级到更具文化语境的层面。事实上，翻译不仅仅是作为语言的翻译凸显其技术层面，而且也是作为一种文学形式而呈现的，它在语言领域内外皆具有独立但又不孤立的文化角色，从语言外部获取灵感并将之融入文本内部，又引导内部世界的文化天线指向更为广阔的世界，从而促进文化与全球语境之间的联系。列菲弗尔和苏珊·巴斯奈特提出文本的翻译所需要注重的几个方面。一是源文本的语言与目的语的修辞。一件事情,你用汉语怎么说,和用其他语言怎么说,是会呈现出不同效果的。当我来到中国,看到草坪上的中英文小标语时,我总是感到惊讶:Do not disturb; tiny grass is sleeping.(请不要打扰熟睡中的小草。)我觉得它太美了。在欧式或美式英语中,你可能会看到这样的标语:Keep off the grass!(离草地远点!)这就是你跟别人谈吐的一种修辞问题。因此,翻译者必须明白在源语言中具有某种效果的语言在目标语境中可能会产生截然不同的效果,他们所做的不仅仅是翻译,还包括采用修辞等方式来传递信息。第二种,他们称之为娱乐。这意味着文学以某种有吸引力的言说方式保持了读者继续阅读文本的动机。我们有不同的阅读动机,有的读者阅读是为了情节,有的读者是为了感受语言的隐喻之美。汉语是一种有很多隐喻的语言;日常生活中的语言也有很多隐喻,这与语言结构等有关,但那是另一回事。所以你需要明白是什么激励你继续阅读。第三是逻辑或情感的辩证力。第四是基本的文化理解,即我们所谓的"文化资本",这是一个关于价值观的巨大的文化背景。记得我在香港曾遇到一个学生,有一天我们坐在车里,我向他询问《鲁滨逊漂流记》的翻译,一整天我们都在讨论这个问题。"这是一部关于个人视野的小说",他对我说。令我惊讶的是,他认为小说最难翻译的部分是前三页。前三页,我记不太清楚了……其中有一段大致是这样的:

> I consulted neither father nor mother any more, nor so much as sent them word of it; but leaving them to hear of it as they might, without asking God's blessing or my father's, without any consideration of circumstances or consequences.
>
> 我没有与父母商量,也没有托人给他们捎个口信,就这样丢下一切,没有祈求上帝和父亲的祝福,没有丝毫顾及这样做的后果。

小说的前三页其实是对鲁滨逊个人基本背景的交代。这真的很难翻译。试想一下，在东方文化或传统文化中，如果你作为独生子，或者是父母的一个儿子，你会去寻求一种未经家人允许就离开的方式吗？又或者你直接对你的父亲说："我准备离家去闯荡了"，然后就这样走了。这显然是一个伦理、文化与价值观的难题。困难的不是语言翻译，而是译者内心对小说事件与情节的文化接受问题。

第二件重要的事情是，译者可以用另一个领域的知识来弥补前面所提到的这四个方面的某些知识不足的问题。比较极端的例子是德国汉学家汉斯·贝特格非常成功地将中国诗歌翻译成德文并传播到欧洲。他于1907年出版了名为《中国之笛》的德译汉诗选集。贝特格对东方文化、亚洲文化有一定了解，但他却不太懂中文。所以他用了一套来自印度的译本，借助英文、法文及德文版本对中国诗歌进行翻译和改编。贝特格试图引入一种有吸引力的语言，使人们产生阅读兴趣。若是在同一个国家或同一种语言体系的诗歌中，读者是不会有这种"意外"的感受的。正因为贝特格确实了解德文，又了解许多东西方文化知识，因而他知道在翻译中如何表达才能保持德国观众的兴趣。虽然是方言翻译，但这本书一经出版，便冲击了欧洲学界，给他们带来了非欧洲的语言和文化视野。这本书对于欧洲文学、艺术领域，对诗人、作曲家都产生了巨大而深远的影响。奥地利作曲家古斯塔夫·马勒这个名字你们可能知道。马勒的交响乐作品《大地之歌》的文本便源自贝特格的《中国之笛》。作曲家借助基于文化意义的音乐翻译，将翻译融入了音乐和文学表达的这种新形势之中。在当下的研究中，无论来自东方还是来自西方，无论是文字还是音符，我们必须真正理解这些语言，因为它们看起来很有趣。同时，我们也要意识到，对翻译作品的阅读和接受也具有某种程度的副作用。因为这个翻译者有可能对翻译作品的源语言完全不熟悉，甚至有可能从未接触过，只是对既非源语言又非目标语言文献的再翻译。所以，当你从事翻译工作并将其与文化相遇结合起来时，你就不能预见将会发生怎样的效果。另外，由文化相遇所引发的翻译再创造是在不经意间发生的。当你进入文化相遇的地带，看到其宏大的过程，你会发现整个翻译和改编都是为了适应其所属的文化、时代、地域与媒介景观。因此，作为翻译者，你必须准备好随机应变，准备好即兴创作。对于贝特格而言，在德语语境中翻译《中国之笛》意味着某种程度上的即兴创作；而对于德国读者而言，在德语语境中理解中国文学及其文化，正反映出这种即兴创作对目标受众的影响。当你看待翻译时，你必须非常清楚，它是文化交流的一种类型，它是先于语言的文化相遇，它是关于正确性与创造力的。我想，你们也阅读过看似"正确的"外国文学中文译本。然而，翻译若仅建立在正确性上，这对于中文表述来说是不真实的，也许某些观念无法被理解，阅读的动机也会产生偏差，并且也缺乏适应目标语言文化背景的信息等。因此，翻译若是脱离了创造性而只谈正确性，就像是其脱离了实际功能而只发挥标准功能，是无法包含文学想要传达给读者的知识、想法以及现实的。最后，基于之前谈到的关于翻译的这四点，我认为，它们的重要性是有可能发生改变的。但前提是，我们要从整体上清楚认识到，翻译作为文化交流的工具始终占据着至关重要的地位。

杨：事实上，我们的时间到了，但看起来我们的观众还有很多观点和想法想要分享。拉森教授，针对最后一到两个问题，您能再给我们5到10分钟时间吗？

拉森：一个问题可以。

杨：还有学者愿意抓住最后的机会和拉森教授谈谈吗？

杜红艳：拉森教授，谢谢您鼓舞人心而又发人深省的演讲。我有个问题。正如您在讲座中提到的，文学从来没有解决过问题，但读者应该去思考，并对文本所产生的歧义和冲突负责。那么您对泰戈尔《家与世界》这部小说的阅读是否遵循了读者反应理论？我想知道您对读者反应理论与其应用到文学研究中所产生的相互关系有何看法？

拉森：可能是的。阅读常常被视为一种"单程交通"，但事实上，作为读者，你不能改变你需要读书这个事实。作为作者，当接收到读者在阅读后反馈的想法，你就成为交流中那个活跃的人。因此我认为，阅读是一种对话，是双向的交流。语言是所有交流的基础，这意味着只有愚蠢的语言学家才会说："语言是关于正确性的，你必须正确地表达自己。"其实，我们所说的一切，无论正确与否，都能够被理解。比如，我们今天的对话无疑是口语性的，但口头语言就意味着我们不会是正确的吗？我们当然能够达到相互理解的效果。所以，我们要做的就是伸手去发现一些东西，去发现理解是第一位的，你可以理解很多语言而并不需要正确的语言。从这个角度来看，语言的使用是基于对话语境的，你期待听者对你所说的话做出回应和理解；阅读也是如此，你开始和书本对话，从中你会收获快乐以及其他各种各样的东西。这就是发生在你和书页之间的事情：你在读或听，在用自己的思想来完成这本书。用接受理论的话来说，这就好像是，"当我们努力阅读一本书时，我们所阅读的其实一直是我们自己。"

现在让我们回到对《家与世界》的解读中来。当文学相遇发生时会产生什么？我在讲座中也提到其包括三个方面的内容：有意识的相遇、无意识的相遇，以及相遇后遗留下的未解决的困境。首先，有意识的相遇是指，不同角色之间清楚地知道他们的对话、会面、交流是关于什么、出于什么目的，以及作家想要告诉我们的全部内容等。第二，无意识的相遇是指主体并不清楚他想做什么，为什么去做，以及这样做的动机是什么。在《家与世界》中，三个主人公被泰戈尔赋予了不同的、独立的性格：男主人公尼基莱什是一个受过西方思想熏陶的、有着自我进步与自我反思精神的开明知识分子；女主人公碧莫拉想像丈夫一样谋求自我进步，但却由于个人的激情最终摧毁了自我和家庭；松迪博是一个带着激进的民族主义情绪和贪婪的自我中心主义的人物，他将印度的反殖民解放运动建立在欧洲思想消极方面的基础上。作为一个接受了西方文明洗礼的现代知识分子，尼基莱什是否和泰戈尔本人有几分相似？而对松迪博这一形象的塑造又是否是对印度那些打着反殖民运动招牌，但暗地里却攫取私利、满足私欲的阴暗人物的影射和揭露？这样的设置也许是泰戈尔的无意为之。但从中我们可以看出，文学总是与有意识和无意识的文化相遇纠缠在一起的。第三，我们并不需要关注文学的相遇可以解决什么问题。故事情节中可能有一些困境出现。面对这些困境，作品中的人物会解决一部分；而另一部分，则成为未完成的问题。这就是文学所擅长的：抛给我们未完成的问题。只有当你作为一位读者尝试去寻找答案的时候，问题才是有用的。这有点像接受理论中的"空白""空隙"等概念，即文本未言的那部分需要读者运用自己的想象力去加以填充。

总之，尽管有不同种类的读者接受理论，众多读者对同一小说的反应也各不相同，但我们都同意阅读是一种对话：作者将对话抛给读者，读者回过头来，将自己对作品的理解返还给作者。这是一个未完成的、循环的过程，也是文化与文学相遇的一部分。作者和读者没有完成，但我们可以完成。

杜：谢谢拉森教授。

杨：感谢拉森教授有趣的讲座，以及金教授与拉森教授深思熟虑的对话。金教授，你最后有什么要评论和总结的吗？

金：拉森教授很有理论个性，所触及的理论问题很多，也都是中国比较文学和世界文学研究者特别关心的问题。例如，根据拉森的讲解，我倾向于接受文学的影响主要是文化性的，而非过去认为的那样，是意识性的、精神性的，文学影响了社会表意方式，生活在社会中的个人都会不由自主、潜移默化地接受经由文化的文学影响。文学作为文化是一个复杂的研究课题，我已经感觉到了它的理论重要性了。今晚是起了个头。我本人真的期待有机会在成都或其他什么地方继续和拉森教授进行面对面的、更加深入的对谈。

拉森：我也希望这样。我有一本书于去年三月出版了，很希望能将其带给四川大学的学者们。对于大家来说，这也将是一种文化的相遇。

杨：我们非常期待拉森教授能再次来到我们四川大学。谢谢您！也谢谢今晚所有参加讲座的听众！我们下次再见。

（原载《东岳论丛》2021年第11期）

第二版后记

本书第一版由新星出版社（北京）于2013年2月出版，原题为《全球对话主义：21世纪的文化政治学》，本版将题名简化为《全球对话主义》，更见浓缩，也更有表现力和涵盖面。初版收录11篇（含附录篇目），新版增加了8篇（亦含附录篇目），篇数增加接近一倍，而若以字数计，增幅更是一倍还多。显然，在篇幅上，与旧版相比，本版次堪称一本新书了。但在内容上，仍是原版理论框架和思路的延续和延伸。

本著之中心论题为"全球对话主义"，看起来都是熟词俗语的重新组合，但这些熟词俗语的丰富蕴含，非常可惜，却在我们的熟视中而无所"睹见"和汲取地浪费掉了。本著重新解释了"全球"和"对话"两个关键术语，以及一些围绕着它们的相关理论话语，如普遍性、特殊性、球域化、世界文学、民族文学、文化霸权、世界主义、想象、他者、差异、独异、知识、世界主义、星丛共同体、后现代主义、后殖民主义、汉学主义、文化多元主义、文学文化等等。其中的新意在于原本包含在"全球对话主义"之内（见

第二版后记

"全球对话主义"一文的"结论"部分）而后予以重新命名和深化阐释的"间在论"，故此"全球对话主义"亦可以称之为"间在对话主义"。这样的对话既拒绝了只有同一和总体在其中的"主体间性"（胡塞尔等）对话，它仅仅发生在话语和所谓的"理性"层面，也批判了"绝对的他者"（列维纳斯等）理论，其中只有独立/自在的个体、身体和肉身，而不见其表达和标出。"绝对的他者"不可能是不可知的"神"，因为"神"对其信徒总是有所道说的。扬弃了这两种极端，"间在对话"主张，对话是独立/自在的个体之间的话语表接。其"间"不是间断、断裂，而是存在自身之间往来沟通的空间或关系性场域，既意味着个体彼此之间的独立存在，同时也意味着它们彼此面向的显现和言说。间在对话的基础是个体存在，这种存在的动态性是一个对话永远无法达到其完全闭合的根本原因。也许不必过于自谦，"全球对话主义"或曰"间在对话主义"代表着国际范围内对话理论的一个新阶段。

本著新版得以问世，实得力于张冰教授的鼓励、信任和接纳，这要特别地致谢！

对于时下各种流行观点，本著多有商榷，甚或挑剔，但实际上也是心存感激的，因为是它们启发了笔者新的思考和拓展。庄子对惠施逝去的感慨，亦颇合于笔者此时之心理："自夫子之死也，吾无以为质矣，吾无与言之矣。"所幸，我们的论辩对象是永远的文本，不以死生为限。文本是长生不老的。

金惠敏

2024年3月11日于北京西三旗